MÉTIER ENSEIGNANT

Je prépare ma classe

Toute Petite Section
Petite Section

3e édition

Sous la direction de **Marc Loison**,
maître de conférences en histoire,
didactique de l'histoire et histoire de l'éducation,
IUFM-université d'Artois

Valérie Bouquillon, conseillère pédagogique
Marilyn Buisson, professeur des écoles, maître-formateur
Marie-Lise Daubelcour, conseillère pédagogique
Brigitte Faure-Vialle, professeur agrégée de biologie en IUFM
Éric Greff, professeur agrégé de mathématiques en IUFM
Gaëtan Lorek, conseiller pédagogique honoraire en éducation musicale
Jacqueline Lorek, conseillère pédagogique honoraire
Didier Malafosse, professeur agrégé de sciences physiques en IUFM
Yveline Minne, conseillère pédagogique honoraire
André Mul, professeur honoraire de mathématiques en IUFM
Christine Nowak-Andrzejak, conseillère pédagogique honoraire
Bernadette Sauvage, conseillère pédagogique départementale en arts visuels,
présidente du jury académique des épreuves d'arts visuels du CRPE
Claire Sellier, conseillère pédagogique honoraire,
déléguée académique de l'AGEEM
Marie-Anne Viaud, professeur des écoles

Maquette de couverture : Éric Doxat
Crédits photographiques de couverture : *Little Girl in Pink Sweater Raising Hand in Class* © GettyImages.fr – Fotolia.com ; *Écolière* © Prod. Numérik – Fotolia.com ; *Montessori/Pre-School Class Listening To Teacher On Carpet* © Monkey Business – Fotolia.com ; *Erdkundeunterricht in der Grundschule* © Christian Schweir – Fotolia.com ; *Fillette au tableau avec sa maîtresse* © Prod. Numérik – Fotolia.com ; *Students Answering Teacher's Question* © AVAVA – Fotolia.com; *Group Of Primary Schoolchildren And Teacher Having Lesson In Class* © Jeff von Hoene – GettyImages.fr ; *Teacher And Students* © Daroonj – iStockphoto.com.
Maquette de couverture : Linéale Production
Maquette intérieure : Noir et Blanc
Illustrations : Julie Bourdais et Geneviève Loison
Photographies : droits réservés
ISBN : 978-2-311-00425-0

Site Internet : http://www.vuibert.fr

Sommaire

Avant-propos

Dans la continuité du décret du 11 juillet 2006 arrêtant le principe d'un socle commun de connaissances et de compétences pour les élèves de l'école primaire, mais aussi et surtout dans le pur respect des programmes de l'école maternelle de 2008, le présent ouvrage a pour objectifs :
- d'identifier les **principales difficultés d'ordre didactique** (au sens cheminement des apprentissages, contenus d'enseignement et faisabilité des programmes) auxquelles les enseignants débutant à l'école maternelle sont susceptibles d'être confrontés ;
- d'y apporter des **réponses concrètes d'ordre pédagogique** à travers des séquences, des séances d'apprentissage, des suggestions ou des pistes d'activités.

Au croisement des sept grandes compétences constituant le socle commun et des cinq domaines d'activités recommandés par les programmes de 2008 pour structurer les apprentissages à l'école maternelle, cet ouvrage aborde les points suivants particulièrement sujets à interrogation de la part des jeunes maîtres.

DOMAINES D'ACTIVITÉS	COMPÉTENCES
S'approprier le langage, découvrir l'écrit.	La maîtrise de la langue française.
Découvrir le monde : découvrir les objets, la matière, le vivant, les formes et les grandeurs ; approcher les quantités et les nombres.	Les principaux éléments de mathématiques et la culture scientifique et technologique.
Découvrir le monde : se repérer dans le temps et dans l'espace. Percevoir, sentir, imaginer, créer.	La culture humaniste.

Le décret régissant le socle commun de connaissances et de compétences insiste sur la construction progressive de ces dernières de l'école maternelle à la fin de la scolarité obligatoire. Chaque compétence requiert la contribution de plusieurs domaines d'activités (ou disciplines) et réciproquement, un domaine d'activités (ou une discipline) contribue à l'acquisition de plusieurs compétences.

Par ailleurs, les programmes de 2008 réaffirment la nécessité de promouvoir un enseignement adapté à la diversité des élèves par une continuité éducative au cours de chaque cycle et tout au long de la scolarité de manière à favoriser la lente émergence des champs disciplinaires. Il faut rappeler que la notion de cycle est étroitement liée à l'évolution de l'apprentissage de chaque élève et à l'évaluation de ses acquis. Elle recouvre une double préoccupation : la meilleure prise en compte des spécificités des apprentissages de chaque élève et une organisation plus cohérente des progressions grâce à une perspective étendue.

C'est pour répondre à cette double préoccupation que cet ouvrage propose des activités visant à :
- s'approprier le langage (échanger et s'exprimer, comprendre, progresser vers la maîtrise de la langue française) ;
- découvrir l'écrit (se familiariser avec l'écrit, se préparer à apprendre à lire et à écrire) ;
- découvrir le monde (les objets, la matière, le vivant, les formes et les grandeurs, les quantités et les nombres, le temps, l'espace) ;
- percevoir, sentir, imaginer et créer (le dessin et les compositions plastiques, la voix et l'écoute).

Ces activités ou situations d'apprentissage sont fournies par référence à des compétences clairement identifiées dans un tableau synoptique au début de chaque chapitre. Les compétences qui structurent chaque tableau sont présentées de manière détaillée et individuelle. Il n'y a pas lieu de voir dans cette présentation une quelconque hiérarchisation. Il ne faut en effet pas perdre de vue que les compétences s'interpénètrent inévitablement. Cet argument ne doit pas être pour autant avancé pour nier la pertinence d'activités par l'intermédiaire desquelles l'enseignant visera chez ses élèves une mobilisation

plus forte, voire spécifique d'un type de compétences. Ces dernières, en fonction de la période dans le cycle, sont à travailler prioritairement, à consolider ou peuvent être abordées.
Le lecteur sera peut-être surpris de trouver, au niveau de chaque tableau synoptique de compétences, dans le cadre des apprentissages au cycle 1, la grande section de maternelle. Nous ne faisons que respecter la loi d'orientation du 10 juillet 1989 et les différentes instructions qui l'ont complétée par la suite, notamment les programmes de 2008. La loi d'orientation de 1989 précise en effet que la grande section « reste une classe de maternelle dont l'unité est non seulement maintenue mais réaffirmée. La grande section assure ainsi la cohérence de l'école maternelle dont elle est l'aboutissement. Les compétences définies pour le cycle des apprentissages premiers (cycle 1) correspondent d'ailleurs à celles qui sont actuellement attendues d'un enfant qui quitte cette école. La dernière année d'école maternelle est donc celle où l'enfant consolide la maîtrise de ces compétences puis commence les apprentissages fondamentaux (cycle 2) ».
Cet ouvrage, premier de la collection *Métier enseignant*, s'adresse prioritairement aux enseignants de la petite section. Toutefois, les maîtres des classes de tout-petits qui seront, selon toute vraisemblance, maintenues encore quelques années dans les secteurs en difficulté, y trouveront maints exemples d'activités et de situations d'apprentissage pour leurs élèves.
Pour répondre concrètement aux attentes des enseignants débutant ou non dans une petite section, les auteurs pour la plupart professeurs d'IUFM, conseillers pédagogiques ou enseignants maîtres formateurs, après avoir éprouvé dans des classes toutes les activités décrites, ont opté pour une présentation des séances ou séquences sous forme de fiches de préparation de classe. Pour chacune d'entre elles, sont indiqués :
- la **préparation de la classe** (organisation de la classe, matériel, documents) ;
- le **déroulement de l'activité** (durée, modalités de travail, description de l'activité, résultats attendus, évaluation) ;
- quelques **conseils et pistes de remédiation** pour lever les principales difficultés susceptibles d'être rencontrées ;
- quelques pistes pour une **ouverture transdisciplinaire** ou un **prolongement**.

De plus, afin de tirer le meilleur parti des différentes fiches de préparation proposées, l'enseignant trouvera, dans la continuité de cet avant-propos :
- une vue d'ensemble des séances et de leur articulation avec des compétences en parfaite conformité avec les programmes de 2008 ;
- un exemple de programmation des apprentissages ;
- un emploi du temps hebdomadaire type et quelques conseils pour la gestion du temps de classe.

Nous souhaitons que cet ouvrage devienne un outil de référence tant pour les maîtres confrontés aux réalités quotidiennes de la classe que pour les formateurs en IUFM ou en circonscriptions primaires.
La mise en œuvre éditoriale de ce dernier n'aurait pas été possible sans l'aide précieuse d'Élocia Durrieu, éditrice, que je tiens personnellement à remercier.

Marc Loison,
Maître de conférences,
IUFM de l'université d'Artois
Directeur de collection

Pour vous repérer dans cet ouvrage

Domaines d'activités	Chapitres	Séquences	Objectifs	Séances
LANGAGE ORAL ET ÉCRIT	**Chapitre 1.** S'approprier le langage	Apprendre à communiquer avec les autres	Prendre la parole en relation duelle avec l'adulte ; en relation élargie avec d'autres enfants ; dans un atelier ; pour expliquer à l'adulte.	1 à 4
		Comprendre	Comprendre une histoire au schéma narratif simple, raconter une histoire en s'aidant des illustrations, en identifier le personnage principal.	5 à 7
		Progresser vers la maîtrise de la langue française	Utiliser de nouveaux outils linguistiques, comprendre et utiliser un vocabulaire pertinent, produire des phrases courtes et correctes.	8 à 10
	Chapitre 2. Découvrir l'écrit	Se familiariser avec l'écrit : reconnaître des supports écrits utilisés couramment en classe	Distinguer le livre des autres supports.	1 à 3
		Se familiariser avec l'écrit. Initiation orale à la langue écrite : écouter des histoires racontées ou lues par le maître	Savoir écouter des histoires lues ou racontées par le maître ; se rappeler le début d'une histoire lue par l'adulte.	4 à 6
		Se familiariser avec l'écrit : identification de formes écrites	Reconnaître son prénom.	7
		Se préparer à lire et à écrire : distinguer les sons de la parole	Savoir jouer avec les formes sonores de la langue.	8
		Se préparer à lire et à écrire. Pour s'acheminer vers le geste de l'écriture : le contrôle des gestes	Savoir imiter des gestes amples dans différentes directions.	9 et 10
DÉCOUVERTE DU MONDE	**Chapitre 3.** Découvrir les formes et les grandeurs	Reconnaître, comparer et reproduire des formes et des grandeurs	Reconnaître, nommer et garder en mémoire les caractéristiques des formes ; emboîter des jeux ; comparer des longueurs ; reproduire un assemblage de formes planes ; acquérir un vocabulaire topologique ; reproduire et construire en volume.	1 à 7

Domaines d'activités	Chapitres	Séquences	Objectifs	Séances
DÉCOUVERTE DU MONDE		Manipuler et classer des formes et des grandeurs	Manipuler des petits solides et des abaques ; reconnaître et classer des formes simples (ronds, carrés, triangles).	8 à 11
	Chapitre 4. Approcher les quantités et les nombres	Différencier et comparer des quantités	Discriminer des quantités ; acquérir le vocabulaire « plus que, moins que, autant que » ; faire correspondre terme à terme ; comparer des quantités en utilisant des constellations.	1 à 4
		Dénombrer des quantités	Dénombrer une petite quantité ; choisir autant d'objets qu'une collection ; associer une petite quantité à un nombre : dénombrer ou compter de petites collections non manipulées ; dénombrer pour compter les jours ; lire la constellation d'un dé.	5 à 11
	Chapitre 5. Découvrir les objets et la matière	Explorer et manipuler l'eau	Jouer proprement avec l'eau ; transvaser et essuyer en choisissant des outils adaptés ; remplir et vider des bouteilles ; séparer les divers constituants d'un mélange hétérogène.	1 à 5
		Manipuler des objets techniques	Choisir des outils adaptés pour transporter la matière (eau, sable, marrons) ; découvrir la fonction et le mode d'utilisation de la lampe de poche.	6 à 10
	Chapitre 6. Découvrir le vivant	Observer les caractéristiques du vivant	Découvrir la vie animale à travers un élevage de papillons ; approcher la notion de schéma corporel ; repérer les parties du corps et la notion de taille ; prêter attention à la vie animale et s'interroger sur le mode de vie de l'escargot.	1 à 4
		Découvrir différents milieux, se sensibiliser aux problèmes de l'environnement	Découvrir son environnement proche : la classe.	5
		Découvrir son corps et se sensibiliser aux problèmes d'hygiène, de santé et de sécurité	Rendre responsable chaque enfant de la santé de ses dents ; apprendre à maîtriser des gestes simples avec calme et prendre soin de son environnement ; développer le sens de l'observation dans un environnement proche ; identifier un danger pour rester en sécurité ; porter secours en allant chercher un adulte.	6 à 10
		Découvrir les cinq sens	Faire des gouttes et regarder à travers l'eau ; regarder à la loupe et passer de la vision à l'observation ; reconnaître les différents bruits de l'eau ; reconnaître par le toucher avec les pieds nus différents revêtements de sol ; apprécier les qualités tactiles d'objets ; utiliser les perceptions gustatives pour reconnaître les fruits et les perceptions olfactives pour comparer les odeurs.	11 à 17
	Chapitre 7. Se repérer dans l'espace	Se situer par rapport à des objets ou des personnes	Se situer dans la classe ; pratiquer une course au trésor.	1 et 2
		Situer des objets ou des personnes les uns par rapport aux autres	Jouer avec des cartons d'emballage ; obéir à des consignes d'ordre spatial ; se reconnaître et décrire des photos ; utiliser les prépositions « sur » et « sous ».	3 à 6

Domaines d'activités	Chapitres	Séquences	Objectifs	Séances
		Maîtriser l'environnement proche	Se repérer dans l'espace « coin garage » ; localiser un objet à partir d'une photo.	7 et 8
		Décrire et représenter simplement l'environnement proche	Décrire des photos d'actions lors de la séance de motricité ; décrire sa position ou celle d'un autre par rapport à un repère fixe ; légender des photographies ; construire avec des formes géométriques.	9 à 12
DÉCOUVERTE DU MONDE	**Chapitre 8.** Se repérer dans le temps	Se situer dans le temps proche	Percevoir les activités de la matinée ou de la journée de classe ; prendre des repères d'antériorité et de postériorité et construire la succession des activités.	1 à 3
		Reconnaître le caractère cyclique de certains phénomènes de la journée	Percevoir le caractère cyclique de la journée.	4
		Situer les événements les uns par rapport aux autres : la matinée à l'école	Percevoir le temps de la matinée à l'école et à la maison ; désigner les différents moments constitutifs de la matinée ; structurer la matinée à l'école en ne gardant que les temps et les moments significatifs.	5 à 7
		Situer les événements les uns par rapport aux autres	Percevoir trois étapes d'une bande dessinée ; prendre des repères chronologiques.	8 et 9
		Maîtriser les marques temporelles et chronologiques	S'imprégner des marques temporelles (maintenant, avant, après) ; utiliser des images séquentielles pour saisir les notions de début, de déroulement et de fin (avant, pendant, après).	10 à 14
		Découvrir des objets et des réalités du passé dans le cadre d'un projet de classe	Découvrir et ensuite reconnaître quelques éléments patrimoniaux significatifs dans un album de classe.	15
SENSIBILISATION ARTISTIQUE	**Chapitre 9** Le dessin et les compositions plastiques	Utiliser le dessin comme moyen d'expression	Se constituer un réservoir de traces et de formes obtenues par l'utilisation de différents outils ou procédés.	1 à 4, 8 et 9
		Adapter son geste aux contraintes matérielles	Adapter le geste à la tenue de l'outil, à la variation de la consistance du médium.	5 et 6
		Identifier les principaux constituants d'un objet plastique	Classer des reproductions d'œuvres d'art selon le critère couleur.	7
		Dire ce que l'on fait	Isoler et nommer les caractéristiques kinesthésiques d'un héros d'album ; trier et nommer les matériaux selon des critères sensoriels : doux, piquant, brillant.	10 et 11
		Établir des rapprochements entre deux objets plastiques sur le plan de la couleur et de la forme	Associer une reproduction d'œuvres à sa palette couleurs et formes ; enrichir les représentations des élèves.	12

Domaines d'activités	Chapitres	Séquences	Objectifs	Séances
SENSIBILI-SATION ARTISTIQUE	**Chapitre 10** La voix et l'écoute	Pratiquer des activités vocales	Faire découvrir et apprendre à mémoriser un répertoire varié de comptines et de chansons y compris contemporaines; découvrir les paramètres du son et les rythmes par le biais d'activités vocales.	1 à 3
		Pratiquer des activités d'écoute	Repérer et reproduire des formules rythmiques simples : maîtriser le rythme et le tempo ; accompagner un texte parlé ou chanté avec un geste adapté ; faire écouter et reconnaître des bruits de l'environnement sonore ; vivre avec le corps des rythmes perçus ; apprendre à faire des choix et des propositions de jeu par le biais des modes de jeu ; créer un paysage sonore.	4 à 8
		Utiliser des instruments de musique	Marquer la pulsation à l'aide d'un objet sonore (rythme et tempo).	9 et 10

Repérage des compétences du socle commun[1]

Domaines d'activités	Chapitres	Contenus des compétences	Séances
LANGAGE ORAL ET ÉCRIT	Chapitre 1. S'approprier le langage	Comprendre un message et agir ou répondre de façon pertinente	1, 2 ,3 ,9
		Nommer avec exactitude un objet, une personne ou une action ressortissant à la vie quotidienne	4, 8, 10
		Formuler, en se faisant comprendre, une description ou une question	7
		Raconter, en se faisant comprendre, un épisode vécu inconnu de son interlocuteur, ou une histoire inventée	5, 6
	Chapitre 2. Découvrir l'écrit	Identifier les principales fonctions de l'écrit	1, 2
		Écouter et comprendre un texte lu par l'adulte	4, 5, 6
		Produire un énoncé oral dans une forme adaptée pour qu'il puisse être écrit par un adulte	3
		Différencier les sons	8
		Reconnaître et écrire la plupart des lettres de l'alphabet	7
		Écrire son prénom en écriture cursive S'acheminer vers le geste de l'écriture : les réalisations graphiques	9, 10
DÉCOUVRIR LE MONDE	Chapitre 3. Découvrir les formes et les grandeurs	Comparer, ranger et classer	3, 4, 9, 10, 11
		Dessiner un rond, un carré, un triangle	6, 9, 10
	Chapitre 4. Approcher les quantités et les nombres	Comparer des quantités, résoudre des problèmes portant sur les quantités	4, 6, 9, 11
		Dénombrer une quantité en utilisant la suite orale des nombres connus	7, 8
		Associer le nom de nombres connus avec leur écriture chiffrée	5, 7
	Chapitre 5. Découvrir les objets et la matière	Reconnaître, nommer, décrire, comparer, ranger et classer des matières, des objets selon leurs qualités et leurs usages	1, 2, 3, 4, 5, 6, 7, 8, 9, 10

1. « Les programmes de l'école primaire », *Bulletin officiel*, n° 3, 19 juin 2008, p. 11-16.

Domaines d'activités	Chapitres	Contenus des compétences	Séances
DÉCOUVRIR LE MONDE	**Chapitre 6.** Découvrir le vivant	Connaître les manifestations de la vie animale et végétale, les relier à de grandes fonctions : croissance, nutrition, locomotion, reproduction	1, 3, 4
		Nommer les principales parties du corps humain et leur fonction, distinguer les cinq sens et leur fonction	2, 11, 12, 13, 14, 15, 16, 17
		Connaître et appliquer quelques règles d'hygiène du corps, des locaux, de l'alimentation	5, 6, 7
		Repérer un danger et le prendre en compte	8, 9, 10
	Chapitre 7. Se repérer dans l'espace	Se situer dans l'espace et situer les objets par rapport à soi	1, 2, 3, 4
		Se repérer dans l'espace d'une page	12
		Comprendre et utiliser à bon escient le vocabulaire du repérage et des relations dans l'espace	5, 6, 7, 8, 9, 10, 11
	Chapitre 8. Se repérer dans le temps	Utiliser des repères dans la journée, la semaine et l'année	1, 5, 15
		Situer des événements les uns par rapport aux autres	2, 3, 4, 6, 7, 8, 9, 14
		Comprendre et utiliser à bon escient le vocabulaire du repérage et des relations dans le temps	10, 11, 12, 13
PERCEVOIR, SENTIR, IMAGINER, CRÉER	**Chapitre 9.** Le dessin et les compositions plastiques	Adapter son geste aux contraintes matérielles (instruments, supports, matériels)	5, 6
		Utiliser le dessin comme moyen d'expression et de représentation	1, 2, 3, 4, 8, 9
		Observer et décrire des œuvres du patrimoine, construire des collections	7, 10, 11, 12
	Chapitre 10. La voix et l'écoute	Avoir mémorisé et savoir interpréter des chants, des comptines	1, 2, 4, 5, 9, 10
		Écouter un extrait musical ou une production, puis s'exprimer et dialoguer avec les autres pour donner ses impressions	3, 5, 6, 7, 8
		Adapter son geste aux contraintes matérielles (instruments, supports, matériels)	4, 5, 7, 8, 9, 10

Exemple de programmation des apprentissages

Il faut se rendre à l'évidence : il est particulièrement délicat d'établir une progression des apprentissages en PS. En effet, la mobilisation des compétences se fait inévitablement au fur et à mesure des thèmes d'étude, des projets de classe voire du projet d'école, sans hiérarchie aucune. La programmation des activités à mettre en œuvre et des compétences à mobiliser pourrait revêtir la forme suivante pour le seul exemple des compétences relatives au monde de la matière et des objets. Il va sans dire qu'il faudrait étendre la programmation aux différents domaines d'activités. À cette fin on se reportera utilement aux différents tableaux synoptiques des compétences proposés au début de chaque chapitre.

Exemple d'une programmation relative à « Découvrir le vivant, la matière et les objets »

<table>
<tr><th>Compétences</th><th>Période 1
Projet 1</th><th>Période 2
Projet 2</th><th>Période 3
Projet 3</th><th>Période 4
Projet 4</th><th>Période 5
Projet 5</th></tr>
<tr><td>Décrire, comparer et classer des perceptions</td><td rowspan="2"></td><td rowspan="2"></td><td rowspan="2">À partir de la Semaine du goût à l'école : travail sur les 5 sens.
Projet : « Créer un imagier ou un jeu de loto sur les 5 sens ».</td><td rowspan="2"></td><td rowspan="2"></td></tr>
<tr><td>Déterminer les organes des sens qui correspondent</td></tr>
<tr><td>Reconnaître et désigner des objets</td><td colspan="2" rowspan="3">Aménager un « coin eau » dans la classe.
« Jouer avec l'eau » (séances 1 à 5).</td><td rowspan="3"></td><td rowspan="3"></td><td rowspan="3">Dans le coin manipulation de la classe : « manipuler et transporter différentes matières (l'eau, le sable, les marrons) ».</td></tr>
<tr><td>Trier des objets d'après leurs usages</td></tr>
<tr><td>Choisir des outils et des matériaux adaptés à une situation, à des projets spécifiques</td></tr>
<tr><td>Utiliser des appareils alimentés par des piles</td><td></td><td></td><td></td><td>« Mettre en scène un album ».
Créer des effets d'ombres et de lumières.</td><td></td></tr>
</table>

La gestion du temps

1. Quelques principes

« Le programme de l'école maternelle, sans horaire contraignant, présente les grands domaines d'activité à aborder sur les trois années qui précèdent l'entrée dans la scolarité obligatoire ; il fixe les objectifs à atteindre et les compétences à acquérir avant le passage à l'école élémentaire. », *Bulletin officiel*, n° 3, 19 juin 2008.

Si l'emploi du temps est à l'école primaire l'outil incontournable de la gestion du temps et le garant de la mise en œuvre des programmes, sa conception requiert de la part de l'enseignant d'école maternelle une attention toute particulière.
Il s'agit en effet :
• de prendre en compte à la fois les domaines d'activités, les activités qui en découlent, les modalités d'organisation et leur durée ;
• mais aussi de savoir combiner ces différents paramètres pour organiser une planification du temps qui soit respectueuse du cadre officiel, adaptée à la tranche d'âge concernée et suffisamment équilibrée dans le déroulement de la journée et celui de la semaine de classe.
Chacun des grands domaines qui structurent les enseignements de l'école maternelle doit figurer en favorisant le bon déroulement des activités et leur articulation, compte tenu des besoins et des rythmes biologiques des élèves mais aussi parfois des contraintes d'utilisation des espaces collectifs.
Les modes d'organisation choisis doivent intégrer les formes de travail les plus adaptées (collectif, semi-collectif, individuel, groupes) en fonction des objectifs visés et de la tâche à effectuer.
La durée mais aussi le moment de la journée au cours duquel s'effectue la séance doivent être modulés en fonction de la section concernée. Le temps imparti doit être suffisant pour permettre à un élève d'entrer dans un vrai processus d'apprentissage (de 30 à 45 min en grande section, par exemple).

2. Conseils pour la mise en œuvre

• Instaurer en début de journée un temps d'accueil tant pour favoriser la relation duelle avec l'élève que pour installer un climat de confiance avec les familles, particulièrement avec les petits.
• Tirer parti des périodes de vigilance optimale pour y inscrire les activités de découverte d'une nouvelle situation (milieu de matinée) et veiller à tenir compte des créneaux plus propices aux activités de réinvestissement.
• La succession des activités doit ménager des alternances judicieuses entre les tâches dirigées par l'enseignant ou les activités sur consignes (qui nécessiteront une attention plus soutenue) et celles plus autonomes qui relèvent d'un cadre moins contraint.
• Les temps éducatifs (l'accueil, la sieste, le passage aux toilettes, l'habillage, etc.) doivent être organisés avec une juste mesure, les temps de rangement font partie intégrante de l'activité en cours.
• Le bilan de fin de demi-journée permet d'effectuer un retour en grand groupe et de mesurer les écarts entre la tâche proposée et sa réalisation mais aussi de se projeter dans le déroulement de la demi-journée qui suit.

• Pour conforter la cohésion du groupe classe, les moments collectifs (chants, lecture d'albums, point sur le projet en cours...) sont importants.

• Les rituels (mise à jour du panneau d'appel, du tableau de cantine, du calendrier...) sont à juste titre considérés comme des activités repères, structurantes en matière de temps, d'espace et de vie collective. Ils ne présentent toutefois de l'intérêt que s'ils concilient véritablement objectifs pédagogiques pour le maître et apprentissages pour l'élève. Organisé sur une période définie, chaque rituel doit être envisagé dans une perspective évolutive au regard de l'année scolaire, mais doit aussi avoir fait l'objet d'une programmation dans le cadre du cycle, afin d'éviter toute répétitivité.

Emploi du temps type

Cet emploi du temps est donné à titre indicatif.

	LUNDI	MARDI	JEUDI	VENDREDI
8 h 20 – 8 h 40	Accueil Rangement-toilettes (DE)	Accueil Rangement-toilettes (DE)	Accueil Rangement-toilettes (DE)	Accueil Rangement-toilettes (VE)
8 h 40 – 8h 50	Rituels (DE, DM)	Rituels (DE, DM)	Rituels (DE, DM)	Rituels (DE, DM)
8 h 50 – 9 h 10	Collation	Collation	Collation	Collation
9 h 10 – 9 h 40	Motricité : jeux chantés (AEC)	Motricité : verbes d'action : sauter, grimper, marcher (AEC)	Motricité : avec petit matériel : ballons, cerceaux, etc. (AEC)	Motricité : verbes d'action : sauter, grimper, marcher (AEC)
9 h 40 – 10 h 00	Langage (AL)	Langage (AL)	Langage (AL)	Langage (AL)
10 h 00 – 10 h 30	Habillage Récréation	Habillage Récréation	Habillage Récréation	Habillage Récréation
10 h 30 – 11 h 00	Ateliers : graphisme, découverte du monde, création, etc. (AL, DM, PSIC)	Ateliers : graphisme, découverte du monde, création, etc. (AL, DM, PSIC)	Ateliers : graphisme, découverte du monde, création, etc. (AL, DM, PSIC)	Ateliers : graphisme, découverte du monde, création, etc. (AL, DM, PSIC)
11 h 00 – 11 h 30	Conte (AL)	Rythme (PSIC)	Jeux d'écoute (PSIC)	Chants-comptines (PSIC)
13 h 30 – 15 h 00	Sieste Décloisonnement	Sieste Décloisonnement	Sieste Décloisonnement	Sieste Décloisonnement
15 h 00 – 15 h 30	Réveil – Accueil Jeux calmes	Réveil – Accueil Jeux calmes	Réveil – Accueil Jeux calmes	Réveil – Accueil Jeux calmes
15 h 30 – 16 h 00	Habillage Récréation	Habillage Récréation	Habillage Récréation	Habillage Récréation
16 h 00 – 16 h 20	Ateliers : graphisme, découverte du monde, création, etc. (AL, DM, PSIC)	Ateliers : graphisme, découverte du monde, création, etc. (AL, DM, PSIC)	Ateliers : graphisme, découverte du monde, création, etc. (AL, DM, PSIC)	Ateliers : graphisme, découverte du monde, création, etc. (AL, DM, PSIC)
16 h 20 – 16 h 30	Lecture – Sortie	Lecture – Sortie	Lecture – Sortie	Lecture (cahiers de vie)

Domaines : DE : devenir élève – AL : s'approprier le langage oral et écrit – AEC : agir, s'exprimer avec son corps – DM : découvrir le monde – PSIC : percevoir, sentir, imaginer, créer.

Partie 1

Langage oral et écrit

Chapitre 1

S'approprier le langage

:: Continuité des apprentissages en maternelle

:: Repères pratiques

:: Séances 1 à 10

Christine Nowak-Andrzejak

Continuité des apprentissages en maternelle

Échanger, s'exprimer

	1re année	2e année	3e année	Grande section
Sait répondre de façon compréhensible aux sollicitations de l'adulte				
• entre en relation avec autrui	à travailler prioritairement	à travailler prioritairement		
• utilise un langage de plus en plus structuré et bien articulé		à travailler prioritairement	à travailler prioritairement	à consolider
Sait participer à un échange collectif				
• écoute autrui, se fait comprendre et reste dans le propos	peut être travaillé	peut être travaillé	à travailler prioritairement	à travailler prioritairement
• décrit, questionne, explique, justifie un choix		peut être travaillé	à travailler prioritairement	à travailler prioritairement
Sait dire des comptines ou poèmes en respectant la prononciation et en donnant le ton		à travailler prioritairement	à travailler prioritairement	à travailler prioritairement

Comprendre

	1re année	2e année	3e année	Grande section
Sait comprendre les consignes ordinaires de la classe				
• une consigne simple	à travailler prioritairement	à travailler prioritairement	à consolider	
• une consigne complexe donnée de manière collective			à travailler prioritairement	à travailler prioritairement
Sait écouter et comprendre un poème, une histoire de plus en plus complexe racontée ou lue, un texte documentaire				
• observe des images et traduit en mots ses observations	à travailler prioritairement	à travailler prioritairement		
• restitue des éléments de la trame narrative d'une histoire	peut être travaillé	à travailler prioritairement	à travailler prioritairement	à consolider
• interprète et transpose l'histoire				à travailler prioritairement
• fait des liens à partir d'un texte documentaire lu				à travailler prioritairement

Progresser vers la maîtrise de la langue française en relation avec les actes du quotidien, les activités scolaires et l'univers de l'écrit

	1re année	2e année	3e année	Grande section
Sait utiliser un nouvel outil linguistique (lexical ou syntaxique) fourni par l'enseignant	à travailler prioritairement	à travailler prioritairement		
Sait comprendre et utiliser un vocabulaire pertinent				
• noms, verbes, adjectifs	peut être travaillé	à travailler prioritairement	à travailler prioritairement	à travailler prioritairement
• termes génériques, adverbes, comparatifs			à travailler prioritairement	à travailler prioritairement
Sait comprendre et utiliser avec justesse				
• le genre des noms, les pronoms usuels, les prépositions			à travailler prioritairement	à travailler prioritairement
• les temps des verbes			peut être travaillé	à travailler prioritairement
Sait produire des phrases				
• courtes et correctes	à travailler prioritairement	à travailler prioritairement	à consolider	
• de plus en plus complexes et correctement construites			à travailler prioritairement	à travailler prioritairement
Sait s'intéresser aux mots, au sens des mots				à travailler prioritairement

- à travailler prioritairement
- à consolider
- peut être travaillé

Repères pratiques

1. Les axes forts du domaine d'activités

« Pour que l'enfant parle, il faut qu'il pense et pour qu'il pense, il faut qu'il vive ! Faites-les vivre, ils parleront ! » (Pauline Kergomard (1838-1925), *Un cinquantenaire 1925-1975*, OMEP)

Le langage oral apparaît sans conteste comme l'axe majeur des activités de l'école maternelle. Permanent, intégré à toutes les activités, il est au cœur de tous les apprentissages et sa dimension transversale est largement soulignée. Si le langage occupe une place aussi déterminante, c'est que sa maîtrise conditionne les apprentissages futurs de l'élève et que l'école maternelle tout entière joue un rôle prépondérant dans la prévention de l'échec scolaire.

L'accent porté sur la construction progressive d'une syntaxe permettant la production d'énoncés de plus en plus complexes et leur articulation ; la contribution à l'acquisition organisée d'un vocabulaire de plus en plus riche et adapté constituent des points essentiels de ce domaine.

2. Les spécificités de la section

Les acquis langagiers du tout-petit qui fait sa première rentrée à l'école maternelle

Les repères qui suivent [1] ne sauraient être considérés comme des normes au sens strict mais peuvent servir de points d'appui utiles pour la mise en place des futurs apprentissages du domaine langagier.

– La période qui va de 18 mois à 3 ans constitue pour le tout-petit une phase durant laquelle il effectue des acquisitions rapides : les noms précèdent les autres catégories de mots telles que les verbes et les adjectifs.

– Vers 2 ans, il dispose d'environ 300 mots et il intègre progressivement son prénom. La combinaison de mots dans des phrases très simples (phrases composées de trois éléments en moyenne à 3 ans) se met en place ainsi que l'introduction de pronoms sujets, de déterminants et de prépositions.

– Entre 3 et 4 ans, le vocabulaire devient de plus en plus abondant et le maniement du « je » est effectif.

Les priorités pour l'enseignant de petite section en référence au tableau de compétences en page précédente

Lorsqu'il est parleur, le tout-petit ne sait encore, la plupart du temps, produire que de très courtes suites de mots et son lexique est très limité.

L'objectif principal que visera l'enseignant concernera les compétences du domaine de la communication : faire en sorte que, dès la fin de la première année de scolarité, « l'apprenti parleur » commence à répondre aux sollicitations de l'adulte en se faisant comprendre et à prendre l'initiative d'un échange pour entrer en communication.

L'accompagnement de l'action par la parole visera à faciliter l'acquisition des usages les plus immédiats du langage pour comprendre les consignes ordinaires de la classe et verbaliser les actions. La compréhension concernera aussi l'écoute d'histoires courtes et simples racontées par l'enseignant. Ce travail sera suivi de questionnements ou d'amorces de reformulations toujours guidés par l'adulte.

L'acquisition d'un lexique pertinent (noms, verbes, adjectifs) concernant les actes du quotidien, les activités de la classe et les relations aux autres amèneront l'élève de petite section à progresser vers la maîtrise de la langue française.

1. *Source : Le langage à l'école maternelle*/MEN 2006.

3. Éléments didactiques et pédagogiques

A Le rôle déterminant de l'enseignant, tuteur de langage

Porter beaucoup d'attention au modèle de langage produit : utiliser des phrases intentionnellement courtes et toujours grammaticalement correctes ; ralentir volontairement le débit et accentuer la modulation de la voix :

- considérer que la parole de l'enseignant a pour vocation d'être mémorisée par l'enfant puis répétée pour faire « comme lui » dans un premier temps ;
- mettre en place la prise de conscience d'un vécu partagé que la parole de la maîtresse accompagne en nommant des objets, en décrivant des actions, créant ainsi un lien entre le réel et l'enfant.

Il s'agira aussi pour l'adulte de créer les conditions de confiance nécessaires à l'échange qui va s'instaurer :

- accueillir avec bienveillance le geste qui signifie un premier essai de réponse, puis la parole balbutiante et l'étayer ;
- confirmer à l'enfant qu'il s'inscrit bien dans une dynamique de communication en veillant à parler avec lui en retour : poursuivre le dialogue, demander des explications, apporter des précisions. L'attention de l'adulte comme interlocuteur privilégié est perçue comme un véritable stimulateur verbal ;
- user du feed-back : introduire des manières équivalentes de dire, des extensions sémantiques mais aussi des procédés de reprise des propos de l'enfant pour les confirmer ou les enrichir : c'est-à-dire montrer et soutenir l'intérêt de la discussion.

B Mettre en place de vraies situations de langage

Pour qu'il y ait situation de langage, il faut à la fois un échange entre des interlocuteurs et un enjeu motivant cet échange effectué à partir d'un code commun. La situation d'apprentissage du langage va consister à faire en sorte que l'élève apprenne à parler... en parlant. Le rôle d'étayage assuré par l'adulte dans ce contexte sera essentiel en section de petits.

C'est d'abord le « premier langage » qu'il s'agit de construire avec les petits dans le cadre de situations authentiques, porteuses de sens et pensées pour que le recours à la parole soit justifié.

- La communication porte sur l'action qui est en cours : on parle de ce qui se vit ici et maintenant.
- Au début, les échanges personnalisés constituent la clé de l'apprentissage. La relation duelle au cours de laquelle l'adulte est amené à accompagner son geste par la parole, commenter en situation, entrer en conversation avec l'enfant va susciter des ébauches de réponses parfois non verbales qu'il faudra encourager et amener à évoluer.

C Créer une organisation propice aux échanges

Des chercheurs – dont Agnès Florin, professeur de psychologie à l'université de Nantes – ont démontré l'intérêt de distinguer trois sortes d'élèves : les grands parleurs, les parleurs moyens et les petits parleurs. Cette catégorisation est fondée sur la capacité de l'enfant à prendre la parole, aussi les objectifs des séances d'apprentissage organisées dans cette optique viseront-ils à prendre en compte des besoins particuliers pour chaque catégorie d'élèves.

En petite section, c'est tout particulièrement la mise en place d'un climat d'encouragement à la prise de parole et son accompagnement qui seront à privilégier dans ce cadre.

Séquence : Apprendre à communiquer avec les autres

Séance n° 1 Un rituel d'accueil avec les peluches

Section du cycle : Tout-petits

:: **Objectif** : Prendre la parole pour communiquer en relation duelle avec l'adulte.

:: **Type de discours** : Descriptif (désigner, nommer).

:: **Compétence** : Se référer au tableau p. 15.

:: **Capacité** : Savoir répondre de façon compréhensible aux sollicitations de l'adulte en s'exprimant par un geste ou un mot.

:: **Conditions préalables** : **Pour l'enseignant :** dès la rentrée, rassembler des peluches très différentes pour constituer un musée de classe. Mettre en œuvre des moments de découverte libres puis guidés par l'adulte. **Pour le tout-petit :** avoir surmonté la toute première phase d'adaptation à l'école pour pouvoir entrer dans une activité codifiée de type rituel ; avoir découvert et manipulé les peluches dans le cadre de moments libres.

:: Préparation de la classe

- **Organisation matérielle**
  Atelier de 5 élèves installés dans le coin regroupement. Les peluches qui serviront à l'activité sont placées au fond de la classe dans une panière lors de la première phase.
- **Matériel**
  Une collection de peluches diverses et facilement identifiables par les petits : ours, lapin, grenouille, etc. Certains sujets identiques peuvent comporter des caractéristiques qui les différencient : la couleur, la taille, l'accessoire particulier, etc.
- **Documents**
  Une série de photos représentant chacune des peluches du musée de classe.

:: Déroulement de l'activité

- **Durée** : 10 minutes, en début de journée.
- **Modalités de travail** : atelier dirigé avec 5 élèves qui seront successivement amenés à parler ou à agir en réponse à des sollicitations de l'adulte.

→ Description de l'activité

« Quelles peluches nous accompagneront dans la classe aujourd'hui ? » ; instaurer un rituel d'accueil de quelques peluches choisies pour rester dans la classe durant la journée. Elles seront ensuite installées dans l'espace collectif de regroupement pour accompagner les moments dédiés aux chants et comptines ou des moments spécifiques de langage.

• **Phase 1.** On présente l'activité au petit groupe de 5 élèves ; 5 peluches vont être choisies dans la panière placée au fond de la classe. Chacun en choisit une, il faut d'abord dire ce qu'on choisit. Chacun essaie de formuler ce qu'il va choisir, l'enseignant sollicite très fortement l'expression balbutiante, suggère des propositions, reprend en feed-back et récapitule les choix formulés.

• **Phase 2.** On se rend près de la panière et chaque élève prend la peluche retenue. L'enseignant veille à encourager la recherche, à la valider et apporte des commentaires sur le nom, la taille ou la couleur de la peluche choisie. Certains petits, encore non parleurs, se contenteront de manifester qu'ils ont compris la sollicitation en prenant l'objet. C'est alors l'adulte qui fera écho en soulignant : « Bravo, Louis, tu as pris la tortue ! »

• **Phase 3.** De retour dans l'espace de regroupement, on fait le point en suscitant de nouveau la parole de chaque enfant : « Dis-moi, Léa, qu'as-tu choisi ? » Les peluches de nouveau désignées sont ensuite placées par les élèves dans un espace réservé à cet effet où elles feront l'objet d'une présentation au groupe classe.

Résultats attendus

Au cours de cette première phase, c'est **la compréhension de la sollicitation par l'enfant** qui est première : il formule un mot ou une courte phrase à distance de l'objet pour indiquer son choix, il se contente de désigner l'objet de son choix lorsqu'il est à proximité. Il reprend en écho les propos de l'adulte (ou tente de le faire) au terme des nombreuses sollicitations qui reprennent un lexique simple (le nom de la peluche) très chargé affectivement. Il concrétise son choix.

Évaluation

On observera le niveau de réponse apporté par l'enfant : il se tient en retrait de l'activité ; il répond par le geste ; il ose prendre la parole ; il nomme à bon escient.

:: Conseils

Cette activité trouvera utilement sa place en début d'année scolaire. Fortement chargée d'affectif, la relation du petit avec les peluches est assez proche de celle qui le lie à son objet transitionnel. Par ailleurs, il sera intéressant d'intégrer les peluches du jour dans la pratique quotidienne au cours de laquelle elles s'animeront ou seront évoquées par le biais des chants et comptines.

Rôle de l'enseignant : il est primordial dans cette phase délicate où il faut mettre en confiance le tout-petit et encourager fortement son entrée dans la parole, lui donner le mot qu'il pourra répéter en écho, reprendre ce qu'il dit en feed-back, etc.

:: Prolongements

On introduira progressivement des jeux de découverte des photos de chacune des peluches en s'assurant de la parfaite lisibilité des supports pour les petits : taille suffisante, en couleur, puis des jeux de mise en correspondance objet-représentation.

Séance n° 2 Un rituel organisé avec des photos et des peluches

Section du cycle : Tout-petits

:: **Objectif** : Prendre la parole pour communiquer en relation élargie avec d'autres enfants.

:: **Type de discours** : Descriptif.

:: **Compétence** : Se référer au tableau p. 15.

:: **Capacité** : Savoir répondre de façon compréhensible aux sollicitations de l'adulte et d'autres enfants en s'exprimant par une courte phrase.

:: **Conditions préalables** : Avoir découvert et manipulé les peluches dans le cadre de séances guidées par l'enseignant ; avoir pratiqué des petits jeux de mise en correspondance peluche/photographie pour aborder la séance n° 2.

:: Préparation de la classe

- **Organisation matérielle**
  Atelier de 2 × 5 élèves installés dans le coin regroupement. Les peluches qui serviront à l'activité sont disposées en présentation sur des bancs dans le hall d'accueil hors de la vue des élèves pour cette seconde séance.
- **Matériel**
  Les peluches, la série de photos de chacune des peluches du musée de classe.

:: Déroulement de l'activité

- **Durée** : 15 minutes, en début de journée.
- **Modalités de travail** : atelier dirigé avec 2 × 5 élèves qui seront successivement amenés à parler ou à agir en réponse à des sollicitations de l'adulte.

→ Description de l'activité

« Quelles peluches allons-nous choisir d'installer dans la classe aujourd'hui ? » Le rituel est maintenant connu des élèves. Les peluches sont installées hors de la vue des élèves. On introduit les photos de chacune d'elles, utiles pour la validation.

- **Phase 1 : présentation de l'activité.** 5 élèves vont faire un choix et dire ce qu'ils ont choisi ; 5 autres vont écouter, dire ce qu'il faut rapporter et aller chercher les peluches. Les 5 élèves « émetteurs » vont choisir et nommer une peluche avec ce qui la caractérise le cas échéant :

Le petit ours, Le lapin jaune, La vache avec une cloche, etc.

On récapitule les choix : le nom, les caractéristiques pour ne pas se tromper.

- **Phase 2.** Les 5 élèves « récepteurs » sont chargés d'aller chercher ces peluches dans le hall (accompagnés de l'ATSEM). Les 5 élèves émetteurs préparent les photos correspondant à leur peluche durant la phase de recherche de l'autre groupe.
- **Phase 3.** Au retour, les « récepteurs » présentent et nomment chaque peluche et on fait valider par les élèves du premier groupe : les photos servent d'appui à la mémoire. On place les peluches en présentation pour le reste de la classe et on procède à une dernière désignation : « Voilà le lapin jaune » ; « C'est la tortue », etc.

Résultats attendus

Il s'agit d'**entrer dans une situation de communication** :

- les émetteurs doivent exprimer oralement un choix et nommer l'objet de façon compréhensible ;
- les récepteurs sont chargés de comprendre et d'agir en ayant recours à leur mémoire à court terme.

L'adulte joue un rôle d'accompagnateur et de régulateur de l'activité, il aide les enfants à valider.

Évaluation

Pour chaque élève, on observera, suivant la place qu'il a occupée dans le groupe : la bonne compréhension de ce qui est attendu (dire son choix, faire le choix qui convient) ; le niveau de prise de parole effectif (un mot, une courte phrase, une capacité à nommer et caractériser : taille, couleur, etc).

:: Conseils

L'activité rituelle crée un sentiment d'appartenance au groupe dans un espace partagé. Il faut toutefois veiller à ce que l'activité conserve son sens et ne devienne pas une routine : lorsque tous les enfants se sont approprié le rituel, il faut le faire évoluer ou le remplacer.

:: Ouverture transdisciplinaire

Le domaine de la **découverte du monde** permettra la mise en place d'activités sensorielles à dominante tactile : des peluches sont cachées dans des petits sacs en tissu tous identiques, ou derrière un rideau. Il faut les toucher, les reconnaître et les nommer.

Séance n° 3 Des ateliers d'aide à la prise de parole

Section du cycle : Petits

:: **Objectif** : Prendre la parole dans un atelier de « petits parleurs ».

:: **Concept** : Mise en place de groupes d'entraînement langagier spécifiques.

:: **Compétence** : Se référer au tableau p. 15.

:: **Capacité** : Savoir répondre aux sollicitations de l'adulte en s'exprimant par un mot ou une courte phrase.

:: **Conditions préalables** : Avoir identifié les « petits parleurs » qui ne s'expriment jamais en grand groupe, ne répondent pas aux sollicitations directes ou dont les énoncés demeurent très brefs. Procéder pour cela à une vérification lors de séances de langage : noter précisément pour chacun le nombre de prises de parole et le type de production langagière (mot, syntagme, phrase).

:: Préparation de la classe

- **Organisation matérielle**

  Constituer des groupes homogènes de « petits parleurs » organisés de façon stable, installés autour d'une table et fonctionnant de façon hebdomadaire.

- **Matériel**

  Photographies de l'enfant dans sa vie quotidienne, à l'école ; celles de bébés (la toilette, le biberon) ; d'animaux familiers ; images illustrant un thème privilégié (préparation d'un gâteau, de crêpes, etc.). Choisir des thématiques proches du vécu du jeune enfant et à forte connotation affective.

:: Déroulement de l'activité

- **Durée** : 15 minutes (à conduire sous forme de séance filée durant une période de l'année).
- **Modalités de travail** : atelier dirigé de 4 à 5 élèves de niveau homogène.

→ Description de l'activité

Susciter avec chaque enfant une prise de parole puis plusieurs ; **le support proposé sert uniquement de déclencheur.**

Quel que soit le corpus de photos choisi, on laisse d'abord l'enfant découvrir les photos qui sont étalées sur la table. Quand ce temps de familiarisation est passé, l'enseignant va s'attacher à susciter des réactions verbales avec chaque enfant en amorçant à l'aide de questions du type : « Dis-moi, qu'est-ce qui se passe ? Qu'est-ce que tu fais là, sur la photo ? ». Au fur et à mesure que l'enfant risque une prise de parole, l'adulte encourage la tentative, réitère le propos en proposant une relance (qui incite l'enfant à reprendre le cours de sa parole) ou reprend ce qu'a dit l'enfant en feed-back afin d'en proposer une formulation plus claire.

Résultats attendus

Dans un premier temps, l'enfant apprivoise l'entrée en communication. Il se peut que son propos ne soit pas en parfaite adéquation avec la thématique évoquée par les photos, c'est une première étape. Il s'agit d'abord de **quantifier** les prises de parole. L'aspect qualitatif fera l'objet d'un travail ultérieur.

Évaluation

Quantifier l'objectif de participation pour chaque enfant : en fin de séance, évaluer le nombre de prises de parole effectives par rapport au nombre d'énoncés visés.

:: Conseils

Une organisation spécifique sera à prévoir pour conduire des séances de ce type de façon régulière : **la fréquence et la répétitivité constituent la condition de leur efficacité.**

Séance n° 4 Ma journée à l'école

Section du cycle : Petits

:: **Objectif** : Prendre la parole pour expliquer quelque chose à l'adulte.

:: **Type de discours** : Informatif.

:: **Compétence** : Se référer au tableau p. 15.

:: **Capacité** : Commencer à utiliser le pronom « je » pour parler de soi et expliquer le contenu des photos.

:: **Conditions préalables** : Avoir mis en place un cahier de vie avec chaque élève ; inscrire à l'emploi du temps de la classe des activités de langage régulières autour de ce dernier ; avoir rencontré les parents afin de leur expliquer l'intérêt du cahier de vie, son fonctionnement et son importance dans les apprentissages futurs de leur enfant.

:: Préparation de la classe

- **Organisation matérielle**
  Un groupe de 4 à 6 élèves installés autour d'une table.
- **Matériel**
  Le cahier de vie personnel de chaque élève : il s'agit d'un passe-vues constitué de pochettes en plastique qui favorisent son implication autonome. Assez vite, le petit parvient à glisser dans les pochettes les feuilles sur lesquelles il vient de travailler avec le concours de l'adulte.
- **Documents**
  Pour chaque enfant du groupe, des photos individuelles ont été réalisées : elles le montrent dans sa vie d'écolier à des moments différents et dans les configurations sociales différentes où il se trouve.
  Veiller tout particulièrement à la lisibilité des supports photos.

MA JOURNÉE À L'ÉCOLE

L'enfant à l'accueil	L'enfant dans son groupe	L'enfant qui joue en classe
L'enfant avec un outil particulier	L'enfant en récréation	La maîtresse avec le groupe

:: Déroulement de l'activité

- **Durée** : 15 à 20 minutes.
- **Modalités de travail** : activité dirigée en atelier composé de parleurs hétérogènes.

→ Description de l'activité

Le cahier présente la classe et retrace des moments de vie à l'école, on construit avec le concours de l'élève cette part de son vécu dans la classe. Sa famille pourra ensuite découvrir avec lui ce témoignage. Aujourd'hui, l'activité consiste à préparer la page spécifique du cahier qui présente **l'enfant auquel appartient le cahier dans les moments forts de la vie du groupe dont il fait partie à l'école.** On construit la page avec les documents préparés par l'enseignant, cette page sera ensuite glissée dans le passe-vues.

- **Phase 1. On s'approprie les photos individuelles :**

- Découvrir les supports présentés en vrac : qu'est-ce que c'est ? Nommer : ce sont des photos.

– Prendre des repères : que voit-on sur les photos ? Qui reconnaît-on ? Dire le prénom des enfants que l'on reconnaît au hasard de la découverte des photos étalées sur la table.
– Affiner la recherche : chacun doit chercher les photos qui le concernent. L'enseignant valide ce que chaque enfant a trouvé ou l'accompagne dans sa recherche si nécessaire.
– Commenter chacune des photos : qui est-ce ? Que fais-tu ? Peux-tu dire où tu te trouves ?
• **Phase 2. On prépare la page individuelle destinée au cahier de vie qui s'intitule : « Ma journée à l'école ».** L'élève place les photos qui le concernent sur la feuille ; on procède à une remise en mémoire de chaque photo en questionnant à propos de ce qu'elle montre. Avec le concours de l'élève, l'enseignant écrit une courte légende en commentant à haute voix : « J'arrive à l'école (avec maman ou papa) » ; « Je joue avec les voitures (dans le garage) » ; « Je mets un tablier (pour faire de la peinture) ». On montre chaque photo et on redit ensemble la petite phrase qui explique la photo. Chacun glisse dans la pochette la nouvelle fiche du cahier qui sera transmis aux familles. On explique le retour du cahier à la maison : que va-t-on faire avec les cahiers ? Que va-t-on pouvoir montrer ? À qui ?

Résultats attendus

Que l'élève soit totalement partie prenante dans l'élaboration de son cahier de vie et qu'aucun document n'y figure sans qu'il n'y ait participé. C'est à cette condition que le cahier peut remplir sa double mission de témoin des apprentissages de l'élève et de facilitateur de communication dans la classe et à la maison. Les prises de parole attendues se situent dans un contexte facilitant en début d'année : les photos sont des supports déjà connus des enfants : le lexique requis est proche de leur vécu, les actions représentées sont simples et se situent dans un environnement familier des petits. Chaque enfant doit pouvoir produire un petit énoncé construit avec la sollicitation de la maîtresse.

Évaluation

Un échange avec les familles pourra être intéressant au retour du cahier à l'école. En différé, reprendre la « lecture » des cahiers pour observer les productions orales des élèves : simple répétition du propos de l'adulte ou production d'un petit énoncé personnel, utilisation du « je » spontané ou en écho aux paroles de l'adulte.

:: Conseils

Les photos proposées ont pour vocation dans cette séance d'illustrer quelques moments de vie de la journée de l'enfant à l'école. Des séances spécifiques concernant la structuration du temps de l'enfant devront être menées dans le cadre du domaine de la découverte du monde. Ce travail permet par ailleurs de poser les premiers jalons de la dictée à l'adulte dont la mise en place codifiée se fera en moyenne section.

:: Prolongements

Pour créer d'autres pages du cahier de vie : les moments de convivialité à intégrer (les anniversaires et les compétences marquantes réussies, par exemple, j'ai 3 ans et je sais m'habiller tout seul, etc.). **Quelques jalons représentatifs des apprentissages de l'élève :** la reconnaissance des couleurs, celle du prénom, etc. **Les projets de classe**, etc.

Séquence : Comprendre

Séance n° 5 Un schéma narratif simple : la drôle de boîte

Section du cycle : Petits

:: **Objectif** : Comprendre une histoire qui a un schéma narratif simple.

:: **Type de discours** : Narratif.

:: **Compétence** : Se référer au tableau p. 15.

:: **Capacité** : Savoir comprendre une histoire adaptée à son âge théâtralisée par l'enseignant. Reformuler quelques éléments de l'histoire.

:: **Conditions préalables** : **Il est indispensable, en petite section, que l'enseignant mène une réflexion préalable autour du choix des albums qui seront proposés aux élèves : choix du texte, thème, schéma narratif, personnages principaux, nature des illustrations, etc.**
Il est intéressant d'établir un parcours d'albums qui permettra aux élèves de suivre des personnages d'un album à l'autre et ainsi de commencer à tisser des liens entre les différents ouvrages d'un même auteur : par exemple, la série des *Tromboline et Foulbazar* de Claude Ponti.

:: Préparation de la classe

- **Matériel**

Une grande boîte en carton qui peut s'ouvrir sur deux faces opposées.

La marotte des deux personnages. (Les silhouettes colorées sur bristol sont fixées sur une baguette pour permettre de les manipuler avec facilité.)

- **Documents**

L'album de Claude Ponti : *La boîte/Tromboline et Foulbazar* (L'École des loisirs).

Les photocopies ou les silhouettes colorisées des différentes étapes du récit.

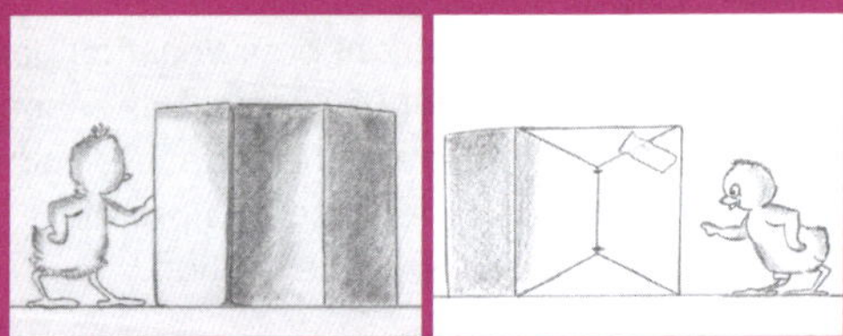

Tromboline a trouvé une boîte en carton. Foulbazar a aussi trouvé une boîte en carton.

:: Déroulement de l'activité

- **Durée** : 15 minutes pour la phase collective, 15 minutes pour la phase en atelier.
- **Modalités de travail** : phases 1 et 2 menées avec toute la classe, phase 3 conduite avec 6 élèves.

→ **Description de l'activité**

- **Phase 1 : théâtralisation. Mise en scène des deux personnages qui vont jouer l'histoire.**

L'objectif est de créer l'impact par l'arrivée de deux personnages facétieux que les élèves rencontreront lors des diverses lectures d'albums de la série *Tromboline et Foulbazar* :

« Bonjour, je suis Tromboline, une grande coquine. Ah ! Ah ! Ah !

– Bonjour, moi c'est Foulbazar, un sacré lascar… ! »

Mettre les élèves en attente de la découverte d'une aventure à leur portée. L'enseignant joue l'histoire dont il a pris soin de dialoguer le texte. Il manipule les deux marottes qui s'affairent autour du carton sans se voir... jusqu'à la rencontre finale.

Exemple :

« J'ai trouvé une boîte en carton.

- J'ai aussi trouvé une boîte en carton.
- C'est une très grande boîte qui peut faire une maison. » Etc.

La rencontre finale crée un effet comique qui est rendu explicite pour les petits. Elle met fin au suspense : les deux personnages ont collaboré sans le savoir au même projet, ils vont pouvoir partager la même maison.

- **Phase 2 : faire du lien entre la phase de théâtralisation et l'histoire du livre. Comprendre les points essentiels de l'histoire lue.** Présentation de la 1re de couverture ; elle est très explicite : elle met en scène les deux personnages partiellement cachés dans la boîte. La remise en contexte : les personnages et la boîte en carton doivent susciter une reconnaissance immédiate de la part des élèves. **Lecture sans présentation des illustrations.** Pour soutenir l'intérêt, l'enseignant utilise les deux marottes qui évoluent au fil de l'histoire, tout en conservant l'intégralité du texte écrit :

« Tromboline a trouvé une boîte en carton.

Foulbazar a aussi trouvé une boîte en carton. Etc. »

À la fin de cette première lecture, livre fermé, on procède à une rapide synthèse : nommer chaque personnage : Tromboline et Foulbazar ; dire ce qu'ils ont trouvé : un carton, ce qu'ils ont fabriqué : une maison.

- **Phase 3 : reconstituer l'histoire.** Les 8 illustrations agrandies sont proposées à la vue des élèves (il est à noter que dans cet album il y a une parfaite adéquation entre chaque partie de texte et l'illustration qui lui correspond). L'enseignant donne lecture du texte qui accompagne la 1re, il s'agit de retrouver l'image qui correspond. Lorsqu'il y a un doute, l'enseignant reprend la lecture de l'extrait correspondant. On place ainsi à la suite chacune des images qui s'emboîtent les unes dans les autres à la façon d'un puzzle linéaire. On procède à une relecture en reformulant avec les mots des enfants.

Résultats attendus

Une rapide adhésion aux aventures de deux personnages pleins de vie et facétieux dont les prénoms sont peu communs.

Le scénario présente une certaine résistance si on aborde la question de la progression en parallèle des deux personnages effectuant en simultané la même démarche sans le savoir : il est possible de retravailler cet aspect dans un second temps d'appropriation de l'histoire.

Évaluation

L'élève reconnaît chacun des personnages, il sait les nommer.

Il sait reconstituer les aspects essentiels : trouver un carton, le transformer pour en faire une maison.

Il sait donner la fin de l'histoire : les amis se retrouvent, ils habiteront ensemble dans la maison.

:: Prolongements

Les jeux de remise en ordre des illustrations pourront être complexifiés par l'introduction d'une image intruse : un personnage extérieur à l'histoire, un objet sans lien, etc.

Une mise en parallèle des illustrations montrant les deux personnages effectuant les mêmes actions au même endroit et dans un même but pourra donner lieu à un approfondissement spécifique.

D'autres titres de Claude Ponti permettront de rencontrer à nouveau les deux personnages : *Le Non/Le Chien et le Chat/Le Bébé bonbon.*

Séance n° 6 Avec les illustrations d'un récit

Section du cycle : Petits

:: **Objectif** : Raconter une histoire en s'aidant des illustrations.

:: **Type de discours** : Narratif.

:: **Compétence** : Se référer au tableau p. 15.

:: **Capacités** : Savoir raconter en s'appuyant sur la succession des illustrations présentées de façon ordonnée puis se positionner à un moment précis du récit.

:: **Conditions préalables** : Le contact premier avec l'objet livre doit avoir été établi dans le cadre de très petits ateliers de familiarisation : tenue du livre et découverte page à page, captation de l'attention pour écouter, regarder, s'arrêter sur une page. Les livres doivent avoir été choisis à bon escient : thématique particulièrement proche du petit, personnage central très marqué, couleurs, animation possible du livre, etc. Une variable importante est à considérer : le nombre d'épisodes et d'illustrations qui sont en jeu.

:: Préparation de la classe

- **Organisation matérielle**
  6 élèves installés autour d'une table. On dispose d'un panneau pour la remise en ordre de la phase 2.
- **Matériel**
  L'album *Toutes les couleurs* d'Alex Sanders (L'École des loisirs).
- **Documents**
  Illustrations en couleur de chacune des pages du livre présentées sous forme de puzzle linéaire ; un jeu grand format dont chaque case reprend les pages du livre : textes et illustrations.
  Le fléchage indique le sens du parcours peu évident pour des petits, tout au moins au début. Ce parcours ne sera pas pratiqué par les petits dans le cadre du jeu qui est proposé en phase 3 ; un dé dont chaque face reproduit une des couleurs mises en valeur dans l'histoire : vert/rouge/marron/jaune/bleu ; une face est multicolore.

Toutes les couleurs → 1	Youpi ! 2	J'ai le derrière tout vert ! 3	Miam ! Miam ! Des fraises ! 4 ↓
Oui maman ! Je suis de toutes les couleurs → 10	Et le bleu ? Tu as oublié le bleu ! 11	FIN 12	Oh ! J'ai la bouche toute rouge 5
↑ Oh ! Merci mon lulu ! Mais tu as les mains... 9	Wah ! Les jolies fleurs ! Tiens maman ! C'est pour toi 8	J'ai les pieds tout marron ← 7	Et plouf ! 6

:: Déroulement de l'activité

- **Durée** : 20 minutes.
- **Modalités de travail** : atelier dirigé par l'enseignant pour la phase 1, la reconstitution en phase 2 est le fruit des échanges entre les élèves.

→ Description de l'activité

• **Phase 1 : compréhension.** L'histoire, dont la trame narrative est très simple, est découverte en interaction avec les élèves durant la phase de lecture. La première de couverture sert de lanceur : qui est ce personnage ? Que fait-il ? Que lui est-il arrivé ? La lecture se fait en découvrant la série de bêtises : la glissade dans l'herbe, la cueillette des fraises, les sauts dans la boue. La découverte des deux premières pages est accompagnée : la glissade dans l'herbe ponctuée d'un « youpi ! » puis du commentaire : « J'ai le derrière tout vert ! » On fait ensuite jouer l'anticipation selon le même schéma : « Miam ! Des fraises ! » Que va dire le personnage ? « Et plouf ! » Que va dire... ?
La cueillette des fleurs inverse le processus, ce n'est plus le registre des bêtises : « Wah ! Les jolies fleurs ! » Que va-t-il dire et faire ? Comment la maman accueille-t-elle le lapin ? Comment l'histoire va-t-elle se terminer ? Pourquoi ?

• **Phase 2. Jeu de reconstitution de l'histoire** à l'aide des illustrations présentées sous forme d'images puzzle qui vont progressivement s'emboîter de façon linéaire de la gauche vers la droite, dans le sens de la lecture. La première série est distribuée aux enfants (de la 1re de couverture jusqu'aux sauts dans la boue). Remise en ordre prise en charge successivement par chaque enfant en interaction avec les autres : qui va commencer ? Quelle est la première bêtise ? Que dit le personnage ? On procède de la même façon pour la suite de l'histoire : chacun intervient au moment où il le juge opportun, le groupe valide la remise en ordre commentée et élaborée collectivement. On effectue la relecture de l'histoire avec les élèves qui reformulent.

• **Phase 3 : se souvenir des moments marquants de l'histoire.** Utilisation du jeu découverte. Il s'agira de lancer le dé de couleur, de reconnaître la couleur indiquée, de montrer la case correspondante sur le plan de jeu : raconter ce qui se passe à ce moment-là en regardant l'image et en se positionnant d'emblée à un moment précis du récit. Ce jeu permettra d'évaluer la capacité de l'élève à savoir appréhender n'importe quel moment du récit et à reformuler la péripétie correspondante. La mise en place du véritable jeu-parcours sous une forme plus codifiée sera abordée ultérieurement.

Résultats attendus

Une bonne compréhension de l'histoire et de la morale sous-tendue : c'est le bain final qui rétablit la situation. Une interaction riche lors de la remise en ordre à l'aide des images puzzle : les échanges doivent permettre à chacun de s'engager activement dans la restitution de l'histoire et de trouver de l'aide auprès des pairs si nécessaire.

Évaluation

Elle concernera tout particulièrement la phase 3 de la séance :
- L'enfant a compris l'histoire dans sa globalité.
- Il sait se positionner dans la succession des étapes du récit.
- Il sait rectifier des erreurs éventuelles.
- Il sait raconter un moment du récit en faisant des ellipses.

:: Ouverture transdisciplinaire

Les liens à établir avec les autres domaines (matière/objets/couleurs) sont nombreux à partir de cet ouvrage.

Séance n°7 Le personnage central d'une histoire : le lapin

Section du cycle : Petits

:: **Objectif** : Comprendre une histoire et en identifier le personnage central.

:: **Type de discours** : Narratif.

:: **Compétence** : Se référer au tableau p. 15.

:: **Capacité** : Savoir observer les illustrations d'un album et traduire en mots ses observations.

:: **Conditions préalables** : La difficulté en section de petits est d'offrir aux élèves des albums qui présentent à la fois une richesse et une complexité suffisantes mais qui racontent aussi des histoires accessibles. L'album exploité ici propose un personnage central anthropomorphisé auquel les petits peuvent s'identifier facilement, vivant par procuration cette aventure proche de leur vécu quotidien : il leur est arrivé aussi d'aimer ou de ne plus aimer tel aliment, ou encore de se montrer bougon devant la nourriture... La fin heureuse rétablit l'équilibre : finalement M. Lapin retrouve son appétit pour les carottes qui lui deviennent indispensables.

:: Préparation de la classe

- **Matériel**
  Des photocopies ou le contour de certains personnages sur fiche individuelle.
- **Organisation matérielle**
  Atelier de 6 élèves réunis autour d'une table.
- **Documents**
  Un album phare : **Bon appétit, Monsieur Lapin* de Claude Boujon (L'École des loisirs).
  * 1001 Livres pour les écoles/MEN 1997.
  Des albums dont le personnage central est un lapin : la série des *Petit Lapin* de Marie Wabbes (éditions du Sorbier).

:: Déroulement de l'activité

- **Durée** : 20 minutes.
- **Modalités de travail** : activité dirigée.

→ Description de l'activité

• **Phase 1 : découvrir l'album de Claude Boujon.** L'illustration de la première de couverture met en scène Monsieur Lapin installé devant une table : une assiette contenant une carotte semble l'attendre pour le repas. Le personnage a l'air très fâché. Cette image est présentée aux élèves dans le but de leur faire repérer des indices et de les interpréter (qui est ce personnage ? Où se trouve-t-il ? Que va-t-il sûrement faire ?). **Lecture du titre et du texte de la 1re page :** confirmation des premières hypothèses. Le personnage est bien un lapin installé devant une assiette et qui s'apprête à manger une carotte. Et pourtant, il n'aime plus les carottes... Que va-t-il se passer ? **Commentaire** accompagné des illustrations précieuses dans ce cas avec les petits pour aborder cette histoire : les animaux rencontrés sont nombreux et divers, leur nourriture l'est aussi. Il ne sera d'ailleurs pas demandé aux petits d'en retenir la liste ni de mettre en correspondance les animaux et leur nourriture. L'idée principale à mettre en évidence est le problème du lapin, sa recherche d'une solution et la complication du récit lorsqu'il rencontre un animal hostile. La rencontre avec le renard fait l'objet d'un arrêt sur image au moment où le renard répond : « Je mange du lapin. » Appel à l'anticipation : que va-t-il se passer ? Le lapin sera-t-il mangé ou se sauvera-t-il ? **Lecture de la fin de l'histoire :** résolution simple, tout rentre dans l'ordre à partir du moment où Monsieur Lapin se réconcilie avec sa nourriture de base.

• **Phase 2 : découvrir le personnage et son évolution au cours du récit.** Exploitation de deux illustrations mises en parallèle : celle qui a permis d'introduire l'histoire et celle qui la clôt. Regarder et comparer : est-ce le même personnage ? Où est-il sur chaque image ? Que fait-il ? Comment est son assiette ? Comment sont ses oreilles ? Quelle est son expression ? A-t-il changé ? Comment ?

• **Phase 3 : reconnaître Monsieur Lapin parmi d'autres lapins.** Les deux illustrations citées ci-dessus sont mêlées à d'autres extraites d'albums rencontrés par les enfants (ex. : *Joyeux anniversaire*, *Il neige Petit Lapin*) : il faut reconnaître Monsieur Lapin.

- Il faut effectuer un tri parmi les illustrations pour déceler celles qui appartiennent à notre histoire.
- Il faut essayer de dire pourquoi on garde l'image ou on la rejette (ici plusieurs lapins en train de manger des carottes, là un lapin dans la neige, etc.).
- On reconstitue l'histoire en replaçant les deux illustrations de Claude Boujon au bon endroit (au début et à la fin du récit). L'histoire a été préalablement installée sous forme d'une bande dessinée par l'enseignant pour permettre ce travail final.

Résultats attendus

Un intérêt pour :

- un personnage auquel les enfants peuvent s'attacher et s'identifier : il est bougon, il fait un caprice devant la nourriture qu'il rejette et dont il redécouvre les bienfaits à la fin de son aventure ;
- une problématique récurrente autour de la nourriture vue par les enfants : j'aime, je n'aime pas.

Une amorce de généralisation autour de la notion de personnage : des constantes, des différences au travers des albums.

Évaluation (à effectuer en différé à l'aide des documents des phases 2 et 3)

L'élève sait traduire en mots ses observations pour :

- identifier le personnage principal, le nommer, le décrire ;
- le reconnaître parmi d'autres.

:: Prolongement

Mise en valeur et utilisation des structures syntaxiques dans le cadre de jeux avec la marionnette : que manges-tu ? Je mange.../J'aime, je n'aime pas...

Séquence : Progresser vers la maîtrise de la langue française

Séance n° 8 Préparer une salade de fruits

Section du cycle : Petits

:: **Objectifs** : Apprendre à utiliser de nouveaux outils linguistiques.

:: **Type de discours** : Explicatif/Informatif.

:: **Compétence** : Se référer au tableau p. 15.

:: **Capacité** : Savoir restituer par une phrase simple ce que l'on fait à l'aide de nouveaux outils lexicaux fournis par l'enseignant en situation.

:: **Conditions préalables** : Il s'agit dans ce type de séance de faire en sorte que le langage accompagne l'action en train de se réaliser « pour de vrai ». L'adulte initiateur de la situation met l'action en mots pour susciter conjointement l'action et la parole de l'élève. Il invite à la prise de parole en continu : en commentant sa propre action ; en commentant celle de l'enfant ; en relançant par un jeu ininterrompu de questions/réponses.

:: Préparation de la classe

- **Organisation matérielle**
  6 élèves regroupés dans le coin cuisine.
- **Matériel**
  La marionnette de la classe chargée d'introduire la surprise du jour. Un panier contenant des fraises (ou d'autres fruits faciles à manipuler). Des ustensiles qui ne seront dévoilés qu'au moment où ils seront nécessaires à l'action : saladier, égouttoir, broc contenant de l'eau, couteaux, assiettes, serviettes, etc.

:: Déroulement de l'activité

- **Durée** : 15 minutes + 10 minutes de partage en collectif.
- **Modalités de travail** : atelier conduit par l'enseignant.

→ Description de l'activité

- **Phase 1 : mise en situation.** La marionnette, à laquelle l'enseignant prête sa voix, intervient assez quotidiennement pour mettre en scène des situations inédites. Son arrivée crée aussitôt un horizon d'attente de la part des élèves : quelle sera la surprise aujourd'hui ? Ce matin, elle s'adresse aux enfants en leur montrant son panier couvert d'une serviette pour susciter une première réaction de leur part concernant le contenu de ce panier. Si les premières interactions ne créent pas l'impact attendu, elle oriente l'attention en entonnant une comptine recréée pour la circonstance :

« 1, 2, 3... Je m'en vais au bois ;
4, 5, 6... cueillir des surprises ;
7, 8, 9... dans mon panier neuf ;
10, 11, 12... et elles sont toutes rouges !
Qu'y a-t-il dans mon panier ?

Elle reprend aussitôt la conversation en recentrant sur le contenu plausible : c'est une surprise qui se mange, de couleur rouge, cueillie au bois... Qu'y a-t-il dans mon panier ?

Cette phase s'achève par la découverte des fruits : des fraises ! Qu'allons-nous en faire ?

- **Phase 2 : agir et dire.** Se mettre en projet (préparer les fraises pour les manger). Les étapes du projet s'élaborent au fur et à mesure de l'action : pour manger les fraises, il faut les laver puis les égoutter ; il faut aussi les équeuter puis les couper en deux ; pour terminer, il faut les placer dans des petites assiettes et verser un peu de sucre. L'enseignant dirige la découverte des différentes étapes et incite les élèves à la prise de parole liée à l'action : dire ce que l'on fait maintenant, ce qu'il faut utiliser comme ustensile, pourquoi. Sa propre prise de parole pour commenter ou reformuler les propos amorcés par les élèves soutient l'activité en permanence, désigne les objets, nomme les actions, introduit des qualificatifs, etc.

Exemples : le saladier, l'égouttoir, l'assiette, le couteau... Laver, égoutter, couper, verser... C'est mouillé, c'est sucré, c'est juteux... La fraise est toute rouge, elle est parfumée...

- **Phase 3 : partager le vécu et oraliser pour expliquer à d'autres.** En regroupement collectif, on fera resituer ce vécu immédiat par les enfants acteurs : l'objet de ce moment ne sera pas d'effectuer la restitution détaillée des actions qui ont été réalisées mais de donner du sens à la dégustation offerte à la classe.

Résultats attendus

Lors de la phase 2, chacun des élèves du groupe doit entrer dans l'activité dont l'aboutissement n'est pas différé mais se fait en contexte : on découvre, on prépare, on goûte.

Les actions simples favorisent une entrée dans le monde des sens : toucher, tirer pour équeuter, sentir, goûter, etc. ; elles doivent permettre une entrée dans la parole facilitée en utilisant les nouveaux outils lexicaux fournis par l'enseignant.

Évaluation

Elle portera sur la capacité de l'élève à dire ce qu'il fait : « *je* + verbe » au minimum ; dire ce qu'il a fait (immédiatement avant) ou ce qu'il va faire (immédiatement après) en utilisant la structure minimale « *je* + verbe » ; utiliser le lexique dont il dispose : pointer ou désigner : « ça », donner le mot générique ou donner le mot spécifique.

:: Prolongements

Découverte sensorielle de fruits divers, tris selon la texture, la couleur, l'odeur, la taille, etc.

Réalisation d'imagiers, de jeux de loto, etc.

Les activités qui concernent le bébé : la toilette d'un bébé vécue puis effectuée avec la poupée de la classe, les activités d'habillage en fonction de la météo, par exemple, peuvent également être de très bons déclencheurs qui favoriseront la mise en place de nouveaux outils lexicaux en situation.

Séance n° 9 Avec la marionnette de la classe

Section du cycle : Petits

:: **Objectif** : Apprendre à utiliser un vocabulaire pertinent avec l'aide d'un médiateur.

:: **Type de discours** : Descriptif/Explicatif.

:: **Compétence** : Se référer au tableau p. 15.

:: **Capacités** : Comprendre et utiliser un vocabulaire pertinent concernant les actes du quotidien, les activités de la classe, les relations avec les autres et le répertoire oral commun.

:: **Conditions préalables** : L'objet médiateur peut être une marotte mais aussi un animal en peluche ou une poupée de chiffon. Elle ne doit pas être trop petite ni trop encombrante. En fonction des intérêts du moment, il sera possible d'adapter sa tenue ou de lui ajouter des accessoires. Les enfants l'adoptent aisément puisqu'elle partage le vécu quotidien de la classe ; ils peuvent la toucher, la prendre, etc.

:: Préparation de la classe

- **Organisation matérielle**
  En fonction de la situation en cours.
- **Matériel**
  La marionnette.

:: Déroulement de l'activité

- **Durée** : 10 minutes.
- **Modalités de travail** : voir ci-après.

→ Description de l'activité

Il s'agit plutôt de brefs moments d'exploitation au cours desquels la marionnette est utilisée comme déclencheur de parole.

Dans les moments collectifs, en animation directe :

• **Situation prétexte 1 : se présenter, dire « Bonjour, au revoir, s'il vous plaît, je m'appelle ... ».** Exemples : La marionnette intervient pour se présenter puis demande à chacun de décliner son prénom. Le matin, elle arrive mal réveillée et essaie de saluer chaque enfant en commettant des erreurs qu'on s'empresse de lui faire rectifier.

• **Situation prétexte 2 : initier un petit projet.** Son apparition crée un horizon d'attente chez les enfants car elle est accompagnée de la découverte d'une surprise (une boîte au contenu secret, un objet mystérieux, un livre, etc.) autour de laquelle se greffera un projet d'activité. La théâtralisation est capitale dans ces séances : elle ritualise et crée l'impact, permettant ainsi de capter l'attention des petits (*cf.* phase 1 de la séance « Préparer une salade de fruits ».

• **Situation prétexte 3 : raconter une histoire connue.** Elle s'embrouille au moment de la formulette que les enfants vont l'aider à redire.

• **Situation prétexte 4 : réciter une comptine connue.** Elle fait des omissions ou s'arrête subitement : il faut la soutenir dans sa diction.

• **Situation prétexte 5 : présenter une comptine, un nouveau chant.** Elle l'introduit puis fait chanter le groupe. Un enfant vient l'accompagner puis lui prêter sa voix pour la redire.

En relation plus individuelle : elle encourage la prise de parole des plus timides en parlant à l'oreille d'un enfant et en lui demandant de répéter au groupe le petit secret qu'elle vient de lui confier.

Résultats attendus

Une familiarisation avec ce médiateur auquel on confie le rôle précieux de facilitateur de langage dans un premier temps.

Évaluation

Elle fait partie intégrante de l'activité. En fonction de chaque situation-prétexte, on vérifiera que l'élève :

- comprend l'enjeu de la situation en cours ;
- entre en communication avec la marionnette en lui répondant ou en lui prêtant sa voix ;
- utilise le vocabulaire à bon escient pour :
  - saluer autrui, dire son prénom,
  - ou émettre des hypothèses sur un contenu,
  - ou redire une formulette ou une comptine,
  - ou répéter des termes d'une phrase « secret ».

:: Prolongements

Toutes activités visant à « faire parler » la marionnette en moyenne section et le travail de théâtralisation du récit chez les grands.

Séance n° 10 À propos d'un projet : la maison de Petit Rouge

Section du cycle : Petits

:: **Objectifs** : Apprendre à utiliser un vocabulaire pertinent. Produire des phrases courtes et correctes.

:: **Type de discours** : Descriptif.

:: **Compétence** : Se référer au tableau p. 15.

:: **Capacité** : Savoir montrer, nommer et expliquer en utilisant un lexique pertinent.

:: **Conditions préalables** : Dans le cadre d'un projet de classe qui concerne la découverte des couleurs de base, chaque couleur dominante est explorée et tous les apprentissages mis en place en découlent. Puisque le personnage Petit Rouge n'aime que les objets rouges, il faut l'aider à aménager sa maison. Dans cette perspective, les parents ont été sollicités pour apporter leur contribution à une collecte de petits objets de la couleur demandée qui s'enrichit progressivement.

:: Préparation de la classe

- **Organisation matérielle**
  Installation dans le coin de la classe intitulé « La maison de Petit Rouge ».
- **Matériel**
  Chaque élève dispose d'une petite boîte portant son nom et qui lui sert à faire le lien entre la maison et l'école, en fonction des projets de la classe. Le contenu est encore secret, chacun va faire découvrir les petits objets qu'il a apportés aux autres.

:: Déroulement de l'activité

- **Durée** : 15 minutes.
- **Modalités de travail** : atelier dirigé avec 6 enfants regroupés autour d'une table.

→ Description de l'activité

- **Phase 1. Susciter une prise de parole à l'intérieur du groupe** pour déclencher la mise en situation ; rappeler le projet en cours (Quel est cet endroit de la classe ? Qui en est le « héros » ? Quelle est sa couleur préférée ?) ; effectuer une recherche de proximité : rouge comme... ; remettre en mémoire la consigne de travail (il fallait apporter des objets de couleur rouge afin de décorer la maison et aujourd'hui, on va découvrir les objets).
- **Phase 2. Amener à une prise de parole individuelle.** Chacun va être amené à ouvrir sa boîte et à en commenter le contenu. Il s'agit la plupart du temps de petits objets d'usage courant vite reconnus des enfants : boutons, bouchons, jetons, pinces à linge, chutes d'étoffe, petits animaux, jouets divers, etc. À tour de rôle, chacun fait découvrir ses objets : les nommer, confirmer leur couleur, valider les choix.

• **Phase 3. Provoquer un moment d'échange au sein du groupe :** « Maintenant, comment s'organiser avec tous ces objets ? » : rassembler ceux qui appartiennent à la même catégorie (les morceaux d'étoffe et de dentelle, les petites voitures, les bouchons, etc.) ; chercher comment on les placera dans la maison : quels sont ceux que l'on posera dans les petites boîtes qui constituent des petites niches, ceux que l'on fixera (avec une attache, avec de la pâte adhésive) ?
• **Phases 4 et 5.** Elles feront l'objet d'un prolongement lors d'une séance ultérieure visant à mettre en scène les différents objets dans le cadre du domaine « Percevoir, sentir, imaginer, créer » et à utiliser un langage en situation pour présenter la réalisation aux autres élèves.

Résultats attendus

Le projet de classe sert ici de mode d'entrée en communication. On l'alimente quotidiennement par de courtes péripéties qui permettent d'introduire les apprentissages à mettre en œuvre et de leur donner du sens. On attend des élèves qu'ils entrent aisément en conversation puisque :
- le personnage mis en scène est facilement identifiable ;
- la problématique à résoudre est très accessible : on lui fabrique une maison puis on l'aménage ;
- les objets à présenter sont connus parce qu'ayant fait l'objet d'un travail préparatoire à la maison.

Évaluation

On observera tout particulièrement : la capacité de l'élève à prendre la parole spontanément pour entrer dans le projet ; la capacité à présenter ses objets (les nommer en utilisant le lexique adapté, confirmer la couleur, commencer à les décrire) ; la capacité à expliquer ce qu'on va faire avec les objets dans la poursuite du projet.

:: Pistes de remédiation

Un atelier spécifique pourra être organisé avec les petits parleurs. Une collection d'objets de la couleur donnée rassemblée par l'enseignant servira de déclencheur de la parole : toucher, manipuler et oser dire...

:: Prolongements

Un travail sur le lexique des couleurs pourra être conduit à partir des albums de référence sur ce thème : il sera facile d'opérer une sélection de qualité parmi les nombreux ouvrages existants.

Chapitre 2

Découvrir l'écrit

:: Continuité des apprentissages en maternelle

:: Repères pratiques

:: Séances 1 à 10

Claire Sellier

Continuité des apprentissages en maternelle

	1re année	2e année	3e année	Grande section
SE FAMILIARISER AVEC L'ÉCRIT				
Supports du texte écrit				
• Reconnaît des supports d'écrits utilisés couramment en classe ; distingue le livre des autres supports		peut être travaillé	à travailler prioritairement	à travailler prioritairement
• Reconnaît les types d'écrit et a une première idée de leur fonction				à travailler prioritairement
Initiation orale à la langue de l'écrit				
• Sait écouter des histoires lues ou racontées par le maître	peut être travaillé	à travailler prioritairement	à travailler prioritairement	à travailler prioritairement
• Sait identifier le personnage principal			peut être travaillé	à travailler prioritairement
• Sait établir des comparaisons entre différentes versions d'un conte			à travailler prioritairement	à consolider
• Sait rappeler le début d'une histoire lue par l'adulte		peut être travaillé	à travailler prioritairement	à consolider
• Sait produire un énoncé oral pour qu'il puisse être écrit par l'enseignant			à travailler prioritairement	à travailler prioritairement
• Sait donner son avis sur une histoire			peut être travaillé	à travailler prioritairement
Identification de formes écrites				
• Reconnaît son prénom		peut être travaillé	à travailler prioritairement	à travailler prioritairement
• Reconnaît les lettres de l'alphabet			peut être travaillé	à travailler prioritairement
SE PRÉPARER À LIRE ET À ÉCRIRE				
Distinguer les sons de la parole				
• Sait jouer avec les formes sonores de la langue	à travailler prioritairement	à travailler prioritairement	à consolider	à consolider
• Sait scander les syllabes de mots, de phrases ou de courts textes			peut être travaillé	à travailler prioritairement
• Sait pratiquer des comptines qui favorisent l'acquisition des sons				à travailler prioritairement
Pour s'acheminer vers l'écriture : le contrôle des gestes				
• Sait imiter des gestes amples dans différentes directions	peut être travaillé	peut être travaillé	à travailler prioritairement	à consolider
• Sait écrire son prénom en majuscules d'imprimerie, en cursives			à travailler prioritairement	à travailler prioritairement
• Sait imiter des dessins stylisés			peut être travaillé	à travailler prioritairement
• Sait, sous la conduite de l'enseignant, copier en écriture cursive de petits mots simples				à travailler prioritairement
• Sait écrire de mémoire son prénom en écriture cursive			peut être travaillé	à travailler prioritairement

- à travailler prioritairement
- à consolider
- peut être travaillé

Repères pratiques

1. Les axes forts du domaine d'activités

L'accent mis à l'école maternelle sur les usages oraux du langage n'interdit pas, bien au contraire, d'accéder à de multiples visages des cultures écrites. Cela n'empêche pas non plus l'enfant de commencer à concevoir comment fonctionne le code alphabétique et comment il permet de lire ou d'écrire. C'est en effet dans l'activité orale que l'écrit est rencontré à l'école maternelle. De la qualité de ce premier et nécessaire abord dépend en grande partie l'aisance des apprentissages ultérieurs.

> « Maîtriser l'oral, en comprendre le fonctionnement, c'est essentiel pour l'entrée dans l'écrit.
> Il est important que l'école maternelle se fixe comme un de ses buts l'éveil de la conscience linguistique en terme de conscience lexicale, de conscience de la communication, de conscience syntaxique, de conscience phonique.
> Apprendre à lire, ce n'est pas apprendre une langue nouvelle, c'est découvrir une langue que l'on connaît déjà beaucoup. » Alain Bentolila, CD AGEEM, *Le Langage à l'école maternelle.*

2. Les spécificités de la section

« Pour le petit enfant, l'écrit existe comme objet visuel du monde. C'est la familiarité avec une activité ostensiblement mise en scène par le maître qui conduit les enfants à saisir que la suite des signes qu'ils voient comme des formes graphiques organisées correspond au langage, qu'il s'agisse de messages ou d'histoires. » (Document d'accompagnement des programmes : le langage à l'école maternelle)
Il n'est bien entendu pas question d'apprentissage de la lecture en section de petits. Cependant de multiples activités sont possibles, qui vont amener l'enfant à rencontrer des supports d'écrits variés ; à distinguer le livre des autres supports ; à se construire une première culture littéraire ; à identifier des formes écrites telles que son prénom ; à distinguer les sons de la parole particulièrement par l'apprentissage de comptines ; à contrôler ses gestes pour s'acheminer vers l'écriture.
Ces nombreux apprentissages auront pour objectif de donner aux enfants l'envie d'apprendre à lire et les premières compétences pour y réussir, sans toutefois vouloir aller trop vite.

A Se familiariser avec l'écrit

- **Reconnaître des supports d'écrits utilisés couramment en classe**

Les affiches, les catalogues, les prospectus, les journaux, les livres font partie de l'entourage du jeune enfant. Dès 2 ans, en respectant une progression, il est possible de les manipuler, les regarder, les comparer, en tirer des conclusions quant à leur fonction. Le cahier de vie, moyen de communication entre l'école et la maison, est également un support d'écrit porteur de sens pour le jeune enfant : il pourra y retrouver les écrits de l'école : informations, comptines, menus de la collation, anniversaires et les écrits venant de la maison : cartes postales, ordonnances du médecin, invitations, tickets de cinéma, etc.

- **Initiation orale à la langue écrite**

Pour les tout-petits, l'essentiel de l'activité réside dans l'impact de la lecture faite par le maître ainsi que dans la verbalisation suggérée à propos des images qui accompagnent le texte.
Avec les petits, des activités autour de séries, d'un personnage, les livres animés, les livres jeux permettront une première constitution d'images mentales de scénarios, personnages, etc.
La dictée à l'adulte sera surtout le commentaire de photos réalisées dans la classe lors d'une activité collective, par exemple la réalisation d'une salade de fruits. L'essentiel est d'avoir un objectif de communication, par exemple transmettre la recette à une autre classe.

• Identifier des formes écrites

Reconnaître son prénom en capitales d'imprimerie sera possible dès la fin de la première année, ainsi que la connaissance des lettres de l'alphabet (initiales des prénoms).

B Se préparer à apprendre à lire et à écrire

• Distinguer les sons de la parole

Les activités d'écoute, les jeux de langage, les jeux de doigts, les comptines, les jeux chantés, les poésies seront autant d'occasions d'attirer l'attention du jeune enfant sur les réalités sonores de la langue.

• Pour s'acheminer vers le geste de l'écriture : le contrôle des gestes

Chez les tout-petits on parlera plutôt d'imitation de gestes amples dans différentes directions, développés grâce à de nombreux supports, outils, médiums, etc.

Avec les petits les éléments inducteurs seront propices aux activités graphiques et petit à petit l'enfant fera la différence entre le dessin et la lettre.

3. Éléments didactiques et pédagogiques

« L'école maternelle introduit progressivement les enfants aux apprentissages fondamentaux. Les activités d'expression à l'oral, en particulier les séquences consacrées à l'acquisition du vocabulaire, les situations nombreuses d'écoute de textes que l'enseignant raconte puis lit, et la production d'écrits consignés par l'enseignant préparent les élèves à aborder l'apprentissage de la lecture et de l'écriture. Par trois activités clés (travail sur les sons de la parole, acquisition du principe alphabétique et des gestes de l'écriture), l'école maternelle favorise grandement l'apprentissage systématique de la lecture et de l'écriture qui commencera au cours préparatoire. » (Extrait du *BO* n°3 du 19 juin 2008)

Le terme « découvrir » est souvent employé concernant les enfants de cet âge, car il est vrai que l'école maternelle est pour eux un lieu nouveau qui se doit d'être riche et propice aux découvertes.

Il ne faut pas vouloir aller trop vite dans les apprentissages, mais proposer aux petits des activités adaptées à leurs besoins. Les manipulations sont essentielles, les supports didactiques doivent être nombreux et diversifiés.

La motivation, le sens donné aux activités sont également importants, c'est pourquoi la mise en place d'un projet porteur permettra de mettre en lien les apprentissages. Ces projets doivent tourner autour de la vie de la classe : les coins jeux, la collation, les fêtes, les cinq sens, sans oublier l'ouverture sur le monde proche et la culture.

Les activités ne doivent en aucune manière avoir un caractère artificiel : ce sont des fréquentations répétées et la stabilité des scénarios où elles s'insèrent qui permettent de repérer des régularités.

En ce qui concerne les tout-petits (âgés de 2 à 3 ans), il faut toujours s'assurer que ce qu'on leur propose est à leur portée et leur permet un meilleur développement. Lorsqu'ils sont dans une classe avec des 3 à 4 ans, il faut les regrouper pour certaines activités qui leur sont adaptées.

De même pour les enfants de 3 ans pour qui c'est la première rentrée.

En particulier pour les activités de graphisme, les tout-petits ne doivent pas « sauter » les étapes de découverte, gestes graphiques dans du sable, exploration de différents supports et outils, grands formats, avant de tenir correctement un crayon.

Lors des séances autour du livre, la mise en place de groupes de tout-petits leur permettra d'évoluer à leur rythme et de participer activement.

Il convient également de tenir compte de la croissance extrêmement rapide des très jeunes enfants et des grandes disparités qui existent entre eux.

L'observation de l'évolution des comportements, des productions langagières, des essais de représentation, permet de réguler la mise en œuvre des activités proposées aux élèves et d'instaurer une pédagogie adaptée pour faire évoluer les enfants.

Il est également important de les associer progressivement à la prise de conscience de leurs réalisations. C'est dans cette mise en place progressive d'habitudes, de comportements, visant à rendre le jeune enfant de plus en plus autonome, mais aussi adapté à la vie en collectivité, que l'enseignant pourra évaluer avec fierté les progrès des enfants qui lui sont confiés.

Séquence : Se familiariser avec l'écrit, reconnaître des supports d'écrits utilisés couramment en classe

Séance n° 1 Le catalogue de jouets

Section du cycle : Tout-petits/petits

:: **Objectif** : Faire découvrir les fonctions de quelques écrits.

:: **Concept** : L'écrit dans l'environnement de l'enfant : construire les premiers savoirs sur les univers de lecture.

:: **Compétence** : Se référer au tableau p. 15.

:: **Capacité** : Reconnaître des supports d'écrits utilisés couramment en classe ; distinguer le livre des autres supports.

:: **Conditions préalables** : Les enfants ont eu à leur disposition des livres, des albums dans le coin bibliothèque de la classe. L'enseignant lit régulièrement des histoires.
Les enfants ont apporté des catalogues de jouets à l'école (période avant Noël), qu'ils ont pu feuilleter librement depuis quelques jours dans le coin bibliothèque de la classe.

:: Préparation de la classe

- **Organisation matérielle**
  Dans un premier temps, la découverte des catalogues se fera en grand groupe, puis elle sera l'objet d'un atelier dirigé.
  Les enfants doivent être assis sur des bancs ou des chaises au coin regroupement afin de bien voir (pas d'enfants sur le sol).
  Pour l'atelier, l'idéal est le coin bibliothèque si celui-ci est assez vaste, sinon on s'installera autour de plusieurs tables.

- **Matériel**
  Rassembler des catalogues de jouets de magasins différents (récupérés dans les boîtes aux lettres ou dans les magasins). En prévoir au moins deux de chaque type.
  Choisir dans le coin bibliothèque de la classe quelques albums connus des enfants.

:: Déroulement de l'activité

- **Durée** : 10 minutes + 15 minutes.
- **Modalités de travail** : phase de découverte en collectif (10 minutes), puis atelier (15 minutes), puis synthèse collective.

→ Description de l'activité

- **Phase 1 : observation libre.** Apporter les catalogues, les étaler sur le sol et écouter les réflexions des enfants.
- **Phase 2 : exploitation.** Après 1 ou 2 minutes, reprendre ce que certains ont dit : « c'est des jouets », « c'est pour Noël », « Il y en a beaucoup ».
- **Phase 3 : comparaison.** Présenter 2 catalogues différents, montrer les premières de couverture, poser les questions : « Sont-ils pareils ? » « Qu'y a-t-il de différent ? » pour amener les enfants à prendre des indices et les expliquer. Définir des critères de taille et de couleur pour en arriver au sigle du magasin, au titre du catalogue. Y a-t-il un titre ? Les enfants ont dit : ce sont des « livres ». Présenter

un album connu et un catalogue et demander : « Dites-moi les titres » (le titre de l'album doit être connu). En arriver à la conclusion d'histoire dans l'album et d'absence d'histoire dans le catalogue.

- **Phase 4 : fonction du catalogue.** « À quoi sert ce livre s'il ne raconte pas d'histoire ? » Le décrire plus précisément : des photos de jeux, de jouets, des écritures, des chiffres. Lire quelques descriptions aux enfants. On aborde la notion de prix. « Il sert à savoir les prix. »
- **Phase 5 : conclusion.** Ce livre s'appelle un catalogue, il ne raconte pas d'histoire mais nous sert à regarder les photos des jouets, à choisir, à savoir les prix.
- **Phase 6 : reformulation.** Répéter tous ensemble : « ca-ta-lo-gue », puis quelques enfants individuellement.
- **Phase 7 : verbalisation et manipulation en atelier de 5 enfants.** (15 minutes)

Les autres enfants sont en ateliers en autonomie sous la surveillance de l'ATSEM.

- Les enfants ont chacun un catalogue identique qu'ils sont invités à feuilleter.
- Après 1 ou 2 minutes, l'enseignant pose une question : « Quelles sont les différentes sortes de jouets que vous avez trouvées ? » Le but est de faire des classements. Aider les enfants en feuilletant avec eux et en commentant : « Pour qui sont plutôt ces jouets ? » En arriver aux jouets pour bébés, pour filles, pour garçons, pour les « grands ».
- Évaluation : « Montrez-moi le plus vite possible une page de jouets pour bébés. » L'atelier sera reproduit plusieurs fois. Cette organisation permettra de former des groupes de besoin, et l'on modulera les questions en fonction des groupes.

- **Phase 8 : synthèse en grand groupe.**

Il sera alors possible d'élaborer une affiche sur le catalogue ; en coller un et flécher les différents repères : le sigle, le nom du magasin, le nom du jouet, sa photo, le prix, la description. Une courte phrase dictée à l'adulte résumera la fonction du catalogue : il sert à voir les photos des objets et à savoir leurs prix.

Résultats attendus

L'enfant est capable de nommer le catalogue et le livre et de les montrer.

Évaluation

Par petits groupes. Donner un catalogue à chaque enfant, lui demander de montrer le nom du magasin, de trouver une page de peluches, de voitures, de poupées, etc.

:: Conseils

Avec les tout-petits, on ne fera pas de classement des jouets, mais on leur demandera de nommer quelques jouets : poupée, voiture, nounours, vélo, camion, poussette, etc.

:: Prolongement

Faire le même travail avec des catalogues de fleurs, de meubles, de voitures, de vêtements, etc. Laisser un stock de catalogues dans le coin bibliothèque de la classe, à disposition des enfants.

:: Ouverture transdisciplinaire

Choisir un ou plusieurs jouets dans un catalogue, les découper (ou faire découper), les coller sur des pages pour réaliser le catalogue de jouets de la classe. L'enseignant ajoutera l'écrit, devant les enfants : nom de l'objet et prénom de celui qui l'a choisi, nom de la classe en page de couverture.

Ce catalogue pourra tourner dans les familles.

Séance n° 2 Le journal

Section du cycle : Petits

Objectif : Faire découvrir les fonctions de quelques écrits.

Concept : L'écrit dans l'environnement de l'enfant : construire les premiers savoirs sur les univers de lecture.

Compétence : Se référer au tableau p. 15.

Capacité : Reconnaître des supports d'écrits utilisés couramment en classe ; distinguer le livre des autres supports.

Conditions préalables : Voir séance n° 1.

Préparation de la classe

- **Documents**
  Exemplaires différents d'un journal local quotidien (choisis pour des repérages faciles), un catalogue, un album du coin bibliothèque de la classe.

Déroulement de l'activité

- **Durée** : phase collective (10 minutes), atelier (15 minutes), synthèse collective (10 minutes).
- **Modalités de travail** : collectif, ateliers, collectif.

→ Description de l'activité

- **Phase 1 : découverte.** Présenter un journal, le poser sur le sol, écouter les réactions des enfants. On fait appel à leur vécu, quelques-uns ont certainement vu leurs parents lire le journal. Le mot *journal* est sans doute connu de quelques enfants.
- **Phase 2 : réflexion collective.** « À quoi sert-il ? », « Que voit-on dedans ? » Les enfants doivent prendre des indices : photos, images, écritures grosses, petites, etc. Écouter leurs réponses.
- **Phase 3 : reprendre l'affiche du catalogue.** « Est-ce que c'est pareil ? » Voit-on un nom de magasin ? Des prix ? Des photos ? Des couleurs ?
- **Phase 4 : remarques.** Sur le format, le nombre de pages, la texture du papier.
- **Phase 5 : formulation.** Ce n'est pas un catalogue, c'est un journal. Répéter le mot « journal » plusieurs fois.
- **Phase 6 : manipulation et approfondissement en atelier de 6 enfants.** (15 minutes)

Les autres enfants sont en ateliers autonomes sous la surveillance de l'ATSEM.

- Donner un journal pour 2 enfants : ils doivent le feuilleter puis dire ce qu'ils ont remarqué.
- « Qu'avez-vous vu ? » Réponses attendues : des écritures, des photos de football, le temps et la France, des histoires en BD, de très grosses lettres, etc.
- Reprise page par page des trois journaux : comparaison des pages. L'objectif est de trouver grâce aux illustrations ce dont il s'agit. Pour certains articles c'est facile grâce aux photos ou aux icônes, pour d'autres ce n'est pas possible.
- Conclusion : le journal sert à savoir ce qui se passe, qui a gagné les matches, le temps qu'il va faire, etc. Il faut savoir lire, il y a beaucoup d'écritures. Il n'y a pas une histoire comme dans un livre, on ne sait pas les prix comme dans un catalogue.
- Évaluation : on change de journaux et on doit trouver, selon les consignes de l'enseignant : la page de la météo, la page du sport, la page des jeux, la page des BD, du programme TV, etc.

• **Phase 7 : synthèse en collectif.** Lorsque tous les enfants sont passés dans cet atelier, reprise en grand groupe. Élaboration d'une affiche. Coller un journal, flécher les différentes parties et écrire sous la dictée des enfants : la météo, le sport, les jeux, le titre, la TV. Rédiger une phrase : « Un journal sert à apprendre des choses. Il faut savoir lire. »

Résultats attendus

Comparer les deux affiches des séances 1 et 2 et savoir nommer les deux types d'écrits sociaux : le catalogue et le journal.

Évaluation

Voir phase 6.

:: Conseils

Prévoir le lavage des mains après cette activité, car le papier journal noircit.

:: Prolongements

Apporter d'autres types d'écrits : une affiche, un magazine TV, une lettre, etc. Utiliser la même démarche et procéder à chaque fois par comparaison, afin d'enrichir les connaissances des enfants.

:: Ouverture transdisciplinaire

- Classement : repérer différentes rubriques dans quelques exemplaires, les découper puis les coller en les regroupant.
- Faire un petit journal de la classe avec des photos, des comptines, des dictées à l'adulte, des dessins, pour les parents, les autres classes.
- **Éducation du regard et du geste** : utiliser le papier journal : le déchirer, le peindre, le froisser, faire des petites sculptures, etc.
- **Éducation de la voix et de l'écoute** : faire du bruit avec du papier journal : froisser, frotter, secouer, chiffonner, déchirer, etc. enregistrer puis écouter.

Séance n° 3 Le cahier de vie

Section du cycle : Tout-petits/petits

:: **Objectifs** : Mettre l'enfant en situation de lecteur, collectionner différents types d'écrits.

:: **Concept** : Mémoire du vécu ; ce cahier constitue pour l'enfant une mémoire de ses premières années d'école, construite avec la participation alternée de la famille et de l'école. L'accumulation des messages dans le temps opère une véritable sédimentation, à travers laquelle en permanence s'articulent mémoire individuelle et mémoire collective.

:: **Compétence** : Se référer au tableau p. 15.

:: **Capacité** : Reconnaître des supports d'écrits utilisés couramment en classe ; distinguer le livre des autres supports.

:: **Conditions préalables** : Lors d'une réunion avec les parents en début d'année, expliquer clairement les objectifs du cahier de vie et ce que l'on attend d'eux. La demande ne doit pas être fastidieuse ni trop fréquente. Le va-et-vient famille/école doit être régulier. L'exploitation en classe des apports de la famille doit être programmée.

:: Préparation de la classe

- **Organisation matérielle**

  Les enfants « lisent » et commentent leur cahier de vie en petit groupe dirigé avec l'enseignant. Tous doivent bénéficier de ce moment sur la semaine. Il est possible de le mettre en place à l'accueil ou au lever de la sieste ou à tout autre moment de la journée. Les autres enfants doivent dans ce cas être répartis dans des ateliers autonomes sous la surveillance de l'ATSEM.

- **Matériel**

  Les cahiers de vie respectifs : des cahiers de préférence de format 24 × 36 (les feuilles A4 peuvent être collées en entier) qui seront personnalisés en classe.

- **Documents**

  Écrits venant de l'école : informations, textes des comptines, des chants, des poésies, textes dictés à l'adulte par les enfants, invitations, recettes, photos prises dans la classe lors de sorties, de fêtes, etc. Il est important que ces écrits soient le plus possible rédigés avec les enfants ou au moins montrés et lus avant de les donner aux familles.

:: Déroulement de l'activité

- **Durée** : 20 à 25 minutes par groupe de 6 enfants maximum.
- **Modalités de travail** : petits groupes hétérogènes. Les enfants doivent être assis à des tables pour pouvoir poser les cahiers et tourner les pages facilement. Tous doivent voir les cahiers des uns et des autres.

→ Description de l'activité

- **Phase 1 : lecture des cahiers de vie au retour des familles.** À tour de rôle, chaque enfant ouvre son cahier et commente les nouvelles pages qui ont été remplies dans sa famille. Les autres enfants peuvent poser des questions, demander à voir de plus près. L'enfant doit apprendre à poser le cahier dans le bon sens, l'ouvrir à la bonne page, tourner les pages dans le bon sens. Le maître aide l'enfant en lisant ce qui a été écrit, en posant des questions, en s'intéressant au contenu et à la forme. Lorsque des documents intéressants pour toute la classe sont découverts, le maître peut les retenir pour les montrer à tous lors d'un moment collectif.

• **Phase 2 : mettre en page l'information.** Communiquer par l'écrit est l'occasion de travailler, dans le cadre d'une progression annuelle, toutes les formes d'écrits. Chaque type a ses règles : listes, recettes, poésies, textes narratifs, etc. En petit groupe, on commentera chaque type d'écrit et on demandera aux enfants de prendre des indices pour se repérer.
Varier les écritures : capitales, script, cursive, pour montrer que rien n'est changé au message.
• **Phase 3 : communiquer les textes des poésies et les comptines.** L'enfant est heureux de réciter les textes appris à l'école. Lorsqu'ils sont lus par la famille, l'enfant, rassuré, constate leur permanence quel que soit le lecteur. Par ailleurs, les parents peuvent aider l'enfant lorsqu'il ne se souvient plus des paroles. Il est important de leur montrer ces textes et au besoin d'ajouter un repère (signe, dessin).
• **Phase 4 : construire le message.** En passant de la langue orale à la langue écrite, on apprend à construire un récit et à connaître les règles spécifiques de l'écrit. Demander aux enfants de raconter ce qu'ils ont fait à l'école pendant la semaine écoulée, pour le faire lire à leurs parents. Ce travail permet de voir ce que les enfants ont retenu de leurs apprentissages, de leur apprendre à se situer dans le temps en évoquant des événements passés. Chaque enfant choisit une réalisation de la semaine qu'il peut coller dans son cahier et qu'il sera capable d'expliquer. Ce message permet aux parents de savoir ce que l'enfant a fait à l'école, car bien souvent les petits sont peu bavards.

Résultats attendus

Les enfants s'intéressent de plus en plus aux écrits divers qu'ils retrouvent dans leur cahier. Petit à petit, ils comprennent que les écrits de l'école peuvent être lus et compris par les familles et inversement. Ce cahier est leur propriété, il les grandit et les rend responsables.

Évaluation

On évaluera surtout la participation et la motivation des enfants. En ce qui concerne les contenus, ils varient trop d'une famille à l'autre pour être évaluables.

:: Conseils

Certains enfants n'auront peut-être rien dans leur cahier de la part de la famille. Dans ce cas, rencontrer la famille, lui expliquer les enjeux, la rassurer en lui donnant quelques exemples simples de contenus : découpages dans des catalogues, prospectus, dessins, etc. Demander à l'enfant de lire ce qui a été écrit ou collé en classe et continuer à s'intéresser à son cahier et à l'envoyer systématiquement dans la famille comme les autres. Ne pas donner de jugement de valeur et bien expliquer aux parents que ce doit être le travail de l'enfant et non le leur. Il n'y a pas de concours ni de notes. Être bien organisé pour l'envoi et le retour des cahiers : afficher un pointage à la porte de la classe.

:: Ouverture transdisciplinaire

Toutes les activités de la classe peuvent alimenter les cahiers de vie sous forme de travaux, de photos, d'écrits, etc.

Séquence : Initiation orale à la langue écrite : écouter des histoires racontées ou lues par le maître

Séance n° 4 — Lecture en réseau : la série *Petit Ours brun*

Section du cycle : Tout-petits/petits

:: **Objectif** : Initier aux codes de l'album : l'illustration, le titre.

:: **Concept** : Le réseau de lecture intratextuel à partir d'une série : l'enfant retrouve un même personnage. Le personnage ours, anthropomorphisé, permet au jeune enfant de s'identifier facilement, de vivre par procuration ses aventures. Il partage ses émotions, ses sentiments, ses états d'âme, et met des mots sur des événements de la vie familiale ou sociale.

:: **Compétence** : Se référer au tableau p. 15.

:: **Capacité** : Écouter des histoires racontées ou lues par le maître.

:: **Conditions préalables** : Des albums différents de la collection « Petit Ours brun » sont présents dans le coin bibliothèque de la classe et l'enseignant en a déjà lu plusieurs. Les enfants connaissent bien le personnage « Petit Ours brun » et savent le nommer.

:: Préparation de la classe

- **Organisation matérielle**
  Les enfants sont assis au coin regroupement sur des bancs. L'enseignant est face à eux, tous doivent voir.
- **Matériel**
  5 albums différents de *Petit Ours brun* choisis parce que chaque couverture est présentée de la même façon : *Petit Ours brun* est vu de profil, de face et avec un accessoire différent. La couleur de la couverture est également différente. Un tableau pour poser les albums verticalement et visibles de tous.

:: Déroulement de l'activité

- **Durée** : 15 minutes.
- **Modalités de travail** : activité collective au coin regroupement face au tableau.

→ Description de l'activité

- **Phase 1 : observation des albums.** Les 5 albums sont posés côte à côte contre le tableau : écouter les observations des enfants.

- **Phase 2 : comparaison à l'oral.** Après quelques minutes, les enfants ont reconnu Petit Ours brun. Questions : est-ce que c'est la même histoire dans chaque livre ? Comment peut-on le savoir ? Comment savez-vous que c'est Petit Ours brun ?
- **Phase 3 : lecture du titre.** Faire venir un enfant, lui demander de décrire l'image du premier album : Petit Ours brun a un parapluie dans les mains. L'enseignant lit le titre : « Petit Ours brun et son parapluie ». L'enfant répète, tous répètent.
- **Phase 4 : les autres titres.** Faire venir un autre enfant et même question pour un autre album : « Petit Ours brun a un carton ». Est-ce la même chose ? Qu'est-ce qui change ? Pourquoi ? Que va faire POB dans ce livre ? *Idem* pour les trois autres livres. Lire les titres.
- **Phase 5 : reconnaissance de chaque album.** Demander à quelques enfants de venir à tour de rôle montrer tel ou tel livre (dire le titre exact).
- **Phase 6 : introduction d'un élément perturbateur.** Retourner les livres pour ne plus voir que les dernières de couverture. Comment fait-on maintenant pour reconnaître POB et son parapluie ? Les enfants vont certainement se repérer à la couleur de l'album. Les changer de place pour augmenter la difficulté.
- **Phase 7 : conclusion.** Il faut retourner le livre, regarder la première de couverture et le titre pour savoir ce qu'il y a dedans.
- **Phase 8 : prise d'indices en noir et blanc.** Des photocopies en noir et blanc sont affichées au tableau : les premières et les dernières de couverture : retrouver à quel livre elles appartiennent. Ce n'est pas possible pour les dernières car elles sont identiques, mais c'est possible pour les premières en observant les accessoires sur les images.
- **Phase 9 : synthèse.** On pourra conclure avec les enfants que les livres doivent être rangés dans la bibliothèque de façon à voir la première de couverture et à pouvoir choisir.

Résultats attendus

Les enfants doivent être capables de ranger les albums correctement, première de couverture face à eux.

Évaluation

Individuellement chaque enfant doit montrer l'album correspondant au titre dit par l'enseignant.

:: Conseils

Attirer l'attention des enfants sur les différentes parties d'un livre, ici les premières et dernières de couverture, car les petits ont tendance à manipuler le livre comme un objet et à ne pas l'observer en détail.

:: Prolongements

- Photocopier une image dans un album, retrouver celui auquel elle appartient.
- Ce travail pourra être mené avec d'autres séries d'albums pour petits : *Ploum*, *Anthracite*, *Rosie*, *Norbert*, *Lili Bobo*, etc.
- Reprendre l'activité en petits groupes, en ciblant les compétences selon les besoins de chacun.

Séance n° 5 Le livre animé : découverte

Section du cycle : Tout-petits/petits

:: **Objectifs** : Reconnaître l'objet livre, lui donner du sens.

:: **Concept** : Le livre en tant qu'objet culturel. Les tout-petits manipulent les livres comme des jouets et n'ont pas conscience de la différence. C'est par le toucher, dans un premier temps, que le petit enfant tire des informations de ce qu'il perçoit. Les livres animés sont un excellent moyen d'amener les petits à la découverte du livre et de ses fonctions spécifiques.

:: **Compétence** : Se référer au tableau p. 15.

:: **Capacité** : Écouter des histoires racontées ou lues par le maître.

:: Préparation de la classe

- **Organisation matérielle**
  Les enfants sont regroupés au coin langage et sont tous assis sur des bancs, afin de bien voir.
- **Documents**
  L'album *Où est Spot mon petit chien ?,* Éric Hill, éditions Nathan. Images photocopiées des lieux et des animaux.

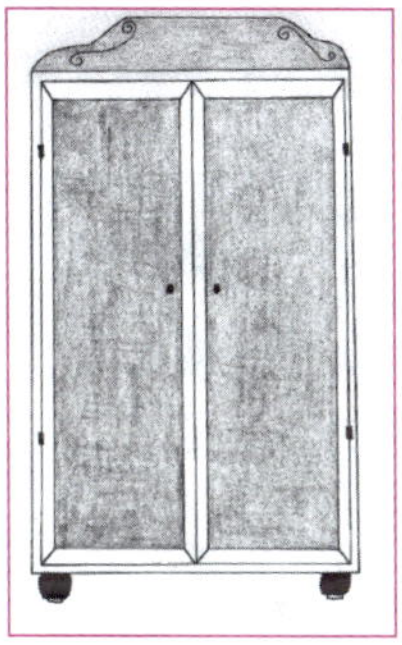

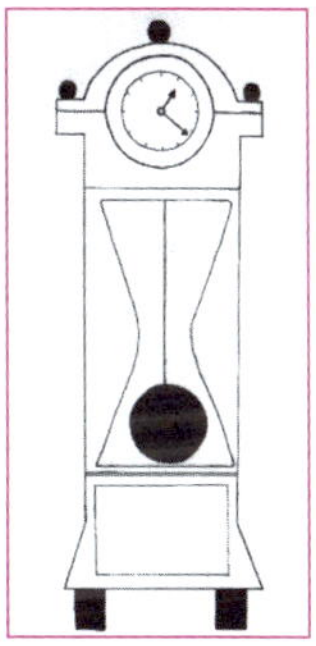
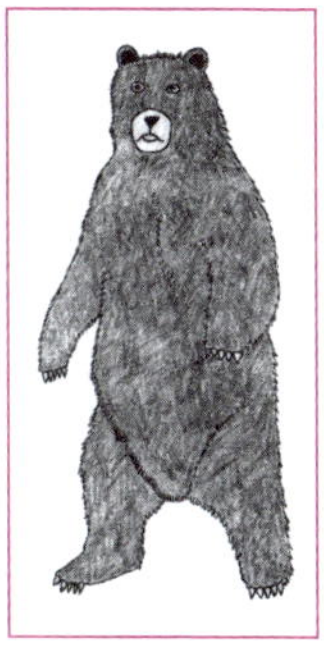

:: Déroulement de l'activité

- **Durée** : 15 minutes.
- **Modalités de travail** : activité collective.

→ Description de l'activité

- **Phase 1 : lecture de l'album par l'enseignant en montrant chaque page.**

– La première de couverture : montrer la couverture de l'album, la décrire et lire le titre qui est une question : *Où est Spot mon petit chien ?*

– La première page pose le problème : la maman chien cherche son petit car il doit manger. Jouer la surprise à chaque page.

– La question redondante : « Est-il dans... ? » Poser la question puis soulever le volet pour découvrir un animal (parfois inconnu des enfants).

– Réponses des enfants : à chaque découverte, laisser les enfants répondre : non... et dire le nom de l'animal. Reprendre ensuite le mot, le prononcer correctement, le faire répéter par les enfants. *Exemple :* Est-il dans le piano ? Non c'est un hippopotame.

– Les prépositions de lieu : insister sur les prépositions de lieu lors des questions : *dans* l'armoire, *sous* l'escalier, *derrière* la porte, etc., ainsi que sur la formulation interrogative : « est-il ? ».

– Conclusion : à la fin, Spot est retrouvé, à la grande joie des enfants : réponse « oui ».

- **Phase 2 : reformulation par les enfants sans l'album, avec l'aide d'images.**

- Fermer le livre et demander aux enfants de qui parle ce livre : le nom « Spot » est d'ailleurs difficile à prononcer pour les petits.
- Demander quelles sont les cachettes proposées dans l'album et qui s'y trouve. Faire appel à la mémorisation.
- Proposer des images photocopiées des éléments du livre pour aider les enfants : les lieux et les animaux.
- Afficher au tableau au fur et à mesure les images des éléments proposés par les enfants et essayer de les mettre en correspondance deux par deux ; *exemple :* le piano et l'hippopotame. Attention : ne pas montrer trop vite les images, attendre que les enfants fassent des propositions, s'ils en oublient ce n'est pas grave. Ce sont les enfants qui doivent venir prendre l'image et l'accrocher : prévoir un système simple et repositionnable (aimants, pâte à fixe, bande avec repli, etc.).

- **Phase 3 : reprise de l'album pour vérification des réponses.** Relecture page par page pour vérifier que les cachettes ont toutes été trouvées ainsi que leurs occupants. Au besoin, demander à un enfant de venir trouver l'image qui manque ou de rectifier la correspondance.

Résultats attendus

Les enfants ont compris l'association animal/lieu.

Évaluation

Mélanger les images et demander à un enfant de venir les replacer correctement au tableau.

Conseils

Avec les tout-petits, ne pas aller trop vite et limiter le nombre de pages, tout en gardant bien sûr l'épilogue. Leur lire l'album très souvent, les faire participer en venant soulever eux-mêmes les volets.

Ouverture transdisciplinaire

- Les **repères dans l'espace** : en salle de jeux, jouer à se cacher, puis répondre à des consignes simples : se mettre sous un banc, près d'un radiateur, dans un carton, derrière une porte, etc.
- Fabriquer un **autre livre sur le même modèle** : la mascotte de la classe a disparu, il faut la retrouver dans l'école. On peut ainsi travailler sur les notions topologiques ou les différents lieux de l'école : les classes, le couloir, le bureau, les toilettes, la tisanerie, etc.

Séance n° 6 Le livre animé : les structures écrites

Section du cycle : Petits

:: **Objectif** : Prendre conscience de l'importance de l'écrit dans l'album.

:: **Concept** : L'écrit dans un livre : à quoi sert-il ?

:: **Compétence** : Se référer au tableau p. 15.

:: **Capacité** : Écouter des histoires racontées ou lues par le maître.

:: **Conditions préalables** : Voir séance n° 5.

:: Préparation de la classe

- **Organisation matérielle**
  Les enfants sont répartis en ateliers autonomes sous la surveillance de l'ATSEM. Un groupe travaille avec le maître. Ce groupe est un groupe de besoin, les compétences attendues ne seront pas exactement les mêmes en fonction des groupes qui vont être dirigés sur plusieurs jours.

- **Matériel**
  L'album, les images des animaux et des cachettes, des étiquettes avec les mots écrits en script (écriture du livre), une étiquette-phrase : « est-il ? », une planche avec des cases pour placer les étiquettes.

:: Déroulement de l'activité

- **Durée** : 20 minutes.
- **Modalités de travail** : groupe de 5 enfants assis autour de tables.

→ Description de l'activité

- **Phase 1 : correspondance terme à terme.** Les lieux et les animaux. Rappel de la problématique de l'histoire : que se passe-t-il ? Réponse attendue : la maman chien cherche son petit chien Spot. Le maître redit le titre exact de l'album. Jeu avec des cartes : l'album est fermé, les images des animaux sont retournées d'un côté de la table, les images des lieux sont visibles d'un autre côté. Le maître pose la question : « est-il ? » Un enfant retourne une carte lieu : il doit la nommer en utilisant la bonne préposition, par exemple : « sous le lit ? » Il la pose sur la planche en haut. Le même enfant doit trouver la carte animal qui correspond et la placer à côté de la première sur la planche. Les autres enfants donnent leur accord ou non. Vérification dans l'album. Ainsi de suite pour les autres lieux, chaque enfant participant à son tour (de haut en bas de la feuille). Le jeu est répété plusieurs fois en collectif.
- **Phase 2 : l'importance de l'écrit. L'écrit sur les pages.** Le maître reprend l'album, l'ouvre à la première page et demande aux enfants de la décrire ; réponse attendue : « il y a des dessins et des écritures ». On tourne d'autres pages, pour s'apercevoir que c'est toujours « pareil ». **Écriture des mots sur les cartes :** le maître propose d'ajouter sur la planche les noms des lieux avec la préposition et des animaux. Il apporte les étiquettes, les lit une par une et demande aux enfants de les poser sous la bonne image. *Exemple* : sous le lit – le crocodile. **La question :** la question : « est-il ? » est introduite à l'écrit. On fera remarquer aux enfants le point d'interrogation. L'étiquette est déplacée à chaque ligne de la planche, puisque c'est la même. Raconter l'histoire avec les cartes. On peut raconter l'histoire sans l'album, en utilisant les étiquettes-mots et images : le maître montre l'étiquette question, les enfants la disent. Puis il montre l'étiquette-lieu, les enfants complètent, etc. Réactivation : ce jeu est fait plusieurs fois en collectif.

• **Phase 3 : évaluation.** Lorsque tous les groupes ont fait ce travail, il est possible de donner aux petits une évaluation individuelle. Donner à chaque enfant une planche format A3 avec des cases, et des étiquettes prédécoupées des lieux et des animaux (les mots sont écrits sous chaque image). La consigne est de positionner côte à côte chaque cachette et l'animal correspondant, puis de les coller. Ne pas oublier d'écrire le titre de l'histoire en haut de la feuille. Les tout-petits pourront manipuler les étiquettes plastifiées avec des modèles dessous et ce jeu de « loto » pourra être réutilisé librement.

Résultats attendus

Participation active aux jeux. Prise en compte de l'écrit.

Évaluation

Voir étape 3.

:: Conseils

Les groupes de besoin seront constitués afin que chacun y trouve son compte :
- diminuer le nombre d'images pour les enfants le plus en difficulté ;
- insister beaucoup sur l'oral avec les petits parleurs ;
- faire correspondre écrit et images pour les plus « avancés » ;
- utiliser l'album comme support avec les enfants plus inhibés.

:: Prolongements

- Inventer d'autres lieux et d'autres animaux.
- Refaire un livre en changeant le héros, les lieux, les animaux mais en gardant la même structure répétitive.

:: Ouverture transdisciplinaire

Cf. séance n° 5.

Séquence : Identifier des formes écrites

Séance n° 7 Reconnaître son prénom écrit en majuscules d'imprimerie

Section du cycle : Tout-petits/petits

:: **Objectif** : Découvrir les relations entre l'oral et l'écrit.

:: **Concept** : Construction du principe alphabétique.

:: **Compétence** : Se référer au tableau p. 15.

:: **Capacité** : Reconnaître son prénom écrit en majuscules d'imprimerie dans différentes situations.

:: **Conditions préalables** : Ce n'est pas une séance proprement dite, mais différents moments qui seront propices à la reconnaissance du prénom. Il faudra les reproduire très souvent, de façon rituelle avec les petits, en construisant une progression au fil de l'année, afin que les apprentissages évoluent et ne deviennent pas routiniers.

:: Préparation de la classe

- **Organisation matérielle**
  Elle varie en fonction des situations.
- **Matériel**
  Une photo d'identité accompagnée d'une étiquette-prénom de grande taille sur chaque portemanteau (les plastifier afin qu'elles soient durables) ; un panneau de référence sur lequel des petites photos d'identité sont collées, avec, en regard, le prénom de chaque enfant. Il est placé sous le tableau, à hauteur des enfants ; des étiquettes-prénoms (15 × 5 cm) sur lesquelles les prénoms sont écrits en capitales ; un panneau de contreplaqué planté d'autant de petits crochets qu'il y a d'élèves dans la classe et servant à suspendre et à contrôler les étiquettes des présents chaque demi-journée ; des petites boîtes (ou des pots vides) sur lesquelles la photographie de l'enfant est collée, qui contiennent des petites étiquettes-prénoms destinées à signer les productions graphiques ou picturales ; un tableau magnétique, avec, dessous, plusieurs jeux de lettres mobiles et magnétiques de l'alphabet, rangées dans l'ordre alphabétique, dans des pochettes de plastique transparent.

:: Déroulement de l'activité

- **Durée** : chaque activité aura une durée différente, en fonction également du moment de l'année : au début, lors de la mise en place, il faudra y consacrer plus de temps et répéter de nombreuses fois les consignes, en particulier avec les tout-petits.
- **Modalités de travail** : c'est individuellement que les enfants vont reconnaître leur prénom, mais petit à petit, lors du regroupement collectif et de la vérification des différents tableaux, ils vont également reconnaître les prénoms des autres et remarquer des similitudes ou des différences.

→ Description de l'activité

- **Phase 1 : l'étiquette du portemanteau.** Elle est investie d'une charge particulière : c'est elle qui marque la frontière, le point de rupture, de séparation d'avec la famille, le lieu où se matérialise l'abandon d' une partie de soi : le manteau. Elle donne de surcroît un repère fixe, l'assurance de retrouver, au même endroit, ce qui est sien, vient de la maison. Les étiquettes doivent être bien visibles, pas trop haut placées, pour que les petits accordent rapidement plus d'importance à l'écrit qu'à la photographie. Pour les récréations, les petits devront également retrouver seuls leurs affaires, parmi beaucoup d'autres, et apprendre seuls à les accrocher à leur étiquette. On les entendra faire des remarques sur leurs prénoms, parfois les suivre du doigt.

- **Phase 2 : le tableau des présences.** À leur arrivée échelonnée, lors de l'accueil du matin, les élèves trouvent leurs étiquettes disposées sur une table. Aidés par leurs parents ou le maître, ils les identifient pour les suspendre sur le panneau « qui est là ? » ou « les présents ». Au début de l'année, les photos seront une aide, puis progressivement elles seront enlevées. Un classement par couleur peut également être mis en place : les étiquettes ont des fonds de couleur (ou une gommette). Sur le panneau sont également collés des repères de couleur : les enfants doivent suspendre leur étiquette sur la bonne couleur. D'autres repères peuvent être introduits, afin de surprendre les enfants et d'éviter l'habitude : des formes géométriques, des écritures du prénom différentes, etc. Lors du regroupement, on vérifie s'il n'y a pas d'erreur, on peut aussi regarder les prénoms sur les étiquettes des absents et les reconnaître. Prévoir une boîte ou un autre panneau « les absents » pour ranger ces étiquettes.
- **Phase 3 : l'identification des groupes de travail ou de jeu.** Afficher dans les coins jeux des phrases : « Qui joue à la cuisine ? », « Qui peint ? », « Qui lit des livres ? », « Qui dessine ? », etc. Les petits glissent dans les encoches prévues à cet effet leur étiquette-prénom sous la question. Le maître montre qu'il en tient compte pour écrire les prénoms des enfants sur leurs productions, rappeler celui qui s'en va sans ranger le coin, proposer une autre tâche ou un jeu, réguler le nombre d'enfants dans les coins.
- **Phase 4 : les responsables.** Chaque jour des enfants sont choisis pour différentes tâches dans la classe : se ranger les premiers, distribuer la collation, vérifier le rangement de la classe, afficher le temps qu'il fait, etc. Des phrases sont écrites sur un panneau : « Qui se range en premier ? » : les étiquettes-prénoms (un autre jeu) sont placées dans des encoches à droite des phrases (sens de la lecture).

Résultats attendus

L'emploi quotidien, varié, de ces étiquettes, dont le support (carton ou papier ou bois), le format, la couleur varient, aide à saisir la permanence des signes graphiques, seuls pertinents pour l'identification des prénoms. L'enseignant répond aux questions, suggère, accompagne. Par exemple, si des enfants assis côte à côte repèrent des lettres semblables sur leurs deux étiquettes et les montrent, le maître informe toute la classe de cette « découverte ». Il isole les lettres avec les lettres mobiles à sa disposition apposées alors sur le tableau et nommées. Il peut ainsi repérer les initiales et faire trouver les prénoms commençant par la même lettre.

:: Conseils

Écrire le prénom de l'enfant devant lui chaque fois que l'occasion se présente, en commentant son action, afin de construire une familiarité avec notre système d'écriture : l'enfant découvre que ce qui se dit peut être écrit élément par élément.

:: Prolongements

- Organiser des jeux avec les étiquettes en petit groupe (parmi 6 prénoms reconnaître le sien).
- Jeu de loto des prénoms : coller sous le modèle l'étiquette correspondante.
- Sur une feuille A4 des prénoms sont écrits, dont plusieurs fois celui de l'enfant : l'entourer chaque fois qu'il le reconnaît.

:: Ouverture transdisciplinaire

- **Éducation du regard et du geste :** travailler autour des lettres : les dessiner en grand format et les faire remplir en utilisant des techniques différentes. Réaliser des pochoirs de lettres et faire des impressions sur des fonds. Même chose avec les prénoms.
- **Éducation de la voix et de l'écoute :** inventer des comptines avec les prénoms des enfants de la classe. Dire les prénoms avec différentes intonations.

Séquence : Se préparer à lire et à écrire, distinguer les sons de la parole

Séance n° 8 Apprendre à écouter : les bruits familiers

Section du cycle : Tout-petits/petits

:: **Objectif** : Distinguer les sons de la parole.

:: **Concept** : Affinement de la perception auditive.

:: **Compétence** : Se référer au tableau p. 15.

:: **Capacité** : Être capable de différencier des bruits, des sons dans la classe.

:: **Préparation de la classe**

- **Organisation matérielle**
  Les enfants sont assis sur des bancs au coin regroupement de la classe.
- **Matériel**
  Magnétophone, micro pour enregistrer, cartes images.

:: **Déroulement de l'activité**

- **Durée** : 20 minutes.
- **Modalités de travail** : toute la classe.

→ **Description de l'activité**

- **Phase 1 : comptine de retour au calme.** Les enfants sont tous assis confortablement autour de l'enseignant. Celui-ci propose une comptine qui amène les enfants au silence.
- **Phase 2 : percevoir les bruits de l'école :** nous allons écouter les bruits. Fermez les yeux et écoutez. Puis vous me direz ce que vous avez entendu.
- **Phase 3 : identifier la nature des bruits** (humains, naturels, mécaniques). Énumération des bruits entendus (dits avec leurs mots) : les oiseaux, le vent, une maîtresse qui parle, des enfants qui chantent, un aspirateur, des personnes qui marchent, une porte qui claque, un enfant qui tousse, qui renifle, une chasse d'eau, etc. Ces bruits seront forcément différents d'une classe à l'autre, il faudra les choisir pour qu'ils soient facilement reconnaissables des enfants.
- **Phase 4 : produire des bruits.** Nous allons maintenant faire des bruits que nous allons enregistrer pour les réécouter ensuite : une chaise que l'on traîne, une porte que l'on ouvre, un enfant qui tousse, un enfant qui marche, la maîtresse qui parle, le robinet de la classe qui coule, un jeu qui tombe, etc.
- **Phase 5 : écoute de l'enregistrement.** Les enfants doivent se souvenir et nommer correctement.
- **Phase 6 : association image/bruit.** Proposer des cartes images représentant le dessin du bruit : la chaise, la porte, etc. Les dessins sont nommés puis distribués : chaque enfant reçoit une carte.
- **Phase 7 : écoute active.** Montrer la carte lorsque l'image correspond au bruit entendu.
- **Phase 8 : sens de la lecture.** Afficher une image de chaque bruit au tableau de gauche à droite : un enfant vient montrer avec une règle chaque image en suivant l'ordre entendu.
- **Phase 9 : repérage des bruits dans le temps.** Début, fin, avant, après. Questionnement de l'enseignant sur le placement des bruits : « La porte, on l'entend au début ou à la fin ? Qu'est-ce qu'on entend après la chaise ? » Toujours valider avec l'enregistrement.
- **Phase 10 : quatrième écoute.** Changer l'ordre des bruits afin que les enfants ne s'habituent pas à une suite immuable. Refaire les mêmes exercices.

Résultats attendus

Reconnaissance des bruits par tous les enfants, au moins avec la correspondance image/bruit.

Évaluation

L'évaluation est facile, il suffit d'observer les réactions de chacun : capacité à être attentif, réactivité.

:: Conseils

Faire appel au vécu de l'enfant, ne pas proposer des situations inconnues.

:: Prolongements

- Réaliser des enregistrements de bruits plus proches et plus nombreux.
- Proposer des enregistrements de bruits de la maison.
- Utiliser les bandes sons du commerce : bruits de la rue, de la gare.
- Sortir et écouter les bruits extérieurs.
- Écouter des cris d'animaux (coffret « son à la carte », Nathan) en associant les images ou photos.

:: Ouverture transdisciplinaire

- **Éduquer la voix et l'écoute :** ces activités font également partie des activités musicales, puisqu'elles sont préalables à l'écoute et à la reconnaissance d'instruments de musique.
- **Langage oral :** il est nécessaire d'utiliser un vocabulaire précis pour qualifier les bruits.

Séquence : Pour s'acheminer vers le geste de l'écriture : le contrôle des gestes

Séance n° 9 Le geste graphique

Section du cycle : Tout-petits

:: **Objectif** : Se livrer à des activités graphiques adaptées.

:: **Concept** : Motricité fine : l'apprentissage du graphisme ne se fait pas uniquement avec du papier et un crayon.

:: **Compétence** : Se référer au tableau p. 15.

:: **Capacité** : Imiter des gestes amples dans différentes directions.

:: **Conditions préalables** : Il y a des gestes préparatoires ; pour le tout-petit le corps est entier, il faut l'aider à le découvrir et à l'utiliser segment par segment : jeux de doigts, activités motrices, jeux de sable, découverte de sensations tactiles et visuelles, etc.

:: Préparation de la classe

- **Organisation matérielle**

  Dans la classe des tout-petits, un espace assez vaste doit être consacré à ces activités. Il faut une grande table autour de laquelle les enfants pourront tourner (donc pas de chaises), une piste graphique pour travailler sur plan vertical et sur grands formats.

- **Matériel**

  Outils : tout objet se trouvant dans la classe (couteaux, cuillères, fourchettes de la dînette, peignes, etc.) ; outils d'entretien (balayettes, brosses, éponges, etc.), objets à faire rouler (rouleaux, balles, billes, rouleaux à pâtisserie, etc.), objets se tenant à la pince entre les doigts (pailles, cotons tiges, bâtonnets, pinceaux, pochons, craies, etc.).

  Supports : varier les plans (vertical, horizontal, incliné), varier les dimensions pour induire des gestes plus ou moins amples, et aussi des déplacements pour occuper la surface. Varier les surfaces en utilisant aussi des volumes (boules, cubes, rouleaux, etc.). Varier les textures des supports feuilles (papier lisse ou à grain, glacé, papier de verre, carton cannelé, papier journal, tissu, papier buvard, carton coloré, etc.). Médiums : sable, semoule, colle, peinture épaisse, liquide, encres colorées, craies grasses, eau, etc.

:: Déroulement de l'activité

Cette séance expose un déroulement type utilisant un matériel précis choisi dans la liste ci-dessus. Elle pourra être reproduite avec tous les matériaux en adaptant les compétences (gestes).

- **Durée** : 20 minutes.
- **Modalités de travail** : atelier de 5 enfants maximum en fonction de l'espace. Bien protéger les enfants (tabliers confortables et imperméables, manches retroussées).

Les autres enfants doivent être en ateliers autonomes, afin que l'enseignant puisse être à part entière avec le groupe, du fait de l'importance des découvertes et de l'activité salissante.

→ Description de l'activité

• **Phase 1 : mise en place de l'activité.** Préparer, avant l'arrivée des enfants, une grande feuille (découpée dans un rouleau de papier kraft blanc) qui recouvre toute la table (environ 2 mètres sur 1 mètre). Afin qu'elle ne glisse pas, la fixer par-dessous avec du ruban adhésif ou de la pâte à fixer.

• **Phase 2 : préparation du matériel.** Proposer aux enfants des outils différents : petites éponges de forme carrée, bouchons de liège, cubes, morceaux de jeux et de la peinture assez épaisse (3 couleurs primaires : jaune, rouge, bleu). Mettre la peinture de préférence dans des barquettes sur une fine couche.

• **Phase 3 : réalisation.** Consigne : tremper les objets dans la peinture et les appuyer sur la feuille. Le faire en même temps devant eux.

• **Phase 4 : observation.** Laisser les enfants agir, même s'ils ne respectent pas exactement la consigne : ils traînent l'objet ou repassent plusieurs fois au même endroit. Les encourager et les féliciter de leurs résultats.

• **Phase 5 : aide de l'enseignant.** Si la feuille ne se remplit pas partout, proposer aux enfants de tourner autour de la table afin de faire des empreintes sur toute la feuille : on ne doit plus voir de blanc.

• **Phase 6 : observation des réalisations.** Arrêter les enfants lorsque la feuille est bien remplie, leur faire observer ce qu'ils ont fait et verbaliser : on voit des ronds, des carrés, certains sont bien nets, d'autres sont trop repassés, on peut aussi nommer les couleurs. Leur demander ce qu'ils en pensent. Leur proposer de l'afficher lorsque ce sera sec.

Résultats attendus

Occupation de l'espace feuille collectivement, activité de tous les enfants, plaisir de la découverte.

Évaluation

Sur un support plus petit et individuel, on demandera à chaque enfant de faire des empreintes pour décorer son cahier de vie par exemple.

:: Conseils

Tous les gestes ne vont pas forcément déboucher sur une production à valoriser ; ce qui est le plus important c'est de les faire vivre aux enfants. Les productions collectives sont nombreuses, les productions individuelles moins : les découper et en coller un morceau dans le cahier de chaque enfant, en précisant ce dont il s'agit et la date de réalisation.

Avec les tout-petits, ces activités doivent être mises en place chaque jour (de préférence le matin afin que chacun en profite), car elles sont nécessaires au développement de leurs capacités motrices.

:: Prolongements

Au fur et à mesure des expériences, faire un catalogue des traces avec les enfants, leur donner des noms et les réinvestir.

Séance n° 10 Les éléments inducteurs en graphisme

Section du cycle : Tout-petits/petits

:: **Objectif** : Dessiner des ronds fermés.

:: **Concept** : L'activité graphique.

:: **Compétence** : Se référer au tableau p. 15.

:: **Capacité** : Imiter des gestes graphiques dans différentes directions.

:: **Conditions préalables** : Les jeux de doigts et d'adresse peuvent être proposés en activité d'échauffement ou de dégourdissement des doigts avant les activités graphiques.
L'acquisition des gestes, ainsi que la prise de conscience de l'enfant des relations entre les gestes qu'il réalise et les traces qu'il laisse sont indispensables (*cf.* séance n° 8).
Les « dessins libres » qui permettent à l'enfant de s'exprimer avec choix de support et d'outils, sans consigne, sont très importants pour le développement psychologique et l'évolution des représentations.

:: Préparation de la classe

- **Organisation matérielle**
  Les enfants sont assis à des tables regroupées (6).
- **Matériel**
  Des cartons de dimension A3 sur lesquels sont collés des boutons de forme ronde mais de tailles différentes, dispersés dans l'espace de façon à laisser de la place entre eux : une série de cartons avec 6 boutons dispersés, une série avec 12 boutons dispersés. Des feutres à grosse pointe mais facilement préhensibles par des petites mains.

:: Déroulement de l'activité

- **Durée** : 20 minutes.
- **Modalités de travail** : atelier de 6 enfants dirigé par l'enseignant. Les autres enfants sont en ateliers autonomes sous la surveillance de l'ATSEM.

→ Description de l'activité

- **Phase 1 : cartons avec 6 boutons.** Distribuer à chaque enfant un carton de la première série. Leur faire décrire oralement, en précisant qu'il ne faut pas décoller les boutons. Les laisser s'exprimer et formuler des hypothèses sur ce qu'il faut faire.
- **Phase 2 : recherche de la consigne.** Leur donner un feutre chacun, et poser la question : que pourrait-on faire avec le feutre et le carton ? Écouter les propositions des enfants, insister sur la forme des boutons. Donner la consigne : entourer chaque bouton sans le toucher. On peut faire plusieurs ronds de couleurs différentes.
- **Phase 3 : observation des productions.** Lorsque les enfants ont terminé, on observe les productions et on les commente. On met en valeur ceux qui ont « réussi », c'est-à-dire qui ont respecté la consigne.
- **Phase 4 : deuxième carton.** Distribuer un autre carton de la deuxième série, sur lequel les boutons sont plus nombreux. La consigne est de ne faire qu'un seul rond autour de chaque bouton et de le fermer.
- **Phase 5 : observation des productions.** Les comparer avec les premières. Afficher au tableau les réalisations.

Résultats attendus

Les résultats varieront d'un enfant à l'autre, en fonction de leur habileté motrice. Certains respecteront la consigne, d'autres auront plus de difficultés : pour ces derniers, proposer des inducteurs plus gros : coller des coquilles de noix, des marrons, des morceaux de bouchons, etc. Avec les enfants qui ne maîtrisent pas leur geste, reprendre les activités décrites dans la séance n° 8.

Évaluation

L'évaluation est comprise dans l'activité. C'est l'observation de l'enseignant qui lui permettra d'évaluer les compétences de chaque enfant.

:: Conseils

Les supports doivent toujours être prévus en grande quantité. Ce n'est pas en une fois que les enfants peuvent réussir, ils doivent prendre conscience de leurs tracés avant de mettre une intention.
Travailler assis : les enfants doivent être bien assis, sans prendre appui sur les avant-bras. **Choisir sa main :** l'enfant de petite section se sert souvent des deux mains ; il faudra l'aider dans un premier temps à choisir la main qui « écrira » en déterminant quel est le côté prédominant. Pour cela on observera ses gestes spontanés : avec quelle main mange-t-il ? De quel pied frappe-t-il le ballon ? **Tenir son crayon :** le crayon doit être tenu entre le pouce et l'index et doit reposer sur le majeur. La main, inclinée, repose sur l'auriculaire et le côté. **Position du scripteur par rapport au support** : entraîner petit à petit le droitier à placer sa feuille légèrement à droite de la table, afin de faciliter la lecture du tracé et éviter de croiser le bras sur la poitrine. Pour le gaucher, il conviendra de lui faire placer sa feuille assez haut et vers la gauche. La main qui n'écrit pas maintient la feuille dans sa partie inférieure.

:: Prolongements

Coller des gommettes de forme ronde et de couleurs différentes sur une feuille A3 : demander aux enfants d'entourer chaque gommette de la couleur correspondante.
Perforer des feuilles A3 et demander aux enfants d'entourer chaque trou.
Varier les outils : doigt, cotons tiges + encres, pinceaux fins + peinture, etc.
Les graphismes travaillés en section de petits seront : le rond, le trait horizontal, le trait vertical, puis la combinaison des trois. Les éléments inducteurs sont un moyen de favoriser le sens du geste ; l'enfant voit la forme présentée et va essayer de la reproduire.

:: Ouverture transdisciplinaire

- **Activités motrices :** organiser des jeux avec le matériel de forme ronde : les anneaux, les cerceaux, les palets, etc.
- **Découvrir le monde :** dans la classe, trier les jeux de forme ronde, ainsi que des éléments de récupération : bouchons, capsules, anneaux de rideaux, CD, etc.
- **Le regard et le geste :** réaliser des panneaux décoratifs à la peinture (rotations avec les mains), par collage de ronds découpés, des éléments utilisés en tri (bouchons, etc.), des volumes : empilements de CD ou suspensions, etc. S'inspirer d'œuvres de peintres.

:: Définitions

L'activité graphique présente plusieurs aspects fondamentaux : l'aspect moteur, l'aspect perceptif, l'aspect sémantique.
L'aspect moteur : une bonne motricité favorise le geste graphique et influence les tracés, d'où l'importance des exercices moteurs et la multiplicité des expériences adaptées à l'espace.
L'aspect perceptif : la perception des tracés va comporter une recherche esthétique et tenter de composer un équilibre.
L'aspect sémantique : il établit le premier lien entre le langage et l'expression graphique.

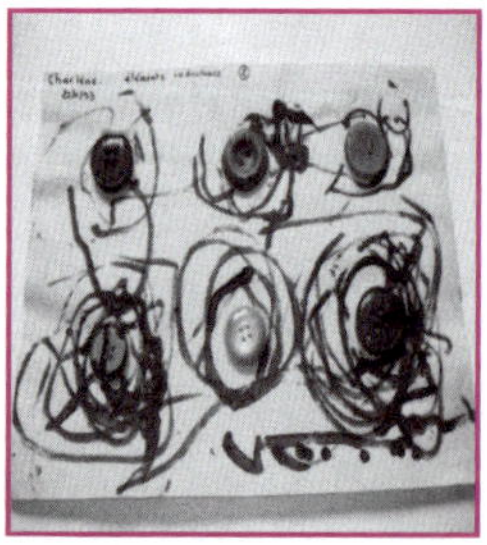

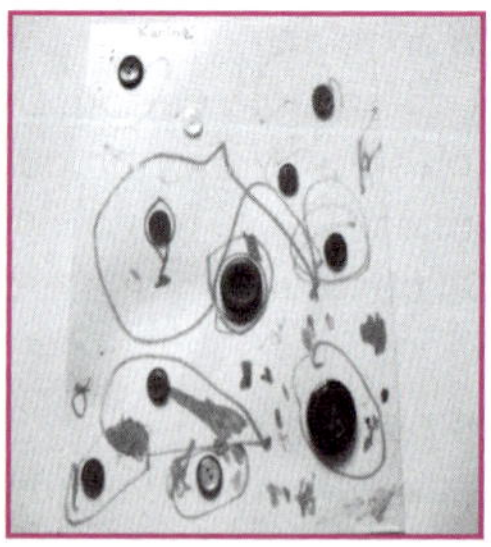

Partie 2

Découvrir le monde

Chapitre 3

Découvrir les **formes** et les **grandeurs**

:: **Continuité des apprentissages en maternelle**

:: **Repères pratiques**

:: **Séances 1 à 11**

Marilyn Buisson
Éric Greff
André Mul
Marie-Anne Viaud

Continuité des apprentissages en maternelle

	1re année	2e année	3e année	Grande section
Manipulation des objets de formes et de dimensions variées				
Sait reproduire un assemblage d'objets de formes simples	peut être travaillé	peut être travaillé	à travailler prioritairement	à consolider
Sait comparer, classer et ranger des objets selon leur taille, leur masse ou leur contenance				
• comparer selon leur taille	peut être travaillé	peut être travaillé	à travailler prioritairement	à consolider
• classer selon leur taille	peut être travaillé	peut être travaillé	à travailler prioritairement	à consolider
• ranger selon leur taille	peut être travaillé	peut être travaillé	à travailler prioritairement	à consolider
• comparer selon leur masse			peut être travaillé	à travailler prioritairement
• classer selon leur masse				peut être travaillé
• ranger selon leur masse				peut être travaillé
• comparer selon leur contenance				peut être travaillé
• classer selon leur contenance				peut être travaillé
• ranger selon leur contenance				peut être travaillé
Examen des caractéristiques des objets				
Sait différencier et classer des objets en fonction de caractéristiques liées à leur forme				
• différencier		peut être travaillé	à travailler prioritairement	à consolider
• classer		peut être travaillé	à travailler prioritairement	à consolider
Sait reconnaître, classer et nommer des formes simples : carré, triangle, rond				
• reconnaître		peut être travaillé	à travailler prioritairement	à consolider
• classer		peut être travaillé	à travailler prioritairement	à consolider
• nommer		peut être travaillé	à travailler prioritairement	à consolider

- à travailler prioritairement
- à consolider
- peut être travaillé

Repères pratiques

1. Les axes forts du domaine d'activités

« Très tôt le jeune enfant est capable de reconnaître une forme, bien avant de l'analyser, de la nommer, d'en repérer des propriétés ou d'en donner une première définition.
En maternelle, une reconnaissance globale de certaines formes est visée, par la vue et par le toucher dans des activités qui ont du sens pour l'enfant. Dès les petites classes, au cours d'activités quotidiennes, les enfants sont familiarisés avec un vocabulaire qui leur permettra, à terme, de caractériser les propriétés d'objets qu'ils auront à décrire, à reconnaître, à reproduire, à construire.
Les activités de classement et de rangement selon des grandeurs diverses sont réalisées dans des situations qui ont du sens pour l'enfant » (Documents d'accompagnement).
Dans les fiches de préparation qui vous sont proposées, l'objectif des situations présentées est d'offrir aux enfants un environnement riche et varié pour développer leur questionnement à partir de l'action. Ces fiches de préparation vont aussi permettre d'évaluer les acquisitions et d'aider à leurs structurations.
« Pour l'exploration des formes, comme pour celle des grandeurs, l'utilisation du langage vient en appui de l'action et la complète. Les mots, nécessaires pour construire du sens, permettent une mise à distance par rapport à l'action elle-même et contribuent progressivement à fixer la connaissance » (Documents d'accompagnement).
Toutes les activités proposées doivent donner lieu à une verbalisation car c'est en nommant que l'enfant va pouvoir donner du sens et associer ce qu'il perçoit au vocabulaire adéquat.

2. Les spécificités de la section

« Dès la petite section, les enfants commencent à différencier globalement des formes figuratives et des formes simples par la vue et par le toucher. Dans les jeux d'emboîtement, d'encastrement ou avec des puzzles, l'élève doit identifier la pièce puis la bonne orientation pour faire coïncider une face avec le trou ou l'empreinte. Il est en effet essentiel que l'enfant observe des formes placées dans des positions variées afin de percevoir l'invariance d'une forme par rapport aux déplacements qu'elle peut subir » (Documents d'accompagnement).
Pour les activités sur l'étude des formes ou celles portant sur les grandeurs, les objets d'étude seront associés à leurs positions dans l'espace ou dans le plan. Il faudra donc faire rencontrer à l'enfant de nombreuses situations pour mettre en évidence que les propriétés géométriques étudiées sont indépendantes de la position ou de l'orientation des formes.
« Dans le domaine des grandeurs, des comparaisons directes de longueurs peuvent être amorcées » (*cf.* ci-dessus).
Les grandeurs sont rencontrées en manipulant les formes, il s'agit essentiellement de la longueur et de la masse. L'enfant va pouvoir effectuer des comparaisons, des tris, des rangements avec ces grandeurs comme critères.

3. Éléments didactiques et pédagogiques

C'est à l'occasion de situations de manipulation que l'enfant va rencontrer de nombreuses formes. C'est en les touchant, en observant que l'enfant percevra les points communs et les différences entre deux formes. Une des premières différences sera de distinguer ce qui est courbe de ce qui est droit. C'est en opposant deux objets en regard d'une propriété que celle-ci prend sens pour l'enfant.
La reconnaissance de forme va être développée en fréquentant durant l'année de petite section

de maternelle de plus en plus d'objets. La manipulation dans l'espace physique va permettre de se dégager de l'orientation liée à la feuille de papier qui ne constitue pas encore l'univers scolaire de l'enfant mais qu'il fréquente tout de même.

Il faut dès le plus jeune âge développer une mémoire des formes, c'est la fonction des activités qui s'inspirent du jeu de Kim. L'enfant doit aussi avoir l'occasion, lors d'activités, d'anticiper, l'action servant alors à valider ses conjectures. C'est dans des jeux d'emboîtement ou de construction qu'il pourra se livrer à une recherche fondée aussi sur une stratégie d'essais-erreurs.

On pourra remarquer que l'utilisation des couleurs permet de reconnaître, de désigner, de distinguer des formes ; une connaissance des couleurs primaires est donc indispensable pour que les enfants puissent mener à bien les manipulations proposées.

On procédera de façon très progressive en comparant d'abord les grandeurs de deux objets puis on ordonnera trois objets relativement à une grandeur en les manipulant.

C'est une étape importante dans la construction de la notion de grandeur car celle-ci n'est pas encore liée à la mesure. Les enfants vont donc essentiellement comparer, ordonner ; ils ne mesureront que bien plus tard, lorsqu'ils disposeront de connaissances numériques suffisantes.

Les enfants vont aussi découvrir qu'une même grandeur peut être désignée de différentes façons en fonction de l'orientation de l'objet lors de la recherche du plus long ou du plus haut, par exemple.

Séquence : Reconnaître, comparer et reproduire des formes et des grandeurs

Séances nos 1 et 2 Premier jeu de Kim

Section du cycle : Petits

:: **Objectifs** : Reconnaître, nommer, garder en mémoire les caractéristiques des formes.

:: **Concept** : Propriétés des formes.

:: **Compétence** : Se référer au tableau p. 15.

:: **Capacités** : Mémoriser un certain nombre de formes observées pour réussir un jeu de Kim. Mémoriser une configuration spatiale de formes.

:: **Conditions préalables** : Avoir déjà manipulé des formes simples. Savoir les nommer et les différencier. Savoir nommer les couleurs élémentaires.

:: Préparation de la classe

- **Organisation matérielle**
  Groupe de 6 enfants assis autour d'une table.
- **Matériel**
  Matériel éducatif disponible dans l'école ou formes découpées dans du carton fort, plastifiées si possible pour assurer une longévité : 4 ronds, 4 triangles, 4 carrés, de la même taille mais de 4 couleurs différentes (les 4 carrés seront, par exemple, rouge, jaune, vert, bleu ; même chose pour les ronds et les triangles).
  Appareil photo numérique.
- **Documents**
  Document papier du type « cherchez l'intrus » ou « cherchez l'objet manquant ».

:: Déroulement de l'activité

- **Durée** : 15 à 20 minutes à plusieurs reprises.
- **Modalités de travail** : en atelier dirigé en présence du maître.

→ Description de l'activité

Les enfants sont assis autour d'une table avec le maître. Veiller à ce que chacun voit bien ce qui est posé sur la table. Il s'agit de proposer un jeu de Kim avec les formes et les couleurs connues des enfants.

- **Phase 1.** Poser sur la table une forme de chaque, d'une seule couleur, soit trois formes. Faire identifier, nommer, montrer les formes. « C'est le carré rouge, c'est le rond rouge, c'est le triangle rouge. »

Expliquer la règle du jeu qui va être proposé : « Quand vous aurez bien observé ces formes, un enfant va sortir et nous enlèverons et cacherons une forme. Quand il reviendra, il devra dire quelle est la forme qui a disparu. »

Proposer un temps d'observation, dans le calme, puis demander à un enfant de sortir. S'assurer qu'il a bien compris la règle du jeu. Pendant son absence, demander à un enfant de choisir une forme, de la nommer, de bien la montrer au groupe et de la cacher sur lui. Faire revenir le premier enfant et lui demander de dire quelle est la forme qui a disparu.

Laisser un temps de réflexion. Si l'enfant ne trouve pas, on l'aidera en posant des questions : « Est-ce le rond qui a disparu ? Est-ce le triangle ? » Faire sortir un autre enfant.

- **Phase 2.** Poser sur la table quatre formes identiques mais de quatre couleurs différentes. Faire identifier, nommer, montrer les couleurs. « C'est le carré vert, le carré rouge, le carré bleu, le carré jaune. » Expliquer la règle du jeu qui va être proposé : « Quand vous aurez bien observé ces formes, un enfant va sortir et nous enlèverons et cacherons une forme. Quand il reviendra, il devra dire quelle forme a disparu. » Proposer un temps d'observation, dans le calme, puis demander à un enfant de sortir. S'assurer qu'il a bien compris la règle du jeu. Pendant son absence, demander à un enfant de choisir une forme, de la nommer, de bien la montrer au groupe et de la cacher sur lui. Faire revenir le premier enfant et lui demander de dire quelle est la forme qui a disparu. Laisser un temps de réflexion. Si l'enfant ne trouve pas, on l'aidera en posant des questions : « Est-ce le carré rouge qui a disparu ? Est-ce le carré vert ? » Faire sortir un autre enfant.
- **Phase 3.** Poser sur la table deux formes de chaque, de deux couleurs différentes, soit six formes. Faire identifier, nommer, montrer les formes. « C'est le carré rouge, c'est le rond bleu, c'est le triangle rouge. »

Expliquer la règle du jeu qui va être proposé : « Quand vous aurez bien observé ces formes, un enfant va sortir et nous enlèverons et cacherons une forme. Quand il reviendra, il devra dire quelle est la forme qui a disparu. » Laisser un temps de réflexion. Si l'enfant ne trouve pas, on l'aidera en posant des questions : « Est-ce le carré rouge qui a disparu ? Est-ce le carré bleu ? » Faire sortir un autre enfant.

Résultats attendus

Si l'on procède de manière très progressive, en s'appuyant sur la réussite des élèves, ce jeu est très apprécié des enfants.

Évaluation

Elle se fera par l'observation des enfants au cours des différents jeux proposés. On veillera alors à une grande précision du vocabulaire utilisé par les enfants. En cas de doute, on proposera une des activités en individuel.

Afin de compléter cette évaluation, on pourra proposer aux élèves un exercice écrit du type jeu des 7 erreurs. Ce type de jeu est très répandu et l'on trouve facilement, sur Internet par exemple, de nombreuses planches à proposer aux enfants. On veillera à choisir des graphismes simples adaptés aux jeunes enfants de petite section.

:: Conseils

Le travail ne sera complexifié que si un groupe a réussi à plusieurs reprises l'exercice proposé. Si un enfant ne réussit pas du tout, s'assurer qu'il maîtrise bien le nom des formes et des couleurs.

:: Prolongements

Le jeu de *Kim* possède de nombreuses variantes : on peut, par exemple, décider de ne pas « soustraire » une forme mais simplement de la déplacer. C'est une variante très difficile. Il convient de faire fermer les yeux aux enfants, de déplacer la forme et de les interroger sur la forme déplacée. Pour des enfants si jeunes, il faut que les formes soient bien rangées avant le déplacement pour leur faciliter la tâche. On pourra ainsi augmenter peu à peu, très progressivement, le nombre de pièces en jeu. En fin d'année, en cas de réel succès, on pourra introduire le critère supplémentaire grand/petit.

:: Définition

Jeu de Kim : *Kim* est le titre d'un livre écrit par Rudyard Kipling. Dans ce livre Kim, un jeune orphelin, rencontre M. Lurgan, qui est une sorte d'agent secret. Il considère que Kim pourrait faire également un bon agent. Il lui enseigne alors à remarquer les petits détails et à s'en souvenir. Il devra s'exercer beaucoup. M. Lurgan présente, par exemple, à Kim un plateau couvert de bijoux divers, il le lui montre pendant une minute, puis le couvre d'un tissu et demande à Kim combien il y avait de pierres, et de quelle sorte, etc. Son sens de l'observation permet à Kim de devenir un excellent agent. Le jeu de Kim que nous proposons sous diverses formes vient de ce roman. C'est un excellent exercice pour apprendre à observer et à mémoriser.

Séance n° 3 Les poupées russes

Section du cycle : Petits

:: **Objectif** : Jouer avec des jeux d'emboîtements.

:: **Concept** : Topologie.

:: **Compétence** : Se référer au tableau p. 15.

:: **Capacités** : Savoir ordonner des formes selon leurs tailles. Savoir les emboîter les unes dans les autres. Savoir utiliser le vocabulaire topologique correspondant.

:: Préparation de la classe

- **Organisation matérielle**
  Par groupes de 5 élèves rassemblés autour d'une table ou par terre, dans le coin regroupement.
- **Matériel**
  Un jeu de poupées russes ou de boîtes gigognes par enfant.

:: Déroulement de l'activité

- **Durée** : 10 minutes avec le maître puis 10 minutes en individuel.
- **Modalités de travail** : en atelier individuel autonome avec l'aide éventuelle de l'enseignant.

→ Description de l'activité

Le maître présente les poupées russes aux enfants : l'idéal est de placer les poupées dans un sac, hors de la vue des enfants. L'enseignant sort une des poupées du sac, la poupée de taille moyenne de préférence. « Qu'est-ce que c'est ? » (une poupée) « De quelle couleur est-elle ? », « Qu'est-ce que vous remarquez ? » (elle n'a pas de bras ni de jambes, elle est ronde, elle est dure, elle est en bois). L'enseignant sort une autre poupée du sac, de la taille supérieure : « Est-ce que cette poupée est pareille que l'autre ? Qu'est-ce qui est **pareil** ? Qu'est-ce qui n'est **pas pareil** ? » (la poser à côté) ; « Elle a la même forme, la même couleur mais elle est **plus grande.** »

L'enseignant sort une autre poupée du sac, de la taille inférieure, cette fois. « Est-ce que cette poupée est pareille que les autres ? Qu'est-ce qui est **pareil** ? Qu'est-ce qui n'est **pas pareil** ? » (la poser à côté) ; « Elle a la même forme, la même couleur mais elle est **plus petite.** »

On fait de même avec les deux dernières poupées : « Est-ce que quelqu'un peut les disposer dans l'ordre ? Je place ici la plus **grande**. On va les placer **de la plus grande à la plus petite.** » « Est-ce que quelqu'un peut les disposer dans l'ordre ? Je place ici la plus **petite**. On va les placer **de la plus petite à la plus grande.** »

Sortir ensuite une grande poupée qui contient toutes les autres (ou différer ce moment pour réserver l'effet de surprise).

Présenter la poupée aux enfants, l'agiter un peu : « Tiens, qu'est-ce qu'on entend ? » Dévisser alors la poupée pour faire apparaître une poupée « **plus petite** », puis une autre « **encore plus petite** », etc.

Proposer le matériel aux enfants et leur demander de disposer les poupées (les boîtes gigognes) devant eux **de la plus petite à la plus grande**, puis **de la plus grande à la plus petite**, puis de les ranger les unes dans les autres.

Résultats attendus

Si l'activité est bien « **théâtralisée** », elle fascine les enfants qui n'ont plus qu'une envie : remettre les poupées les unes dans les autres.
Il faudra donc veiller à ce que l'activité de rangement dans l'ordre, préalable à l'emboîtement, soit convenablement effectuée.

Évaluation

Le maître évaluera le travail des élèves au fur et à mesure, leur donnant ainsi accès à la consigne suivante.

:: Conseils

Veiller à la qualité des interventions langagières (plus petite, plus grande, de la plus petite à la plus grande, etc.) et les susciter éventuellement.
Une fois exploitées, les poupées (ou boîtes) gigognes pourront être laissées en « jeu libre ».

:: Définitions

Poupée russe, matriochka, poupée gigogne

Une poupée gigogne en costume paysan traditionnel est inventée à la fin du XIXe siècle, dans un atelier de jouets de Moscou : la matriochka est née ! Initialement chaque poupée représentait un des membres de la famille et l'on ajoutait donc une nouvelle poupée lors de chaque naissance.
Les poupées sont réalisées en bois de tilleul léger et résistant qui permet l'ouverture facile et sans jeu des poupées. Le nombre de poupées gigognes est traditionnellement de cinq. Le record est détenu par une poupée contenant 72 éléments et mesurant 1 mètre de haut.
Nous recommandons les activités autour de ce matériel proposées par Dominique Valentin dans son excellent ouvrage *Découvrir le monde avec les mathématiques* chez Hatier.

Séance n° 4 Du plus petit au plus grand

Section du cycle : Petits

:: Objectif : Comparer directement des longueurs.

:: Concept : La longueur, un exemple de grandeur.

:: Compétence : Se référer au tableau p. 15.

:: Capacité : Être capable de classer des objets de longueurs variées dans l'ordre croissant ou décroissant.

:: Préparation de la classe

- **Organisation matérielle**

  1. En grand groupe éventuellement en salle de motricité.
  2. En doublette. 3 doublettes peuvent travailler en parallèle en atelier.
  3. Individuellement, assis à une table.

- **Matériel**

  Une série de bâtons ou de morceaux de tuyaux en PVC de longueurs différentes, suffisamment importante (au moins 12 pièces). Un feutre par élève.

- **Documents**

  Une demi-feuille format A4 avec des bâtons déjà dessinés et des bâtons à dessiner sur les pointillés par les élèves pour qu'ils soient classés « du plus petit au plus grand » par élève.

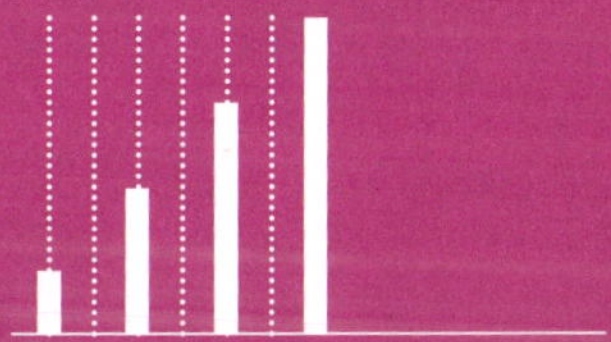

:: Déroulement de l'activité

- **Durée :**
  Phase 1 : 10 minutes en salle de motricité.
  Phase 2 : 10 minutes en doublette.
  Phase 3 : 5 minutes.

- **Modalités de travail :**
  Phase 1 : en groupe classe.
  Phase 2 : en atelier de 3 doublettes.
  Phase 3 : Individuelle.

→ Description de l'activité

- **Phase 1.** Demander aux élèves de se regrouper par 4, en faisant une ronde par exemple, puis leur demander de se mettre en ligne du plus petit au plus grand, **le plus petit devant**, puis derrière, celui qui est un peu plus grand et ainsi de suite : « celui qui est devant toi est plus petit que toi ».
- **Phase 2.** Distribuer à chaque doublette 2 morceaux de PVC avec comme consigne de dire « lequel est **le plus long** ». Puis, après avoir insisté sur le vocabulaire « **plus long, plus court** », distribuer un 3e morceau et demander aux enfants de ranger « **du plus petit au plus grand**, d'abord le plus petit puis celui un peu plus grand, puis le plus grand ». Veiller au bon résultat, recommencer avec d'autres morceaux.
- **Phase 3.** Distribuer la feuille : « Vous devez dessiner les bâtons qui manquent sur les pointillés pour que les bâtons soient rangés **du plus petit au plus grand**. »

Résultats attendus

- **Phase 1.** Cette étape, quoique très amusante pour les élèves, est très difficile à bien réaliser.

Les enfants sont souvent de taille proche ne permettant pas bien de les distinguer. Il est difficile pour eux de visualiser le résultat et donc inutile de beaucoup insister. On pourra simplement poser à nouveau la question : « Celui qui est devant toi est plus petit que toi ? »

- **Phase 2.** Cette étape est généralement bien réussie si les morceaux sont de tailles ostensiblement différentes et si l'on n'augmente pas trop vite le nombre de morceaux à comparer.
- **Phase 3.** L'application écrite ne pose pas de problème particulier.

Évaluation

Le maître validera lui-même les trois phases sans être exigeant sur la première.

:: Conseils

Pour comparer les longueurs des morceaux de PVC, on pourra encourager les enfants à les caler horizontalement contre une plinthe de la classe.

:: Prolongement

En cas de réussite, on pourra augmenter le nombre de morceaux à classer.

:: Définitions

Il s'agit ici de **comparer** des longueurs et non de les **mesurer**. Dans de nombreux cas, on peut effectuer des comparaisons sans avoir à mesurer les quantités que l'on compare. Mesurer, c'est associer un nombre positif à une grandeur.

Séance n° 5 Reproduction dans le plan

Section du cycle : Petits

Cette séquence s'inscrit dans une progression (séances nos 5 à 8) de reproductions d'après modèles.

:: Objectifs : Reproduire d'un assemblage de formes planes. Manipuler des objets de formes et de couleurs variées.

:: Concept : Constructions d'après modèles.

:: Compétence : Se référer au tableau p. 15.

:: Capacité : Être capable de reproduire une configuration plane d'après un modèle réel puis représenté.

:: Conditions préalables : Les enfants doivent avoir préalablement manipulé librement les jeux de construction proposés et connaître les couleurs élémentaires.

:: Préparation de la classe

- **Matériel**
  Jeux de construction disponibles dans l'école (type Polydron ou autres pièces en plastique rigide représentant des formes géométriques simples). S'assurer que les pièces sélectionnées sont en double.
  Appareil photo numérique.
- **Documents**
  Agrandissement de photos de constructions réalisées par l'enseignant ou /et par les enfants.

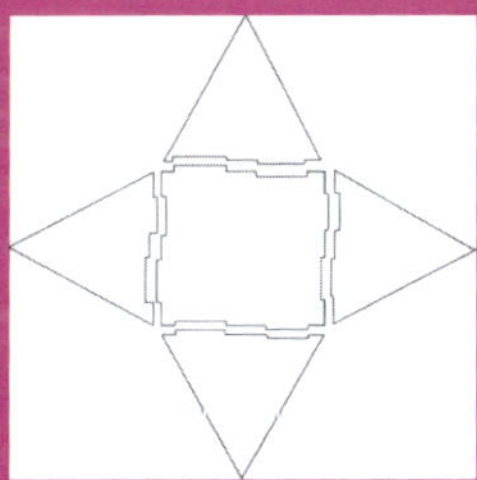

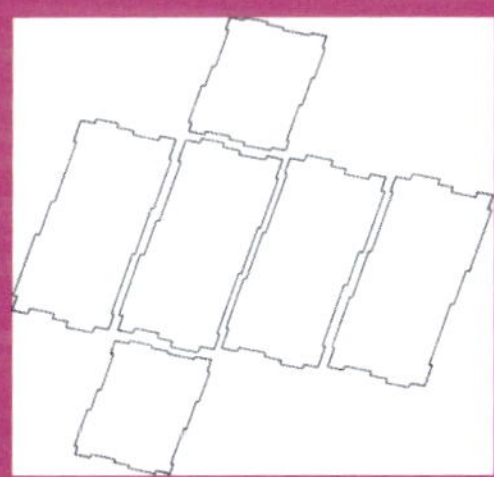

:: Déroulement de l'activité

- **Durée** : 15 minutes à renouveler.
- **Modalités de travail** : en atelier de 4 à 6 élèves assis à la même table.

→ Description de l'activité

Laisser aux enfants un temps de **jeu libre** avec le matériel sélectionné, en précisant qu'ensuite on leur proposera un jeu.

Règle du jeu : « J'ai construit un objet (une croix, une étoile) avec le même matériel que vous. Le voici. Peux-tu me le décrire ? » (il y a un carré jaune puis un bleu et encore un jaune) (il y a un carré rouge et des triangles). Insister sur la précision du vocabulaire topologique (« à côté », « qui se touchent », etc.), géométrique (carré, triangle) et se rapportant aux couleurs. Une fois la description effectuée, proposer la consigne : « Vous devrez essayer de construire le même objet, exactement le même. » Invitez les enfants à se mettre au travail en s'assurant qu'ils ont bien compris la règle du jeu. Quand ils ont fini, à leur tour, validez avec eux. Leur demander d'expliciter leur objet en tenant compte de la précision du vocabulaire. En cas d'erreur, interroger le groupe : « Est-ce que c'est un carré rouge qui est à côté du triangle bleu ? » Laisser les enfants se corriger entre eux.

Résultats attendus

Si le nombre de pièces de fabrication est suffisamment important pour qu'il n'y ait aucune dispute, cette activité est fortement appréciée des enfants car très manipulatoire.
Il faut veiller à ce que le modèle reste bien en position au centre de la table pour ne pas perturber le travail de chacun. On pourra à cet effet utiliser de la pâte à fixer.
Il est à noter qu'aucun des enfants n'aura le même « point de vue » sur le modèle mais que ça ne pose aucun problème pour la réalisation.

Évaluation

La validation se fera par la comparaison entre l'objet obtenu et l'objet modèle.

:: Conseils

Proposer au départ des constructions simples pour mettre les enfants en situation de réussite puis augmenter graduellement le nombre de pièces afin d'accroître la complexité.
Ce travail est également une première approche de la notion de « point de vue » qui a une place cruciale dans la construction de l'espace (*cf.* Remi Brissiaud, *J'apprends les maths*, livre du maître GS). On recommandera également l'excellent travail d'Anne Bertotto et Josiane Helayel sur l'utilisation des polydrons.

:: Prolongements

Reprendre le jeu en le complexifiant au fur et à mesure (plus d'éléments, figures plus variées).
Faire observer, décrire, éventuellement compter les éléments avant de se mettre au travail.
On peut alors demander aux enfants de jouer seuls. On appelle l'adulte pour la validation. Puis on change de modèle. En cas de très grande réussite, on pourra travailler à partir de l'image de l'objet (photographie) comme modèle et non de l'objet lui-même.

Séance n° 6 Reproduction et topologie

Section du cycle : Petits

:: **Objectifs** : Reconnaître des formes. Acquérir du vocabulaire topologique permettant de situer.

:: **Concepts** : Formes simples (rond, carré, triangle). *Devant*, *derrière*, *entre*.

:: **Compétence** : Se référer au tableau p. 15.

:: **Capacités** : Savoir reproduire d'après un modèle. Savoir exprimer la position d'une forme par rapport à une autre.

:: **Conditions préalables** : Avoir déjà utilisé et savoir nommer les formes simples (rond, carré, triangle). Connaître et savoir nommer les couleurs élémentaires.

:: Préparation de la classe

- **Organisation matérielle**
  Par groupe de 6 élèves assis autour d'une table.
- **Matériel**
  Une série de ronds, carrés et triangles de couleur en plastique du commerce ou en carton fort (plastifié, de préférence, pour en assurer la pérennité) disposés dans une corbeille.
- **Documents**
  Une série de cartes modèles préparées par le maître utilisant une fois chacune des 3 formes superposées dans différents ordres.

:: Déroulement de l'activité

- **Durée** : 15 minutes, à reproduire plusieurs fois.
- **Modalités de travail** : en atelier autonome de 6 élèves.

→ Description de l'activité

Dans une corbeille placée au centre de la table sont réunies des formes.

On distribue d'abord à chaque enfant un modèle correspondant à une configuration qu'il devra réaliser avec les « vraies » formes et on lui donne uniquement ces trois formes. « Tu dois faire attention aux formes utilisées, à leur couleur, à leur position. Ce que tu fabriques doit être exactement comme le modèle. »

Formes données

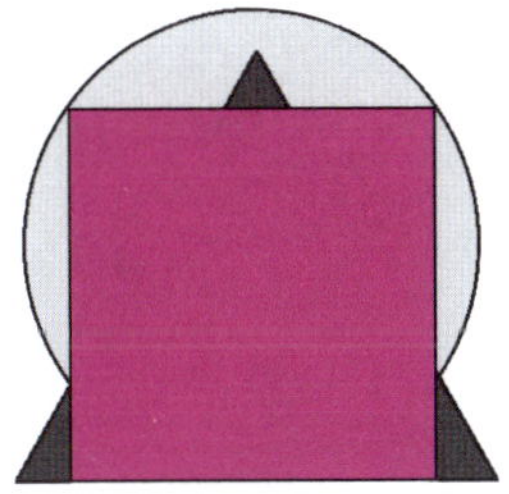

Modèle à réaliser

Une fois le modèle réalisé on parlera avec lui de son travail. « Quelles sont les formes que tu as utilisées ? » (le rond, le carré, le triangle) « Quelle est la couleur du rond ? du carré ? du triangle ? » « Où est le rond ? (il est **derrière**), le carré ? (il est **devant**), le triangle ? (il est **entre** le rond et le carré) On recommencera l'exercice autant de fois que nécessaire en variant les modèles. Lorsque l'élève sera en situation de réussite, on lui proposera seulement le modèle ; c'est lui qui devra alors choisir les formes dans le panier.

Résultats attendus

S'il est présenté de manière très progressive, comme décrit ci-dessus, ce jeu plaît beaucoup aux enfants. Il peut même devenir un jeu autonome que les enfants utilisent à l'accueil ou au lever de la sieste.

Évaluation

L'évaluation du jeu se fait par comparaison entre le modèle proposé et la configuration réalisée.

:: Conseils

En toute petite section, on pourra réaliser ce jeu avec seulement deux formes. On veillera aussi à ce que les élèves manipulent des formes suffisamment grandes.
Ce type d'activité fait partie des jeux de reconstitution d'après modèle qui sont à encourager à l'école maternelle en les accompagnant de moments d'échanges utilisant le langage topologique **(devant/derrière/entre)**.

:: Remarques

Ce type de jeu a été, durant un moment, commercialisé par la société Nathan Matériel Pédagogique. Il proposait des pièces en plastique et des réglettes permettant aux formes de rester dans une position verticale, ce qui crée la difficulté supplémentaire mais formatrice du passage du plan horizontal au plan vertical.

Séance n° 7 Reproduction dans l'espace

Section du cycle : Petits

:: **Objectifs** : Reconnaître et reproduire des constructions. Construire d'après modèles. Acquérir du vocabulaire topologique permettant de situer.

:: **Concepts** : Constructions simples. *Sur*, *sous*, *au-dessus*, *en dessous*, *entre*, *en haut*, *en bas*.

:: **Compétence** : Se référer au tableau p. 15.

:: **Capacités** : Savoir reproduire d'après un modèle. Savoir exprimer la position d'une forme par rapport à une autre.

:: **Conditions préalables** : Avoir déjà utilisé des briques de construction (type Duplo). Connaître et savoir nommer les couleurs.

:: Préparation de la classe

- **Organisation matérielle**
  Par groupe de 6 élèves assis autour d'une table.
- **Matériel**
  Une série de briques de construction en plastique du commerce (type Duplo) disposées dans une corbeille.
- **Documents**
  Une série de cartes modèles préparées par le maître utilisant des briques « empilées » dans différents ordres.

:: Déroulement de l'activité

- **Durée** : 15 minutes, à reproduire plusieurs fois.
- **Modalités de travail** : en atelier autonome de 6 élèves.

→ Description de l'activité

Dans une corbeille placée au centre de la table sont réunies des briques de construction en plastique.

On distribue d'abord à chaque enfant un modèle correspondant à une configuration qu'il devra réaliser avec les « vraies » briques de construction et on lui donne uniquement ces trois briques.

« Tu dois faire attention aux briques utilisées, à leur couleur, à leur position. Ce que tu fabriques doit être exactement comme le modèle. »

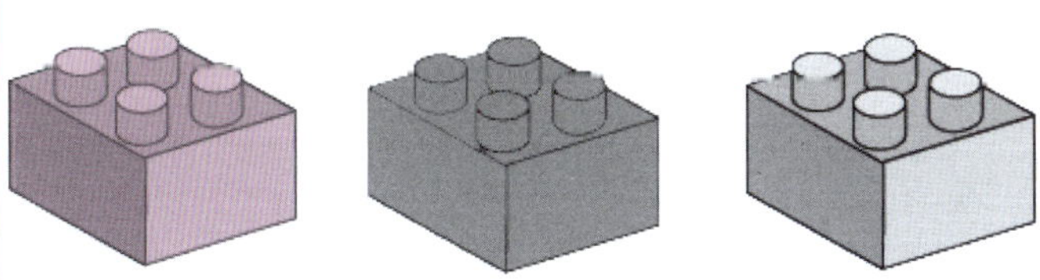

Formes données

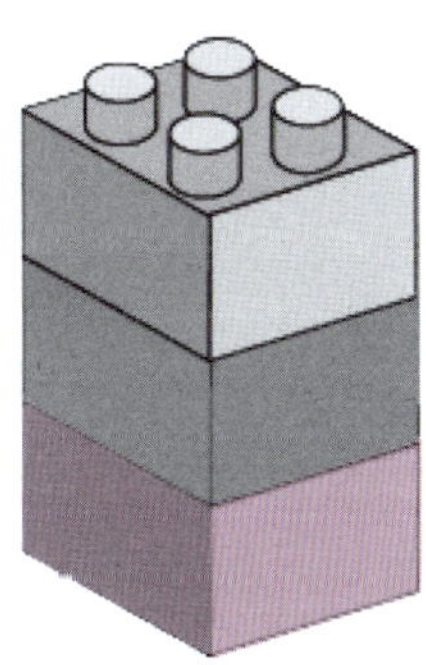

Modèle

Une fois le modèle réalisé on parlera avec lui de son travail. « Quelles sont les briques que tu as utilisées ? » (la rouge, la bleu, la verte) « Quelle est la couleur de la brique du **bas** ? du **milieu** ? du **haut** ? », « Où se trouve la brique bleue ? » **(en haut/sur le dessus)**, « Où se trouve la brique verte ? » **(au milieu/entre** la rouge et la bleue), « Où se trouve la brique rouge ? » **(en bas/en dessous)**.
On pourra également poser des questions « comparatives » : « De quelle couleur est la brique située **au-dessus** de la rouge ? », « De quelle couleur est la brique située **au-dessous** de la verte ? », « De quelle couleur est la brique située **entre** la rouge et la bleue ? »
On recommencera l'exercice autant de fois que nécessaire en variant les modèles. Lorsque l'élève sera en situation de réussite, on lui proposera seulement le modèle ; le choix des briques de construction dans le panier sera alors à sa charge.

Résultats attendus

S'il est présenté de manière très progressive, comme décrit ci-dessus, ce jeu plaît beaucoup aux enfants. Il peut même devenir un jeu autonome que les enfants utilisent à l'accueil ou au lever de la sieste.

Évaluation

L'évaluation du jeu se fait par comparaison entre le modèle proposé et la configuration réalisée.

:: Conseil

En toute petite section, on pourra réaliser ce jeu avec seulement 2 briques pour commencer.

:: Prolongement

On pourra complexifier le jeu en utilisant des briques de deux tailles différentes, par exemple, et en augmentant le nombre de couleurs. Ce type d'activité fait partie des jeux de reconstitution d'après modèle qui sont à encourager à l'école maternelle en les accompagnant de moments d'échanges utilisant le langage topologique (*sur*, *sous*, *au-dessus*, *en dessous*, *entre*, *en haut*, *en bas*).

:: Remarque

Ces jeux de constructions et d'empilement (Lego, Duplo, etc.) sont très attractifs pour les enfants. Ils sont présents dans la plupart des écoles maternelles.

Séquence : Manipuler et classer des formes et des grandeurs

Séance n° 8 Reproduction à l'aide d'abaques

Section du cycle : Petits

:: **Objectifs** : Manipuler de petits solides (cubes, boules). Observation. Séquentialité.

:: **Concept** : Reproduction de configurations spatiales faisant intervenir la séquentialité.

:: **Compétence** : Se référer au tableau p. 15.

:: **Capacité** : Être capable de reproduire des configurations simples en fonction des modèles proposés.

:: **Condition préalable** : Avoir déjà manipulé librement les jeux de perles de la classe.

:: **Préparation de la classe**

- **Organisation matérielle**

  Par groupe de 4 enfants assis autour d'une même table.

- **Matériel**

  Une collection de « perles » de différentes formes et couleurs dont on retiendra essentiellement les cubes et les boules.

Un panier pour ranger les perles par enfant. Deux abaques par enfant. L'un pour le modèle et l'autre pour la construction.

Éventuellement un appareil photo numérique.

- **Documents**

  Des agrandissements de photos de constructions réalisées auparavant par l'enseignant ou /et par les enfants.

:: **Déroulement de l'activité**

- **Durée** : 15 minutes, à reproduire plusieurs fois.
- **Modalités de travail** : par groupe de 4 enfants, en atelier autonome.

→ **Description de l'activité**

Laisser, dans un premier temps, les enfants jouer librement avec ce nouveau matériel.
L'enseignant propose à chaque enfant un abaque modèle sur lequel il a déjà disposé des perles.

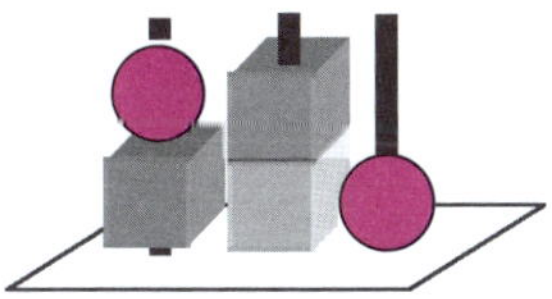

Il propose également un abaque vide et juste les perles nécessaires à la reconstitution de l'abaque modèle. « J'ai construit un modèle avec le même matériel que vous. Le voici. » « Peux-tu me le décrire ? » (il y a un cube vert, une boule bleue, etc.) (il y a un cube vert et une boule rouge sur la même tige, etc.). Insister sur la précision du vocabulaire (« cube », « boule » « en bas », « en haut », etc.). Une fois la description effectuée, proposer la consigne : « Vous devrez essayer de construire le même objet, exactement le même. » Inviter les enfants à se mettre au travail en s'assurant qu'ils ont bien compris la règle du jeu. Quand ils ont fini, à leur tour, valider avec eux. Leur demander d'expliciter leur objet en tenant compte de la précision du vocabulaire. En cas d'erreur, interroger le groupe : « Est-ce que c'est une boule rouge qui est au-dessus du cube vert ? » Laisser les enfants se corriger entre eux.

Résultats attendus

Il convient de présenter cette activité très progressivement en utilisant, au départ, peu de perles afin de mettre les élèves dans une situation de réussite. On complexifiera les modèles au fur et à mesure de la progression des enfants.

Évaluation

La validation sera faite par le maître en comparant l'objet obtenu et l'objet modèle.

:: Conseils

Proposer au départ des constructions simples (pas plus de 2 perles par tige) pour mettre les enfants en situation de réussite puis augmenter graduellement le nombre de pièces afin d'accroître la complexité.

:: Prolongements

Reprendre le jeu en le complexifiant au fur et à mesure (plus d'éléments, figures plus variées). Faire observer, décrire, éventuellement compter les éléments avant de se mettre au travail.
On peut alors demander aux enfants de jouer seuls. On appelle l'adulte pour la validation. Puis on change de modèle.
En cas de très grande réussite, on pourra travailler à partir de l'image de l'objet comme modèle et non de l'objet lui-même.

:: Définitions

Un **abaque** désigne un instrument mécanique plan facilitant le calcul. Les plus connus sont les « **bouliers** » constitués de boules coulissant sur des tiges et servant à calculer.
De nos jours, les abaques professionnels sont des graphiques associés à des lignes prédéfinies permettant la lecture directe de résultats.

Séances n°s 9 et 10 Reconnaissance de formes

Section du cycle : Petits

:: **Objectif** : Classer des formes simples : ronds, carrés, triangles d'orientation et de taille différentes.

:: **Concept** : Formes géométriques.

:: **Compétence** : Se référer au tableau p. 15.

:: **Capacités** : Savoir reconnaître, classer et nommer des formes simples.

:: **Conditions préalables** : Avoir déjà fréquenté et nommé ces formes géométriques.

:: Préparation de la classe

- **Organisation matérielle**

Phase 1. Atelier de 6 élèves soit debout devant un chevalet ou un tableau collectif de peinture ou sur table, soit à genoux au sol.
Phase 2. Atelier dirigé de 2 élèves, sur table : on pourra utiliser le moment de l'accueil du matin et du lever de la sieste.
Phase 3. Classe entière, au sol dans un lieu vaste (préau, salle de motricité)

- **Matériel**

Phase 1 :
Une feuille blanche grand format (50 x 65 cm) par enfant, sur laquelle l'enseignant a disposé :
- 6 pièces en cartoline blanche : 1 petit et 1 grand carré, 1 petit et 1 grand rond, 1 petit et 1 grand triangle, identiques pour chaque enfant, mais fixées (avec de la gomme à fixer afin de pouvoir les manipuler ensuite) dans des positions et des orientations aussi variées que possible ;
- une éponge par élève ;
- une coupelle de peinture non diluée par élève, de telle sorte que chacun travaille avec une couleur distincte de celles des autres.

Phase 2. Chaque élève devant sa propre feuille une fois sèche.
Phase 3. Toutes les feuilles peintes (30) étalées et dispersées dans la salle, toutes les pièces (180) mélangées et réparties en 4 piles aux 4 coins de la salle.

:: Déroulement de l'activité

- **Durée :**

Phase 1 : 15 à 20 minutes.
Phase 2 :15 minutes par enfant.
Phase 3 : 30 minutes, à renouveler.

- **Modalités de travail :**

Phase 1. Atelier de 6 élèves qui travaillent individuellement.
Phase 2. Atelier dirigé de 2 élèves qui travaillent individuellement.
Phase 3. Classe entière.

→ Description de l'activité

- **Phase 1.** Chaque élève doit peindre à l'éponge et d'une seule couleur la feuille blanche en veillant d'une part à recouvrir la totalité de la surface de la feuille (formes comprises) et d'autre part à ne pas décoller les formes géométriques. Ainsi, une fois détachées, les formes apparaissent en négatif blanc sur la feuille colorée.
- **Phase 2.** En présence de l'enseignant, chaque élève doit décoller ses 6 pièces, en veillant à ne pas les déchirer. Il doit alors les donner, en les nommant, à l'enseignant qui ôte la gomme à fixer sur les pièces et la feuille : « voilà le grand carré », « voilà le petit rond », etc.

L'élève doit ensuite reprendre les formes une à une, les nommer et les replacer sur sa feuille : « je mets le grand triangle à sa place », « je mets le petit carré à sa place », voire sur celle de son voisin.

- **Phase 3.** Chaque élève doit d'abord repérer sa feuille puis retrouver et prendre ses 6 pièces parmi les 4 collections. Il doit ensuite rejoindre « sa » feuille, la compléter et s'asseoir lorsqu'il a terminé sa tâche. Lorsque tous ont terminé, un élève désigné par l'enseignant exhibe une pièce et la nomme : « c'est le grand carré », ses camarades doivent en faire autant. L'exercice est reproduit plusieurs fois en désignant d'autres élèves. On fait ensuite varier la consigne : les élèves cachent leurs pièces derrière leur dos et, à la demande de l'enseignant, les remettent successivement en place. Les élèves voisins échangent leurs pièces, les présentent en éventail, en tirent une au hasard, la nomment et la placent.

Résultats attendus

- **Phase 1.** Les élèves sont très attirés par cette activité. En général, ils recouvrent scrupuleusement, pour commencer, les seules formes fixées et disent alors avoir fini. L'enseignant doit rappeler la consigne : « tu dois peindre sur toute la feuille, partout » et donc encourager les enfants à peindre toute la surface de la feuille.
- **Phase 2.** Les élèves sont curieux de découvrir ce qui va apparaître sous les pièces et apprécient l'échange avec l'enseignant et/ou le voisin : « décolle toutes tes formes puis remets-les à leur place ; « donne-moi le petit carré », etc. Les 6 pièces seront désignées successivement, dans le désordre : « Quelle forme reste sur ta feuille ? » Il arrive, mais rarement, que des pièces soient oubliées ou déchirées ; en ce cas, il suffit de les scotcher. En général, les élèves reconnaissent globalement les formes, leur taille et leur positionnement mais confondent plus souvent le carré et le triangle.
- **Phase 3.** Les élèves sont très attirés par cette activité qui favorise, par le déplacement et le jeu, échanges et argumentation ainsi que l'emploi du vocabulaire spécifique.

Durant cette phase très vivante, les élèves respectent le matériel et sont concentrés sur leur tâche.

Évaluation

- **Phase 1.** Le travail correctement terminé tient lieu d'évaluation.
- **Phase 2.** La remise en place des formes, accompagnée de leur désignation précise, tient lieu d'évaluation.
- **Phase 3.** La remise en place des formes, accompagnée de leur désignation précise, tient toujours lieu d'évaluation.

:: Conseils

- **Phase 1.** Conseils pour préparer 30 couleurs unies distinctes : utiliser les nuances des couleurs élémentaires (clair/foncé), les aspects (fluorescent/mat/brillant) et les gouaches dorée et argentée. Conseils pour découper rapidement les formes : utiliser la taille d'un grand carré (15 cm x 15 cm minimum) pour en obtenir 4 petits par pliage et de même pour les triangles grands et petits.
- **Phase 2.** Encourager les enfants à manipuler leurs pièces, à dénombrer les « pointes », à prolonger le jeu en retournant les pièces (face blanche), en les échangeant avec celles de l'autre élève. Comme les pièces sont de formes identiques et de couleurs différentes, la possibilité de mettre les pièces jaunes dans les emplacements blancs de la feuille peinte en rouge est toujours possible et attrayante. L'enseignant pourra également donner lui-même les instructions à l'enfant : « Place le grand carré dans son emplacement. »
- **Phase 3.** Encourager les enfants à échanger à 2, voire à 3 et à argumenter. Penser à demander aux enfants « Qu'avez-vous appris avec cette activité ? » En fin de séance, demander aux élèves de classer les pièces dans les trois paniers de formes qui resteront à disposition en classe.

:: Prolongement

L'activité proposée n'est pas sans rappeler le travail qui peut être fait sur l'association entre silhouette et objet ; on pourra, par exemple, fournir à l'élève une série d'images d'animaux et de silhouettes assorties de telle sorte que l'élève les associe.

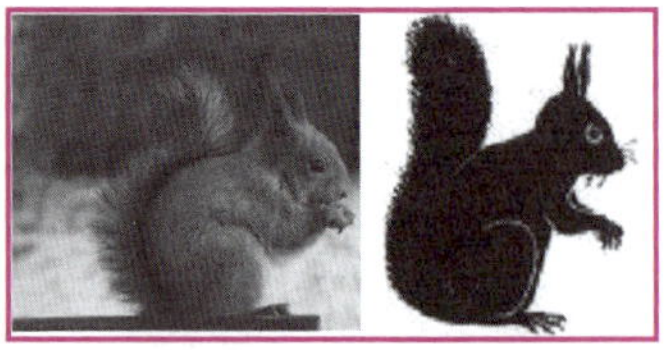

:: Définitions

Cette activité fait référence à la notion de **trace, d'empreinte**. Ces concepts sont souvent utilisés en mathématiques. L'élève les retrouvera à l'école élémentaire lors de l'étude des solides où l'on s'intéressera alors à la trace laissée par un solide sur un plan ; ce sera un moyen de caractériser les faces planes d'un solide.

Séance n° 11 Classement de formes

Section du cycle : Petits

Objectif : Classer des formes simples : ronds, carrés, triangles d'orientation et de taille différentes.

Concept : Formes géométriques.

Compétence : Se référer au tableau p. 15.

Capacité : Savoir reconnaître, classer et nommer des formes simples.

Conditions préalables : Avoir déjà fréquenté et nommé ces formes géométriques. Avoir conduit en classe les séances nos 9 et 10.

Préparation de la classe

- **Organisation matérielle**

  Phase 1 : Atelier dirigé de 6 élèves sur table.
  Phase 2 : Atelier dirigé de 6 élèves sur table.

- **Matériel**

  Phase 1 : 6 feuilles peintes (*cf.* séances nos 9 et 10) sur chacune d'elles 3 formes sont barrées au crayon. 36 pièces (*cf.* séances nos 9 et 10) soit 6 grands et petits ronds, 6 grands et petits carrés, 6 grands et petits triangles.
  Phase 2 : Les 36 pièces du groupe de 6 élèves (*cf.* séances nos 9 et 10). 1 réserve de gommettes des formes étudiées dans les 2 tailles et 1 intrus de forme significativement différente (étoile ou cœur, par exemple).

Déroulement de l'activité

- **Durée :**
  Phase 1 : 10 à 15 minutes.
  Phase 2 : 15 à 20 minutes.
- **Modalités de travail :**
  Phase 1 : Atelier de 6 élèves qui travaillent individuellement
  Phase 2 : Atelier de 6 élèves qui travaillent individuellement.

→ Description de l'activité

- **Phase 1.** En présence de l'enseignant, chaque élève doit aller chercher les formes qui ne sont pas barrées et seulement celles-là.
- **Phase 2.** Chaque élève doit, en présence de l'enseignant, aller chercher et coller au verso de chacune de ses 6 pièces la gommette identique. La présence d'une gommette « intruse » constitue un « piège » dans lequel il ne faudra pas tomber !

Résultats attendus

Les élèves sont, en général, gênés par le fait qu'il ne s'agit ni de leur propre feuille, ni de leurs pièces et que le critère de couleur n'intervient plus ; l'enseignant doit en profiter pour faire prendre conscience aux élèves des seuls critères de formes et de tailles : nombre de « pointes », rond/roule, grand/petit. L'utilisation du crayon à papier par l'enseignant permet de rendre, à chaque enfant, sa feuille peinte dans l'état initial. Les élèves sont très attirés par cette activité et par l'intrus !

Évaluation

- **Phase 1.** La remise en place des formes, accompagnée de leur désignation précise, tient lieu d'évaluation.

- **Phase 2.** La concordance entre la forme de la gommette et celle de la pièce tient lieu d'évaluation.

:: Conseils

- **Phase 1.** Encourager les enfants à aller chercher les pièces en une seule fois.

Encourager les enfants à nommer les critères de formes, à comparer leurs travaux et à désigner « ce qui manque ».

En fin de séance, l'enseignant pourra gommer les croix et demander à l'enfant de compléter sa feuille.

- **Phase 2.** Conseils pour constituer une grande réserve de gommettes : ce matériel n'existant pas en 30 couleurs distinctes, il est préférable d'utiliser des gommettes noires (intrus compris) ou des étiquettes grises en photocopiant des planches de gommettes dans les formes requises.

Encourager les élèves à mémoriser plusieurs formes et donc à prendre plusieurs gommettes en même temps.

:: Remarques

Dans cette activité, on manipule plusieurs représentations de la notion de carré, de rond et de triangle disposés dans des orientations différentes. On s'engage donc vers les spécificités de la forme géométrique par un passage progressif de la forme elle-même à ses caractéristiques.

:: Ouverture transdisciplinaire

En mélangeant les pièces de différentes couleurs recollées sur les différents fonds colorés, on obtient des œuvres plastiques attrayantes.

Chapitre 4

Approcher les quantités et les nombres

:: Continuité des apprentissages en maternelle

:: Repères pratiques

:: Séances 1 à 11

Marilyn Buisson
Éric Greff
André Mul
Marie-Anne Viaud

Continuité des apprentissages en maternelle

	1re année	2e année	3e année	Grande section
Appréhender des quantités				
Sait comparer des quantités en utilisant des procédures non numériques ou numériques				
• quantités très différentes	peut être travaillé	peut être travaillé	à travailler prioritairement	
• quantités proches			à travailler prioritairement	à consolider
Sait réaliser des collections d'objets de même quantité				
• petites quantités	peut être travaillé	peut être travaillé	à travailler prioritairement	
• grandes quantités			à travailler prioritairement	à consolider
Sait résoudre des problèmes portant sur les quantités				
• « autant que »			peut être travaillé	à travailler prioritairement
Dénombrer les quantités				
Reconnaître globalement et exprimer de très petites quantités	peut être travaillé	peut être travaillé	à travailler prioritairement	à consolider
Connaître la comptine numérique				
• jusqu'à 3	à travailler prioritairement			
• jusqu'à 5		à travailler prioritairement		
• jusqu'à 10			à travailler prioritairement	
• jusqu'à 30				à travailler prioritairement
Dénombrer une quantité en utilisant la suite orale des nombres connus				
• moins de 10	peut être travaillé	à travailler prioritairement	à travailler prioritairement	à consolider
• plus de 10			peut être travaillé	à travailler prioritairement
Associer le nom des nombres connus avec leur écriture chiffrée		peut être travaillé	à travailler prioritairement	à travailler prioritairement

- à travailler prioritairement
- à consolider
- peut être travaillé

Repères pratiques

1. Les axes forts du domaine d'activités

« Les études récentes en sciences cognitives soulignent que, dès son plus jeune âge, l'enfant manifeste des compétences précoces relatives aux quantités et à leur expression par des nombres (exprimés oralement). Elles mettent également en évidence que, dans la conquête de l'outil numérique, l'acquisition de la chaîne numérique verbale (la suite orale des nombres) et son usage dans les processus de quantification jouent un rôle déterminant. Pour l'essentiel, la chaîne numérique orale comme les diverses procédures de quantification (reconnaissance immédiate de très petites quantités, comptage un par un, estimation) s'acquièrent entre 2 et 6 ans, c'est-à-dire pendant la période de scolarité maternelle qui joue donc un rôle décisif... »

Le concept de construction du nombre est essentiel à l'école maternelle. Il doit permettre de mettre en rapport les différentes représentations des quantités (quantité, écriture chiffrée, constellation). Les aspects cardinal et ordinal du nombre doivent être abordés.

« Dans le domaine numérique tout particulièrement, l'enseignant doit être attentif aux progrès et aux difficultés de chacun, car les connaissances des enfants évoluent selon des rythmes très différenciés. »

2. Les spécificités de la section

Dès la petite section, l'enfant commence à élaborer l'idée de quantité. Il le fait à travers différents jeux faisant intervenir cette notion. Celle-ci s'élabore à partir de collections d'objets identiques et l'on travaille dans un premier temps les oppositions *pareil/pas pareil* et *beaucoup/pas beaucoup*. On s'attache ensuite à des activités utilisant les notions de distribution, d'appariement, de comparaison des quantités.

Les élèves doivent alors prendre autant d'objets qu'il y a de points sur le dé ou énoncer le nombre associé à une petite quantité.

Les premiers éléments de la comptine numérique (jusqu'à cinq ou six) sont indispensables pour aborder le dénombrement. En effet, c'est le dernier nombre annoncé dans la comptine qui correspond à la quantité dénombrée.

L'utilisation des doigts, pour se souvenir des objets comptés, peut servir comme un auxiliaire efficace. On peut également avoir recours à l'utilisation de comptines et de livres à compter afin de consolider cette mémorisation de la suite orale des nombres.

Si la connaissance de la comptine est une condition nécessaire au dénombrement, elle n'est cependant pas suffisante. Il convient de confronter les élèves à des situations ayant du sens et permettant de vérifier que le dénombrement permet d'évaluer une quantité.

À 4 ans, l'apprentissage reste essentiellement centré sur l'oral, ce qui n'interdit pas l'utilisation des écritures chiffrées par l'enseignant ou par les élèves, sans que cela soit exigible pour les enfants.

Les priorités pour l'enseignant de petite section par référence au tableau de compétences :

La bonne connaissance de la comptine numérique (jusqu'à cinq ou six) et la mise en rapport des différentes représentations du nombre à travers notamment l'utilisation de jeux manipulatoires sont les priorités essentielles de la petite section.

3. Éléments didactiques et pédagogiques

L'utilisation de phrases rituelles du type « un, deux trois : il y a trois enfants sur le banc » constitue une aide importante pour le dénombrement et l'association entre le dernier nombre énoncé et la quantité à dénombrer.
Il convient de faire apparaître aux élèves l'intérêt du dénombrement dans des situations ayant du sens pour lui et en montrant de manière très ostensible l'utilisation que l'on peut en faire.
« Un, deux, trois, quatre : il y a quatre enfants à cette table. Un, deux, trois, quatre, je donne 4 crayons pour cette table. »

Séquence : Différencier et comparer des quantités

Séance n°1 Pareil/pas pareil

Section du cycle : Petits

:: **Objectifs** : Discriminer des quantités. Mettre en place le vocabulaire « c'est pareil/ce n'est pas pareil », « autant/plus/moins ».

:: **Concepts** : Construction du nombre. Comparaison de quantités.

:: **Compétence** : Se référer au tableau p. 15.

:: **Capacités** : Savoir dire si deux collections sont « pareilles » – « pas pareilles » et dans ce cas savoir exprimer là où il y en a « beaucoup » – « pas beaucoup » et aussi « plus » – « moins ».

:: Préparation de la classe

- **Organisation matérielle**

  Atelier de 6 élèves réunis autour d'une même table en présence du maître.

- **Matériel**

  2 grandes assiettes de deux couleurs différentes et une collection d'objets de la classe de même forme, des petits animaux en plastique, par exemple.

- **Documents**

  Un document papier reprenant les conditions de l'expérience avec comme consigne « entoure l'assiette où il y a le plus (le moins) d'animaux. »

:: Déroulement de l'activité

- **Durée** : 15 minutes pour la phase avec l'enseignant et 5 minutes pour la phase écrite.
- **Modalités de travail** : atelier dirigé de 6 élèves.

→ Description de l'activité

- **Phase 1.** L'enseignant est installé à la table avec les élèves.

Dans l'une des assiettes, il met un petit nombre de figurines et dans l'autre assiette il en met un nombre ostensiblement plus important.

Il interroge ensuite les élèves : « J'ai mis des figurines (nounours) dans chaque assiette, est-ce que j'en ai mis "pareil" dans chaque assiette ? »

Il interroge les enfants sur leur réponse : « Pourquoi dis-tu que je n'en ai pas mis "pareil" ? »

Il pourra également demander aux enfants dans quelle assiette il y en a « beaucoup » et dans quelle assiette il n'y en a « pas beaucoup ».

Il demande : « Peux-tu me dire où il y en a "plus" ? où il y en a "moins" ? ».

L'enseignant institutionnalise alors : « Dans les assiettes, il y a des nounours, il n'y en a "pas pareil". Dans l'assiette rouge, il y en a "beaucoup", dans l'assiette verte, il n'y en a "pas beaucoup". Dans l'assiette rouge, il y en a "plus", dans l'assiette verte, il y en a "moins". »

Le maître renouvelle la distribution en mettant toujours des quantités ostensiblement différentes dans chaque assiette (pas toujours la même), en veillant à interroger chaque élève et en institutionnalisant avec les phrases rituelles.

Si la phase 1 est réussie, passer à la phase 2.

• **Phase 2.** Le maître dispose dans les assiettes des petites quantités (3 par exemple) identiques d'objets.
Il interroge ensuite les élèves : « J'ai mis des figurines (nounours) dans chaque assiette, est-ce que j'en ai mis "pareil" dans chaque assiette ? »
Il interroge les enfants sur leur réponse : « Pourquoi dis-tu que j'en ai mis "pareil" ? »
La réponse à cette question est difficile. Au départ, elle relève de l'intuition. L'enfant de 3 ans est probablement capable de bien répondre à cette question mais a sûrement du mal à exprimer la façon dont il a acquis cette conviction.
Si les élèves ne parviennent pas à justifier leur réponse, le maître pourra suggérer deux procédures :
- il pourra enlever symétriquement les figurines de chaque assiette, une par une, et montrer ainsi qu'il en a enlevé « autant » de chaque côté, donc qu'il y en avait « autant » ;
- il pourra également utiliser la comptine numérique : « 1, 2, 3, il y a 3 nounours dans cette assiette », « 1, 2, 3, il y a 3 nounours dans celle-là, il y en a 3 dans chaque assiette, il y en a "autant" dans chaque assiette. »
• **Phase 3.** L'enseignant distribue le document papier et s'assure de la bonne compréhension de la consigne.

Résultats attendus

Les élèves sont généralement captivés par cette activité et y adhèrent facilement.

Évaluation

Durant la partie manipulatoire en sa présence, le maître pourra évaluer la participation des enfants et l'acquisition du vocabulaire spécifique.
La trace écrite viendra apporter un élément supplémentaire d'évaluation.

Conseils

En cas d'égalité des collections, on veillera à ce que l'enfant ne s'enferme pas dans un seul mode de comparaison en lui montrant que s'il utilise la méthode d'élimination symétrique terme à terme, il aurait pu également utiliser celle du dénombrement... et vice versa.

Prolongement

Lors d'activités classiques de la classe (utilisation de feutres, par exemple) on pourra demander de nouveau aux élèves de dire dans quel pot il y a le plus – le moins de feutres. On saisira les occasions de mettre en œuvre cette notion à différentes occasions.

Définition

Comparer : Comparer deux quantités c'est dire si elles sont égales ou différentes. Si elles sont différentes, il conviendra de préciser la plus grande et la moins grande. La comparaison peut se faire directement et ne nécessite pas forcément le recours au dénombrement de chaque quantité.

Séance n°2 Plus ou moins ?

Section du cycle : Petits

:: **Objectif** : Acquérir le vocabulaire « plus que », « moins que », « autant que ».

:: **Concepts** : Construction du nombre. Comparaison de quantités.

:: **Compétence** : Se référer au tableau p. 15.

:: **Capacité** : À partir de deux collections, savoir exprimer s'il y en a « plus que », « autant que », « moins que ».

:: **Conditions préalables** : Savoir dénombrer de petites collections n'est pas ici une condition préalable car la comparaison peut s'effectuer directement sans recours au dénombrement. On peut cependant supposer qu'un élève de petite section, en milieu d'année, sait dénombrer de petites collections (jusqu'à 3).

:: Préparation de la classe

- **Organisation matérielle**

En atelier dirigé de 5-6 élèves qui travaillent autour d'une même table avec le maître.

- **Matériel**

Une collection d'objets identiques (bouchons, par exemple).
Deux boîtes à casiers ou tout simplement deux boîtes à œufs de 12 places et de couleurs différentes.

- **Documents**

Différentes feuilles avec, à chaque fois, 2 boîtes dessinées, l'une ayant plus de bouchons que l'autre. On prévoira plusieurs feuilles par élève mais on les leur remettra, une à une, au fur et à mesure de leur réussite.
Exemple :

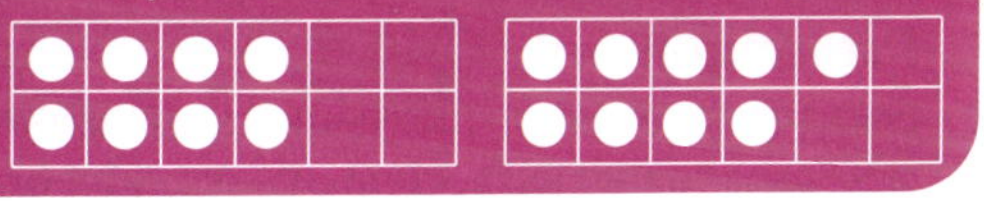

:: Déroulement de l'activité

- **Durée** : 10 minutes pour la phase manipulatoire. 10 minutes pour la trace écrite.
- **Modalités de travail** : les élèves travaillent en groupe avec le maître pour la phase manipulatoire puis individuellement pour la trace écrite.

→ Description de l'activité

- **Phase 1 manipulatoire.** Le maître dépose des bouchons dans les deux boîtes à œufs situées au centre de la table, en les plaçant de manière systématique et identique dans les deux boîtes. L'enseignant interroge alors les élèves. « Est-ce qu'il y a autant de bouchons dans chaque boîte ? Où y a-t-il le plus de bouchons (le moins de bouchons) ? »
Puis il institutionnalise la réponse par une phrase : « Il y a plus (moins) de bouchons dans cette boîte que dans celle-ci. »
- **Phase 2 : trace écrite.** Cette phase constitue le passage à l'écrit et à la représentation. Le problème qui se pose ici est celui de la consigne. Pour faciliter le travail de la séance, il est plus simple que la consigne soit toujours la même sur une séance donnée. Exemple : « Entoure la boîte qui a plus de bouchons que l'autre. »
Lorsque l'exercice est réussi, on peut proposer à l'élève une autre feuille comportant une autre configuration. Il est préférable que la boîte « solution » soit parfois placée à droite et d'autres fois à gauche de la feuille.

Il conviendra également, lorsque la séance sera reprise, de faire varier la consigne pour une autre trace écrite « Barre la boîte qui a moins de bouchons que l'autre. »
On peut également, dans les 2 cas, jouer sur la disposition des bouchons dans les boîtes afin de modifier les stratégies des élèves. Cela rend l'exercice beaucoup plus difficile.

Résultats attendus

- **Phase 1 manipulatoire.** Pour résoudre ce problème, on peut s'attendre à différentes procédures :

- l'élève peut avoir une vision globale du nombre de bouchons de chaque boîte. L'enfant peut faire une comparaison globale, notamment si les quantités de bouchons sont faibles (s'il y a 2 bouchons dans chaque boîte, ça se voit facilement) ou si les quantités sont très différentes (3 bouchons dans une boîte et 11 dans l'autre) ;
- il peut manipuler les bouchons et sortir symétriquement un bouchon de chaque boîte jusqu'à ce que l'une des deux boîtes soit vide, et ainsi comparer les quantités. Si les 2 boîtes sont vides, il y en avait autant. Si la première (la rouge) est vide et pas l'autre (la verte), il y en avait moins dans la rouge que dans la verte. Dans le cas contraire, il y en avait plus dans la rouge que dans la verte.

Il y a peu de chance qu'il procède au dénombrement de chaque boîte.

- **Phase 2 : trace écrite.** On s'attend à ce que l'élève réussisse l'exercice. Le problème de mémorisation de la consigne peut apparaître.

Évaluation

- **Phase 1 manipulatoire.** Durant cette phase, le maître est très présent sur l'atelier. La validation des stratégies et des résultats est faite par lui et avec l'aide des enfants.
- **Phase 2 : trace écrite.** Le résultat sera facilement évalué par le maître.

:: Conseils

Ce qui est intéressant dans cette situation, c'est la variété des stratégies possibles. Il est important que chacune puisse s'exprimer et que l'enseignant ne favorise pas spécifiquement une stratégie.
La comparaison de quantités peut se faire directement, en utilisant des stratégies variées et ne nécessite pas, dans un premier temps, l'utilisation du dénombrement.

:: Prolongement

Lorsque l'activité fonctionnera convenablement, on pourra la proposer de nouveau, mais, cette fois, sans ranger correctement les bouchons dans la boîte. L'exercice est alors beaucoup plus difficile.
L'élève pourra alors commencer par ranger convenablement les bouchons dans chaque boîte de manière identique, ce qui facilite énormément la comparaison directe. (« C'est pareil là et là il y en a une de plus. »)

Séance n° 3 Jeu de dé

Section du cycle : Petits

:: **Objectifs** : Faire correspondre terme à terme. Se familiariser avec les constellations du dé.

:: **Concept** : Construction du nombre.

:: **Compétence** : Se référer au tableau p. 15.

:: **Capacité** : Savoir reconstituer une constellation à partir d'un modèle par correspondance terme à terme.

:: **Condition préalable** : Savoir coller des gommettes.

:: **Préparation de la classe**

- **Organisation matérielle**

  Un groupe de 5-6 enfants est assis autour d'une table en atelier autonome.

- **Matériel**

  Un dé ordinaire par enfant, une planche de gommettes rondes par enfant.

- **Documents**

  Une feuille sur laquelle est représenté un carré figurant les faces supérieures d'un dé. Les emplacements des points sont figurés en pointillés, ils ont la taille de la gommette. Les carrés sont donc suffisamment grands.

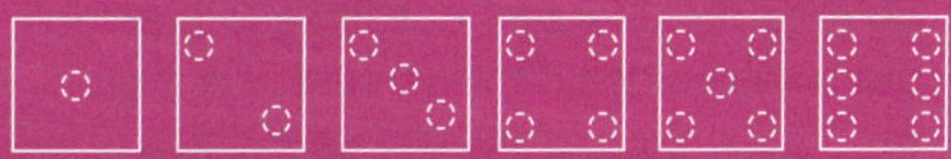

:: **Déroulement de l'activité**

- **Durée** : 15 minutes à renouveler.
- **Modalités de travail** : en individuel.

→ **Description de l'activité**

L'enfant doit lancer le dé.

Il doit ensuite repérer sur les différents modèles celui qui correspond à son lancer et l'entourer.

Puis il doit coller une gommette sur chaque cercle du dessin et s'assurer que le résultat final correspond bien à la face du dé.

Lorsqu'il a terminé, il lance le dé de nouveau et entoure la représentation correspondante (même si elle est déjà garnie de gommettes).

Au cas où elle est encore vierge, il reproduit l'exercice et remplit les cercles. Il recommence jusqu'à ce que tous les modèles soient remplis.

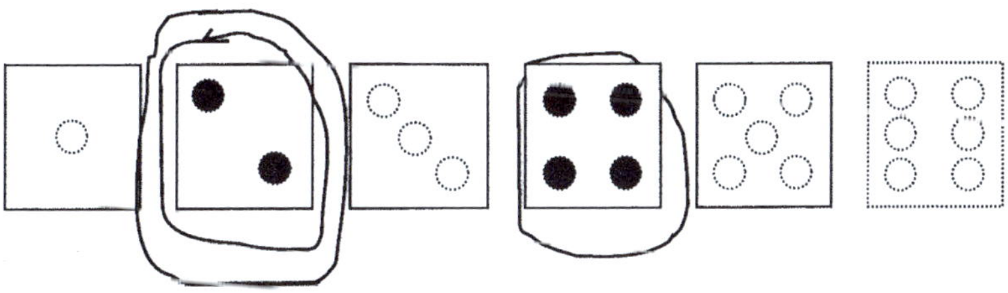

Résultats attendus

Les élèves réussissent généralement bien cette activité. Cependant, il arrive qu'ils oublient la consigne au cours de l'activité et qu'après avoir complété le premier dé, ils continuent de remplir les cercles avec des gommettes sans se soucier d'une quelconque correspondance ou d'un quelconque modèle. Dans ce cas, l'objectif de correspondance terme à terme n'est pas atteint.

Évaluation

Le remplissage correct des cercles figurant les faces supérieures du dé ne saurait, à lui seul, constituer l'évaluation de ce travail.

En effet, le maître doit s'assurer que toutes les étapes ont été correctement et séquentiellement suivies :

- lancement du dé ;
- entourage du modèle correspondant ;
- collage des gommettes.

:: Conseils

Les élèves peuvent avoir du mal à comprendre que c'est seulement la face supérieure du dé qui importe et qu'elle seule doit être prise en compte bien qu'on aperçoive les autres. Il sera donc probablement nécessaire d'insister sur ce point.

À ce lancer :  correspond cette face : 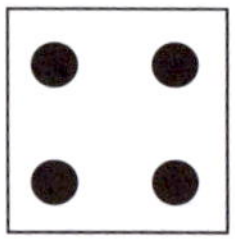

:: Prolongement

Savoir reconnaître les constellations du dé, puis, à terme, être capable d'identifier la quantité qu'elles représentent constitue le préalable à de nombreux jeux utilisant le dé pour définir des quantités ou des déplacements sur piste.

:: Définitions

Subitizing : à terme, on espère que les élèves utilisent une reconnaissance globale de la constellation plutôt que de dénombrer les points du dé. C'est ce qu'on nomme le « subitizing ».

Correspondance terme à terme : du point de vue mathématique, la correspondance terme à terme est liée à la notion de bijection.

La mise en correspondance terme à terme est un outil pour comparer des collections.

Elle s'exerce dans la mise en correspondance de chaque élément d'une collection avec un élément et un seul de l'autre collection et cela de manière exhaustive.

Chaque élément de la première collection est donc en correspondance (bi-univoque) avec un élément et un seul de la seconde. Les deux collections ont le même nombre d'éléments.

Séance n° 4 Celui qui a le plus de points gagne !

Section du cycle : Petits

:: **Objectif** : Comparer des quantités en utilisant les constellations.

:: **Concepts** : Construction du nombre, comparaison de nombres.

:: **Compétence** : Se référer au tableau p. 15.

:: **Capacité** : Être capable de comparer des quantités représentées par des constellations.

:: **Conditions préalables** : Avoir déjà travaillé sur les constellations du dé, sur la lecture du dé (on ne considère que la face supérieure). *Cf.* séance n° 3.

:: Préparation de la classe

- **Organisation matérielle**
  Par groupe de 5-6 élèves assis autour d'une table, en présence du maître pour la phase de jeu.
- **Matériel**
  Deux gros dés, un pour le maître et un pour l'élève, de préférence d'une couleur différente (un rouge et un vert, par exemple).
  2 jeux de cartoline plastifiée de couleur différente (un rouge et un vert, par exemple) représentant chacun les 6 constellations du dé.

  2 feutres effaçables pour tableau blanc, un rouge et un vert.
- **Documents**
  Une photocopie comportant 5 lignes.
  Sur chaque ligne, 2 faces de dés représentant des quantités différentes ou non.

:: Déroulement de l'activité

- **Durée** : 10 minutes pour la phase de jeu.
10 minutes pour la trace écrite.
- **Modalités de travail** : en atelier dirigé de 5-6 élèves, en présence du maître pour la phase de jeu et individuellement pour la trace écrite.

→ Description de l'activité

- **Phase 1 : jeu.** Un élève du groupe joue contre le maître. Celui qui gagne est celui qui a le plus de points. Il s'agit d'une sorte de jeu de « bataille » avec des dés. Le maître et l'élève lancent les dés, le maître le dé rouge, l'élève le vert. « Qui a gagné ? » interroge le maître. Les enfants doivent justifier leur réponse : « Pourquoi dis-tu que c'est le maître qui a gagné ? » (parce qu'il y a plus de points sur le dé rouge que sur le dé vert).
- **Phase 2 : trace écrite.** « Voici les dessins de plusieurs parties de ce jeu. Celui qui gagne est celui qui a le plus de points. Entoure sur chaque ligne le dé qui a le plus de points. »

Résultats attendus

- **Phase 1.** Les élèves sont très contents de jouer contre l'enseignant... et éventuellement de « le gagner ». Il conviendra parfois de restreindre l'enthousiasme des élèves qui ne réfléchissent plus, tant ils ont hâte de jouer. Lorsque les lancers sont très différents (1 et 6, par exemple), il sera très facile de voir qui a gagné. « Le dé vert a gagné car il y plus de points sur le dé vert que sur le dé rouge. » En revanche, si les nombres sont proches, il sera plus difficile de départager les protagonistes. C'est à ce moment du jeu que peuvent intervenir les cartes plastifiées qui seront utilisées avec les feutres effaçables. On fera choisir à l'élève la carte verte correspondant au dé vert et le maître choisira, sous le contrôle des enfants, la carte rouge correspondant au dé rouge. L'élève pourra alors comparer les cartes (c'est-à-dire les dés) en s'aidant du feutre pour rayer ou entourer de manière symétrique les points de chaque constellation. Grâce à ce matériel, il dispose d'un support qui, bien qu'il s'agisse d'une représentation, peut être manipulé.

- **Phase 2.** Moyennant la bonne compréhension du jeu effectué avec le maître, le passage à la trace écrite ne pose pas de problème particulier, si ce n'est, comme souvent, la mémorisation de la consigne.

Évaluation

- **Phase 1.** Le maître étant présent à l'atelier, il peut facilement évaluer la bonne compréhension des enfants, repérer différentes stratégies et tenter de les faire expliciter par les élèves.
- **Phase 2.** Le maître pourra facilement vérifier la pertinence de la trace écrite.

:: Conseils

Il existe plusieurs procédures pour résoudre le problème posé :
- reconnaissance intuitive de la collection la plus importante ;
- comparaison terme à terme mentale ou en utilisant les cartes ;
- comparaison utilisant les analogies de position des points (« entre 2 et 3, c'est pareil mais il y a un point en plus au milieu » (*idem* pour 4 et 5)).

:: Prolongement

L'enseignant pourra profiter de cette activité pour introduire le début de la comptine, numérique et dénombrer systématiquement sur les cartes le nombre de points de la constellation : « 1, 2, 3, 4, il y a 4 points sur ce dé. »

:: Définition

Comparer : ici encore, la comparaison de quantités peut se faire directement, en utilisant des stratégies variées, et ne nécessite pas l'utilisation du dénombrement. L'idée de cette situation est d'arriver à une reconnaissance globale du nombre par l'intermédiaire de la reconnaissance globale de la constellation.

Séquence : Dénombrer des quantités

Séance n° 5 Vers le nombre écrit

Section du cycle : Petits

:: **Objectif** : Dénombrer une petite quantité.

:: **Concepts** : Construction du nombre. Représentation des quantités.

:: **Compétence** : Se référer au tableau p. 15.

:: **Capacité** : Être capable d'associer à une quantité le nombre écrit correspondant.

:: **Conditions préalables** : Être familiarisé avec le début de la comptine (jusqu'à 6) et l'utilisation de la bande numérique. *Cf.* séance n° 3.

:: Préparation de la classe

- **Organisation matérielle**
  5-6 élèves assis autour d'une table en présence de l'enseignant.
- **Matériel**
  Une coupelle par enfant.
  Une petite bande numérique plastifiée allant de 1 à 6 et un feutre effaçable par enfant.
  Une collection d'objets identiques (étoiles, par exemple).
  Une bande numérique un peu plus grande et des cartes individuelles avec chacune un nombre permettant de reconstituer la bande numérique.

1	2	3	4	5	6

1	2	3	4	5	6

- **Documents**
  Photocopie représentant des cases (6, par exemple) ; dans chaque case une quantité exprimée par des objets et 3 nombres dont l'un correspond à la quantité d'objets dessinés.

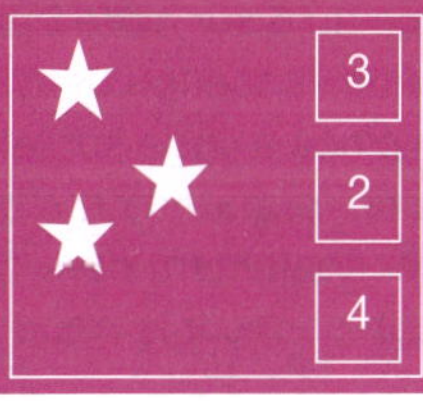

:: Déroulement de l'activité

- **Durée :**
  10-15 minutes avec le maître.
  10 minutes en autonomie pour la trace écrite.
- **Modalités de travail** : par groupe de 6 en atelier dirigé avec le maître puis individuellement pour la trace écrite.

→ Description de l'activité

L'enseignant dépose une coupelle au centre de la table, il y met 3 étoiles.
Il pose également la bande numérique assemblée sur laquelle il dispose les cartes-nombres afin que les enfants puissent tous la voir.
« Je vais compter le nombre d'étoiles : 1, 2, 3 : il y a 3 étoiles. »
« Qui peut me dire combien il y a d'étoiles ? » « 3, c'est ça, il y a 3 étoiles. »
« Maintenant je vais regarder sur la bande numérique quel signe indique 3. »
« Qui peut me redire combien il y a d'étoiles ? » « 3, c'est ça, il y a 3 étoiles. »

« Je compte sur la bande numérique : 1, 2, 3, c'est ce signe-là [3] qui indique 3 »

1	2	3	4	5	6

Le maître sort de la bande la carte « 3 » pour que tous la voient bien.

Le maître recommence le procédé plusieurs fois en faisant intervenir les enfants.
Il dispose ensuite devant chacun d'eux une petite bande numérique plastifiée et le feutre effaçable ainsi qu'une coupelle dans laquelle il met quelques étoiles.
« Vous allez compter combien vous avez d'étoiles et entourer le nombre qui correspond sur la bande numérique. »
Les enfants travaillent seuls sous le contrôle du maître. En cas d'erreur, l'enseignant peut reprendre l'attention de tous et recompter la collection avec le groupe.
La trace écrite est distribuée aux élèves : « Vous devez entourer le signe (nombre) qui correspond au nombre d'étoiles de la case et barrer ceux qui ne correspondent pas. Vous pouvez vous aider de votre bande numérique. »

Résultats attendus

Cette activité est généralement bien réussie par les élèves qui sont très guidés par le maître pour sa bonne compréhension.

Évaluation

Durant la phase commune, le maître peut facilement évaluer la réussite des élèves. La trace écrite permettra de confirmer la réussite.

:: Conseils

Lors de cette activité, les élèves ont tendance à oublier d'effacer sur la bande numérique plastifiée les marques qu'ils ont faites pour repérer un nombre. Il faut penser à leur faire nettoyer la bande au début de chaque recherche.

:: Prolongement

Être capable d'associer une quantité à un nombre écrit est une tâche courante que l'enseignant devra privilégier en toute occasion (comptage des enfants, des absents, etc.).

:: Définition

Bande numérique : une bande numérique doit être affichée dans la classe afin de pouvoir familiariser les enfants avec l'écriture des quantités.
La présence du 0 sur cette bande numérique fait débat :
« 0 » désigne l'absence de quantité : « il n'y a pas d'absent aujourd'hui, il y a zéro absent »... et l'on met la pince à linge sur le 0.
En revanche, lorsque l'on s'aide de la suite des nombres, on commence par « un » et il faut commencer également par « 1 » sur la bande numérique.
Si le 0 est présent sur la bande numérique, il doit être clairement distinct des autres signes.

	1	2	3	4	5	6

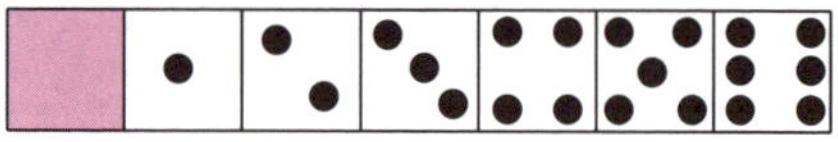

Séance n° 6 Mettez le couvert !

Section du cycle : Petits

:: **Objectif** : Aborder la notion de « autant que ».

:: **Concept** : Construction du nombre.

:: **Compétence** : Se référer au tableau p. 15.

:: **Capacité** : Être capable de choisir autant d'objets qu'une collection de référence.

:: **Condition préalable** : Savoir dénombrer une petite collection (jusqu'à 4).

:: Préparation de la classe

- **Organisation matérielle**

  Atelier de 6 élèves réunis autour d'une même table. Pas de chaises.

- **Matériel**

  Matériel de dînette en plastique, par exemple, avec au moins une dizaine d'assiettes, de fourchettes, de couteaux, de grandes cuillères, de petites cuillères, de gobelets, de serviettes en papier.

- **Documents**

  4 sets de table en papier sur lesquels sont représentés les différents éléments à mettre autour de l'assiette afin d'aider les enfants dans leur disposition (utiliser des photocopies au format A3).

:: Déroulement de l'activité

- **Durée** : 15 minutes.
- **Modalités de travail** : atelier dirigé de 6 élèves dans lequel chaque élève travaille individuellement pour « mettre le couvert » pour 4 poupées.

→ Description de l'activité

L'enseignant dispose sur la table un petit nombre d'assiettes.

Chacun des élèves est responsable d'un élément du couvert : l'un est responsable des fourchettes, l'autre des couteaux, etc.

Les éléments du couvert sont tout d'abord disposés à proximité de la table, dans des paniers séparés, par exemple. Chaque enfant doit disposer le couvert dont il est responsable à côté de chaque assiette. Il n'y a qu'une fourchette par assiette, qu'un couteau par assiette, etc. Il doit disposer autant de gobelets que d'assiettes, pas un de plus, pas un de moins.

« Tu dois mettre exactement une fourchette par assiette. Il doit y avoir autant de fourchettes que d'assiettes, pas une de plus, pas une de moins, bien à sa place. »

Résultats attendus

Dans un premier temps, l'élève va aller chercher les éléments du couvert un par un et les placer prés de l'assiette, à la place désignée, au fur et à mesure. Il va ensuite s'enhardir et prendre, au hasard, une poignée d'éléments, les distribuer à côté de chaque assiette, puis remettre le reliquat dans le panier.

Cette phase d'appropriation est tout à fait nécessaire et il faut laisser les enfants « s'amuser » librement de cette tâche. On fera alors un bilan avec les élèves pour constater qu'il y a trop de déplacements. Le but de cette situation étant le dénombrement, il conviendra, dans un deuxième temps, de rendre la consigne plus stricte : « Tu dois mettre exactement une fourchette par assiette, bien à sa place. Il doit y avoir autant de fourchettes que d'assiettes, pas une de plus, pas une de moins et tu dois aller les chercher en une seule fois », quitte à éloigner un peu les paniers de couverts de la table pour s'assurer de l'unicité du déplacement.

Évaluation

La validation sera effectuée par l'enseignant qui veillera à la bonne connaissance du vocabulaire de la situation (cuillère, gobelet, etc.), au bon positionnement des éléments en fonction des emplacements prévus sur le set de table et à leur unicité par assiette.
Il validera également que l'élève ne s'est déplacé qu'une fois.

:: Conseils

Il est très important de ritualiser les phrases : « Il y a **juste autant** de fourchettes que d'assiettes, **pas une de plus, pas une de moins** ». « Tu dois aller chercher **autant de** fourchettes que d'assiettes, **juste assez, pas une de plus, pas une de moins, en une seule fois.** »
Ce type d'activité est devenu, à bon escient, un grand classique de l'école maternelle. Il s'agit de ce que l'on nomme les jeux de « autant que » ou encore les jeux de « pas un de plus, pas un de moins ». On retrouve cette situation, sous une autre forme dans le célèbre « Jeu des wagons » de Ermel chez Hatier, dans le jeu des lutins, dans le jeu du garage, etc.

:: Ouverture transdisciplinaire

On encouragera l'enfant à participer à la mise du couvert chez lui en utilisant la même règle : de « pas un de plus, pas un de moins, en une seule fois ».

Séance n°7 La maîtresse a besoin d'aide

Section du cycle : Petits

:: **Objectif** : Associer une petite quantité à un nombre.

:: **Concepts** : Construction du nombre. Dénombrement.

:: **Compétence** : Se référer au tableau p. 15.

:: **Capacité** : Être capable d'isoler une petite quantité correspondant à une écriture chiffrée.

:: **Conditions préalables** : Bonne connaissance de la suite des nombres.

:: Préparation de la classe

- **Organisation matérielle**

  Un groupe de 6 enfants, tout d'abord rassemblés autour d'une table avec le maître puis pouvant se déplacer dans la classe afin d'aller prélever une collection correspondant à un nombre donné.

- **Matériel**

  Une collection importante (au moins 30 éléments) de petits objets (bouchons, fèves, figurines) réunis dans une bassine au centre de la table puis éloignée de la table.
  Une série d'étiquettes-nombres allant de 1 à 6 pour mémoriser la quantité à rapporter
  Une petite bande numérique par enfant.
  Une corbeille ou une boîte à œufs (6 alvéoles) par enfant pour y déposer les quantités demandées.

- **Documents**

  Pour le maître une feuille récapitulative (sur un A3) permettant de mémoriser les quantités demandées à chaque élève du groupe et de valider la réponse avec l'élève. Cette feuille représente un tableau à remplir avec les éléments rapportés par les élèves.

		1	2	3	4	5	6
Elliot	3						
Charlotte	4						
Benjamin	5						
Léa	3						

:: Déroulement de l'activité

- **Durée** : 15 minutes à répéter plusieurs fois si nécessaire, en faisant varier les quantités demandées.
- **Modalités de travail** : un atelier de 6 enfants travaillant simultanément, individuellement, avec le maître, puis en pouvant se déplacer dans la classe.

→ Description de l'activité

L'enseignant explique aux élèves qu'il a besoin de leur aide pour remplir son tableau et que chaque enfant va devoir lui donner exactement le nombre d'éléments manquants.

Le maître donne alors à chaque enfant une carte-étiquette indiquant, en écriture chiffrée, le nombre d'éléments qu'il devra mettre dans sa propre corbeille pour les apporter au maître.

L'enfant doit prendre dans la collection autant d'éléments qu'il est demandé.

L'enfant dépose dans sa boîte à œufs le nombre d'éléments demandés. Il peut alors éventuellement recompter (il peut s'aider de sa bande numérique).

L'enfant vérifie ensuite, avec le maître, sur le tableau A3, que le nombre d'éléments qu'il a dans sa boîte correspond bien à ce que l'enseignant avait demandé.

Résultats attendus

Dans la mesure où le maître sollicite réellement l'aide des élèves pour remplir son tableau (son garage, son train, son bateau, etc.), ceux-ci vont se sentir très impliqués dans la tâche et cette activité va les passionner.

Si des erreurs se produisent, elles peuvent provenir d'une mauvaise lecture de l'écriture chiffrée ou d'une mauvaise connaissance de la comptine numérique. Le maître devra donc s'assurer de ces deux compétences.

:: Prolongement

Dans des situations réelles de la vie de classe, le maître n'hésitera pas à confier aux élèves la tâche d'aller chercher 3 feutres, 5 bâtons de colle, etc., en ayant soin de fournir aux enfants l'étiquette-nombre correspondante (qu'il aura toujours à disposition) qui permet de soulager la mémoire de l'élève par la notation du nombre.

:: Définitions

Comptine numérique : on appelle « comptine numérique » la suite des nombres énoncée dans l'ordre croissant : « un, deux, trois, quatre, etc. ».

La bonne connaissance de la comptine numérique est une condition totalement nécessaire quoique non suffisante à la pratique du dénombrement.

Dénombrer : c'est une pratique difficile puisqu'il s'agit de comprendre que lorsqu'on associe chaque élément de la collection à un terme de la comptine numérique, c'est le dernier nombre annoncé qui correspond à la quantité globale de la collection dénombrée : « un, deux, trois, quatre, cinq, il y a 5 enfants sur ce banc ».

Séance n° 8 Compter sans toucher

Section du cycle : Petits

:: **Objectif** : Dénombrer ou compter de petites collections non manipulées.

:: **Concepts** : Construction du nombre, dénombrement.

:: **Compétence** : Se référer au tableau p. 15.

:: **Capacité** : Être capable de dénombrer ou compter visuellement de petites collections.

:: **Conditions préalables** : Savoir dénombrer de petites collections manipulées, au moins jusqu'à 6. Bien posséder le début de la suite des nombres, au moins jusqu'à 6.

:: Préparation de la classe

- **Organisation matérielle**
  Un groupe de 4 à 6 élèves en présence du maître, dans le coin regroupement, par exemple.
- **Matériel**
  Un ou plusieurs « livres à compter » du commerce ou fabriqués par l'enseignant.
  Un cache en papier cartonné permettant de dissimuler temporairement certains éléments de la page.
- **Documents**
  Un tableau à double entrée permettant au maître de noter les acquis de chaque élève (*cf.* séance n° 7).
  Celui-ci sait-il :
  - compter jusqu' à 3 sur une page ?
  - compter jusqu' à 4 sur une page ?
  - compter sur les 2 pages ?
  Les questions sont à définir en fonction de l'album à compter utilisé.

:: Déroulement de l'activité

- **Durée** : 15 minutes.
- **Modalités de travail** : un groupe de 4 à 6 élèves réunis autour de l'enseignant.

→ Description de l'activité

Le maître va présenter aux enfants, une à une, les pages (ou doubles pages) de l'album.
Pour la première page, il sera, comme toujours, essentiel de bien définir les protagonistes de l'album. « Qu'est-ce que c'est ? » (une fleur), « Où se trouve-t-elle ? » (dans le pré), etc.
On s'attachera ensuite aux questions portant sur le nombre d'éléments que l'on voit sur la page : « Combien y en a-t-il ? » En cas de double page on pourra demander (en utilisant éventuellement le cache) : « Combien y en a-t-il sur cette page ? et sur celle-là ? Combien y en a-t-il en tout ? »

Résultats attendus

L'histoire liée à l'album est un élément déterminant dans l'intérêt des enfants pour cette activité, avant celui qu'ils pourraient avoir pour le comptage.
Quelques élèves du groupe vont probablement se passionner pour le comptage, une fois le principe de l'album acquis, et vouloir répondre à chaque fois, peut-être même avant que le

maître n'interroge. Il conviendra donc de bien instaurer les règles de parole et d'échanges dans le groupe et de veiller à questionner tous les élèves.

Évaluation

L'évaluation se fera au fur et à mesure du déroulement de la lecture de l'album. Le maître devra alors mémoriser quel enfant est en difficulté et quel enfant réussit bien l'activité (il pourra prévoir de prendre des notes dans le tableau préparé à l'avance, *cf.* « documents »). Cependant, un élève qui réussit convenablement à dénombrer 3 fleurs aura peut-être des difficultés à en dénombrer 5. Afin d'avoir plus d'éléments, l'enseignant pourra, à chaque réponse, interroger de nouveau : « Qui n'est pas d'accord ? » en veillant bien à éviter les formulations du type : « Vous êtes d'accord ? » qui serait suivi d'un « nooooooooooooon » général et sans intérêt.

:: Conseils

La difficulté de cette situation est qu'elle n'est volontairement pas manipulatoire. Les élèves doivent donc compter mentalement le nombre de fleurs sur la page sans pouvoir toucher les objets. Au cas où un élève serait en grande difficulté sur cette activité, il conviendrait probablement de reprendre avec lui, à un autre moment, des activités manipulatoires se rapprochant du contexte de l'album à compter et la connaissance de la comptine numérique.

:: Prolongement

Si le maître constate une réelle facilité des enfants pour l'activité, il pourra complexifier ces questions en utilisant le cache. La double page étant libre : « Combien y en a-t-il ? », puis le cache étant mis sur l'une des deux pages : « Combien en voyez-vous encore ? ». « Combien d'éléments sont cachés ? » L'enseignant vérifiera ensuite avec les enfants.

:: Définitions

« **Livre à compter** » ou « **album à compter** » : on nomme ainsi les livres qui conduisent les élèves à dénombrer et/ou à compter des objets, des formes, des personnages, des animaux, etc. Le plus souvent, les collections sont présentées avec un nombre d'éléments croissant (ou décroissant), chaque nouvelle page ou double page ayant un élément de plus (ou de moins) que la précédente. Ils sont destinés à des fins d'apprentissage mathématique et sont de qualité inégale concernant cette tâche.

Dénombrer/compter : le dénombrement est l'action de recenser le nombre d'éléments d'une collection. Dénombrer se distingue de compter qui nécessite un calcul. Le dénombrement s'acquiert avant le comptage.

Séance n° 9 Compter le temps

Section du cycle : Petits

:: **Objectif** : Dénombrer pour compter les jours.

:: **Concepts** : Construction du nombre. Dénombrement. Construction du temps.

:: **Compétence** : Se référer au tableau p. 15.

:: **Capacité** : Savoir dénombrer les jours qui nous séparent d'un événement.

:: **Conditions préalables** : Connaître la suite des nombres au moins jusqu'à 5, de préférence jusqu'à 10.

:: Préparation de la classe

- **Organisation matérielle**
  En classe entière, lors du regroupement du matin.
- **Matériel**
  Un fil tendu dans la classe, de préférence dans le coin regroupement.
  Une collection d'objets identiques mais de couleurs différentes pouvant être accrochés sur le fil et rappelant l'événement à venir (des étoiles pour Noël, des parts de galettes pour la fête des rois et des reines, etc.). Prévoir une quinzaine de ces objets environ et autant de systèmes (pinces à linge, par exemple) pour les accrocher.
- **Documents**
  Une bande de papier (60 cm x 21 cm) représentant le dispositif (fil et objets) et une case vide destinée à recevoir la carte-nombre correspondant au nombre de jours qui nous séparent de l'événement à vivre ensemble.
  15 cartes-nombres de 1 à 15.

:: Déroulement de l'activité

- **Durée** : 10 à 15 minutes à répéter chaque jour de classe jusqu'au jour de l'événement.
- **Modalités de travail** : en classe entière lors du regroupement du matin.

→ Description de l'activité

Présenter le dispositif aux enfants : « Qu'est-ce que c'est ? », « un fil et des étoiles de Noël ».
« Combien y en a-t-il ? » Les dénombrer avec les enfants.
« 1, 2, 3, 4, 5, 6, 7, 8, 9. Il y en a 9 ! » « Savez-vous pourquoi il y en a 9 ? Il y en a 9 parce qu'il y a exactement 9 jours d'école jusqu'à la fête de Noël à l'école. »
« Chaque jour d'école, un enfant décrochera une étoile, il l'accrochera sur le sapin et nous compterons combien il reste de jours d'école jusqu'à la fête de Noël à l'école, en comptant les étoiles qui restent sur le fil. »
« Quand il n'y en aura plus qu'une, quand un enfant décrochera la dernière étoile, ce sera le jour de la fête de Noël à l'école. »
« Qui peut nous expliquer comment ça va se passer ? »
On montre alors le document A3. Il peut fournir l'occasion de recompter les étoiles.
« Quel nombre est écrit ? » (Réponse : le 9.)
« Combien y a-t-il d'étoiles dessinées ? »(Réponse . 9.)
« Je barre celle d'aujourd'hui. Combien en reste-t-il ? On les compte ? 1, 2, 3, 4, 5, 6, 7, 8. Il y en a 8 ! », « Il reste exactement 8 jours d'école jusqu'à la fête de Noël à l'école. »

« Quand il n'y en aura plus qu'une, quand un enfant décrochera la dernière étoile, ce sera le jour de la fête de Noël à l'école. »
« Combien sont déjà barrées ? », etc.
Chaque jour un enfant changera la carte-nombre et collera la précédente de la droite vers la gauche pour reconstituer une bande numérique sur le mur dans le coin regroupement.

Résultats attendus

Les enfants se passionnent pour cette activité qui a du sens pour eux et qui leur permet vraiment de faire le lien entre le nombre et le temps.

Évaluation

Chaque jour le maître peut évaluer tel ou tel enfant en l'interrogeant individuellement.

:: Conseils

Ne faire apparaître et ne compter que les jours d'école qui séparent de l'événement à venir afin de pouvoir enlever un objet et un seul par jour... et de restreindre le nombre de jours !
Ne considérer que des événements à vivre ensemble un jour de classe et non des événements qui se dérouleraient pendant les vacances, ce qui n'aurait aucun sens pour les élèves.
Pour que la représentation soit en concordance avec la réalité, faire décrocher les objets du fil et barrer leur dessin sur la bande de la gauche vers la droite.
Cette activité s'inscrit également dans la construction du temps.
À ce titre, nous nous permettons de vous recommander les ouvrages *La Construction du temps à l'école maternelle* et *Des jeux pour se repérer dans le temps* de Marilyn Buisson et Éric Greff chez Retz.

:: Prolongement

À partir de cette première activité, chaque événement marquant de la vie scolaire offre le prétexte à un tel décompte : la fête des rois et reines, le spectacle de théâtre, la fête du printemps, la visite au zoo, la kermesse, la sortie de fin d'année, etc.
Varier les représentations : par exemple, à l'occasion de la fête des rois et des reines, suspendre des parts de galette sur le fil et reconstituer peu à peu un disque cartonné qui deviendra une galette multicolore.

Séance n° 10 Mon premier jeu de piste

Section du cycle : Petits

:: Objectif : Se déplacer sur une piste.

:: Concepts : Construction du nombre. Aspect ordinal du nombre.

:: Compétence : Se référer au tableau p. 15.

:: Capacités : Savoir lire un dé à constellation avec des constellations réduites (1 ou 2, voire 3).
Savoir respecter les règles du jeu.
Savoir déplacer un pion sur une piste en fonction de la quantité voulue.

:: Conditions préalables : Savoir dénombrer ou appréhender de petites constellations (jusqu'à 3).
Avoir déjà utilisé le dé et savoir que c'est la face supérieure de celui-ci qu'il faut prendre en compte.

:: Préparation de la classe

- **Organisation matérielle**
  Les enfants sont réunis à 3 sur une même table pour jouer ensemble.
- **Matériel**
  3 pistes de jeu linéaires d'environ 10 cases de 5 cm sur 5 cm, faciles à reconnaître pour être plus facilement nommées. On pourra, par exemple, utiliser des animaux.
  Les pistes seront disposées parallèlement.
  3 escargots (ou autre) de 3 couleurs différentes (rouge, vert, bleu). Chaque escargot est affecté à une piste.
  1 dé à constellations réduites (3 faces avec 1 point et 3 faces avec 2 points).
  1 dé avec 3 couleurs (2 faces bleues, 2 rouges, 2 vertes).

:: Déroulement de l'activité

- **Durée** : 15 minutes à renouveler.
- **Modalités de travail** : en groupe de 3, sous l'observation du maître.

→ Description de l'activité

Chaque enfant joue à son tour.
Il lance les 2 dés et avance l'escargot de la couleur indiquée par le dé des couleurs d'autant de cases que le dé à constellations l'indique. S'il tire 2 et rouge, il fera avancer l'escargot rouge de 2 cases sur la bande de l'escargot rouge.
L'enfant qui arrive le premier sur la case finale a gagné la « course ».
À la fin du jeu, s'il reste une case à parcourir et que le dé indique un 2, on peut accepter que l'enfant ait terminé et gagné ou bien on peut imposer qu'il doive passer son tour car le nombre indiqué par le dé est supérieur au nombre de cases à parcourir pour atteindre la dernière.

Résultats attendus

Ce jeu de piste plaît beaucoup aux élèves.

La grande difficulté de ce jeu réside dans le déplacement du pion sur la piste. En effet, l'enfant peine à assimiler que la case sur laquelle se trouve le pion « ne compte pas » et qu'il faut donc commencer à compter 1 à partir de la case suivante (et non pas à partir de la case sur laquelle se trouve le pion).

Des problèmes vont probablement apparaître pour lancer le dé qui, soit ne roule pas, soit sort de la table et tombe.

On veillera également à ce que les enfants jouent avec l'escargot de la couleur indiquée par le dé des couleurs. En effet, ceux-ci ont parfois tendance à jouer avec l'escargot qui est le plus près du but même si ce n'est pas le bon.

De plus, si l'on choisit la règle de fin qui impose de tirer le nombre exact pour terminer, il faudra gérer la déception et le fait que l'escargot devra passer son tour... alors qu'il a hâte de rejoindre l'arrivée !

Évaluation

La présence du maître, en début de jeu, sera nécessaire pour valider correctement les déplacements du pion, notamment en début de comptage. « On commence par la case suivante. »

Le fait de pouvoir nommer facilement les cases va constituer un atout dans les explications : « Où était-il ? sur le chat ! Combien a-t-il tiré ? 2 ! Où doit-il être maintenant ? sur l'oiseau ! »

:: Conseils

Ce premier jeu de déplacement sur piste quadrillée constitue une première approche de très nombreux jeux de déplacements sur piste comme le « jeu de l'oie » ou le « jeu des petits chevaux » qui sont très populaires et très répandus.

Le jeu évoqué peut se présenter sous bien d'autres formes et bien d'autres habillages. Il procède cependant toujours du déplacement sur piste et de l'association d'un déplacement quantifié avec une constellation.

:: Prolongement

On pourra complexifier le jeu en introduisant notamment un dé avec 2 faces de 1, 2 faces de 2 et 2 faces de 3, puis à terme un dé classique.

Séance n° 11 Jeu de la coccinelle

Section du cycle : Petits

:: **Objectif** : Prendre la quantité indiquée par la constellation du dé.

:: **Concepts** : Construction du nombre. Rapport entre constellation et quantité.

:: **Compétence** : Se référer au tableau p. 15.

:: **Capacités** : Savoir lire la constellation du dé.
Savoir prendre une quantité correspondant à la constellation du dé.

:: **Conditions préalables** : Savoir lire les constellations du dé (face du dessus).
Savoir dénombrer une petite collection.

:: Préparation de la classe

- **Organisation matérielle**
  Les élèves jouent à 3 ou 4, assis autour d'une table.
- **Matériel**
  Une planche de jeu représentant une coccinelle avec ses points pour chaque élève.
  Un dé à constellations assez gros comportant, pour commencer, 2 faces à 1 point, 2 faces à 2 points, 2 faces à 3 points.

  Un dé à constellations ordinaire ensuite.
  Une collection de jetons de la taille des points de la coccinelle.
- **Documents**
  Une photocopie comportant plusieurs lignes séparées.
  Sur chaque ligne, une coccinelle sans points et la représentation d'une face d'un dé.

  Des bandes de gommettes prédécoupées. Chaque bande comporte 1, 2 ou 3 gommettes.

:: Déroulement de l'activité

- **Durée** : 15 minutes pour la phase de jeu et 10 minutes pour la trace écrite.
- **Modalités de travail** : en groupe de 3 ou 4 pour la phase de jeu puis individuellement pour la trace écrite.

→ Description de l'activité

- **Phase 1 : jeu.** Chaque élève joue à son tour.

Il lance le dé et doit prendre autant de jetons qu'il y a de points sur la face supérieure du dé.
Il place ensuite les jetons sur les points de sa coccinelle.
Le premier qui a « terminé » sa coccinelle (c'est-à-dire pour lequel tous les points de la coccinelle sont recouverts d'un jeton) a gagné.
À la fin du jeu, s'il reste 2 points à remplir et que le dé indique un 3, on peut accepter que l'enfant ait terminé et qu'il lui reste un jeton ou on peut imposer qu'il doive passer son tour car le nombre indiqué par le dé est supérieur au nombre de points à compléter.

- **Phase 2 : trace écrite.** L'élève doit repérer, sur le dessin, la face supérieure du dé et prendre autant de gommettes que l'indique le dé, de préférence en une seule fois. Il doit ensuite coller les gommettes sur la coccinelle correspondante.

Résultats attendus

- **Phase 1.** Ce type de jeu passionne généralement les enfants.

Des problèmes vont probablement apparaître pour lancer le dé qui soit ne roule pas, soit sort de la table et tombe. On pourra éventuellement utiliser une piste de dés.

De plus, si l'on choisit la règle de fin qui impose de tirer le nombre exact pour terminer, il faudra gérer la déception et le fait que l'élève devra passer son tour... alors qu'il a hâte de gagner !

- **Phase 2.** La difficulté de cette phase « écrite » est de chercher une bande de gommettes dont le nombre correspond exactement à la quantité désignée par la représentation du dé et de n'en prendre qu'une. Les élèves prennent généralement plus de gommettes que nécessaire. Il convient d'insister pour qu'ils respectent la règle et prennent juste autant de gommettes que nécessaire.

Évaluation

- **Phase 1.** L'idée est qu'à terme les élèves jouent ensemble de manière autonome et il faut donc les encourager à contrôler eux -mêmes leurs camarades, veiller à ce que les règles du jeu (chacun joue à son tour, le nombre de jetons est exact, etc.) soient respectées.
- **Phase 2.** Le maître pourra facilement vérifier que le nombre de gommettes collées correspond au nombre indiqué par le dé dessiné. En revanche, pour savoir si les bandes de gommettes ont été convenablement choisies, il faudra observer les enfants en situation ou repérer les bandes par un signe.

:: Conseils

Pour les élèves qui éprouvent des difficultés avec la reconnaissance globale ou le dénombrement des points du dé, on peut leur demander de placer un jeton sur chaque point de la face supérieure du dé, à condition que celui-ci soit assez gros.

On pourra également leur proposer de verbaliser leur action (en la ritualisant, par exemple) afin que les autres puissent mieux vérifier. Par exemple : « J'ai tiré un 3 : 1, 2, 3, je prends 3 jetons. 1, 2, 3 je place mes 3 jetons. »

Ce jeu de la coccinelle est l'une des multiples adaptations du célèbre « jeu du serpent » de Lucette Champdavoine (Nathan) dont les jeux mathématiques sont très réputés à l'école maternelle.

À terme, on espère que les élèves utilisent une reconnaissance globale de la constellation plutôt que de dénombrer les points du dé. C'est ce qu'on nomme le « subitizing ».

:: Prolongement

L'idée est qu'à terme, en fin d'année, les enfants utilisent un dé à constellations ordinaire, jusqu'à 6.

Chapitre 5

Découvrir la matière et les objets

:: Continuité des apprentissages en maternelle

:: Repères pratiques

:: Séances 1 à 10

Valéric Bouquillon
Didier Malafosse

Continuité des apprentissages en maternelle

	1re année	2e année	3e année	Grande section
Agir sur le monde de la matière				
Reconnaître et désigner des objets	à travailler prioritairement	à travailler prioritairement	à consolider	
Reconnaître et désigner des qualités associées à des objets	peut être travaillé	à travailler prioritairement	à travailler prioritairement	à consolider
Reconnaître et désigner des matières	peut être travaillé	peut être travaillé	à travailler prioritairement	à travailler prioritairement
Reconnaître et désigner des qualités associées à des matières			peut être travaillé	à travailler prioritairement
Trier des objets d'après :				
• leur usage	peut être travaillé	à travailler prioritairement	à travailler prioritairement	à consolider
• la matière qui les constitue		peut être travaillé	à travailler prioritairement	à travailler prioritairement
• leurs qualités		peut être travaillé	peut être travaillé	à travailler prioritairement
Comparer et classer des objets d'après leurs qualités		peut être travaillé	peut être travaillé	à travailler prioritairement
Découvrir les propriétés de matières usuelles				
Choisir des outils et des matériaux adaptés à une situation, à des actions spécifiques :				
• plier, couper, coller	à travailler prioritairement	à travailler prioritairement	à travailler prioritairement	à consolider
• assembler	peut être travaillé	à travailler prioritairement	à travailler prioritairement	à travailler prioritairement
• actionner		peut être travaillé	à travailler prioritairement	à travailler prioritairement
Réaliser des jeux de construction, construire des maquettes		peut être travaillé	à travailler prioritairement	à travailler prioritairement
Appréhender un système et ses éléments				
Utiliser des appareils alimentés par des piles :				
• jouets		peut être travaillé	à travailler prioritairement	à consolider
• lampes de poche	peut être travaillé	à travailler prioritairement	à consolider	à consolider
• magnétophones			peut être travaillé	à travailler prioritairement
Utiliser des objets programmables				peut être travaillé
Utiliser des procédés empiriques pour faire fonctionner des mécanismes simples			peut être travaillé	à travailler prioritairement

Légende :
- à travailler prioritairement
- à consolider
- peut être travaillé

Repères pratiques

1. Les axes forts du domaine d'activités

En maternelle, le très jeune enfant perçoit le monde qui l'entoure par l'entremise de la (des) fonction(s) qu'il associe plus ou moins consciemment aux objets (la cuillère pour manger, le feutre pour colorier, nounours pour jouer, etc.), et non au travers de la matière qui constitue ces objets. Une exception, cependant : l'eau et le vent (l'air en mouvement) qui, en tant que fluides, n'ont pas de forme propre. Ces deux matériaux (mais aussi certaines nourritures) ne sont donc pas assimilables par l'enfant à des objets, voire à de la matière (au moins pour le vent). Quant à la conservation de la matière, c'est une propriété qui n'a aucun sens à cet âge. Pire, elle est contredite à tout bout de champ. Par exemple, au moment des repas, la nourriture est engloutie dans le ventre ; l'eau de la baignoire disparaît après le bain ; quant au magicien, il est capable de faire apparaître un lapin, avec sa baguette magique. Pour le très jeune enfant, qui ne conçoit le monde qu'au travers des objets qui l'entourent, le concept de matière et sa propriété de conservation n'ont donc pas de sens et ne peuvent se construire que sur le long terme, c'est-à-dire sur toute la scolarité de l'élève. Dans cette construction, le rôle éminent que doit jouer l'école maternelle est fixé avec précision et explicitations par le programme de la maternelle (voir *BO* n° 3 du 19 juin 2008) qui précise clairement deux axes forts sur lesquels doivent s'appuyer les activités du domaine du monde de la matière et des objets : l'exploration du monde de la matière par la manipulation, ainsi que la découverte et la manipulation réflexive des objets.

A L'exploration du monde de la matière

On doit proposer des activités plus ou moins guidées d'exploration manipulatoire de matériaux familiers (la pierre, le sable, le papier, le carton, les tissus, le bois, etc.), et surtout de l'eau. En effet, en rapprochant l'eau du robinet, la pluie, la neige, la glace, l'enfant élabore un premier niveau, très modeste, d'abstraction et comprend que ces diverses réalités renvoient à une même substance, l'eau, dont il découvre quelques propriétés (abondance, fluidité, pouvoir dissolvant, etc.).

B La découverte du monde des objets

Enfin, il faut proposer aux enfants des activités de jeux de construction, de montage et/ou démontage d'objets techniques simples. On peut commencer à élaborer avec les élèves des projets de construction nécessitant d'inventorier le matériel nécessaire et de programmer les diverses étapes de la fabrication. Enfin, il ne faut pas oublier que tout objet mal utilisé présente un risque potentiel, d'où la nécessité de donner, dès la maternelle, les premiers éléments d'une éducation à la sécurité.

2. Les spécificités de la section

Nous vous proposons deux séquences, une sur l'eau et une sur la manipulation d'objets techniques simples. Conformes au tableau de compétences, elles permettent de faire progresser les petits et les tout-petits :

– au niveau des savoir-faire, en développant des techniques manipulatoires indispensables (remplir une bouteille au robinet, utiliser une lampe de poche, etc.) qui augmentent l'autonomie de l'enfant dans sa vie quotidienne ;

– au niveau conceptuel, en découvrant, par le jeu, l'observation et la manipulation, les premières propriétés de la matière (elle se présente sous des aspects très variés, elle ne disparaît pas, les liquides coulent, etc.) ;

– au niveau des savoir-être, en favorisant les activités de groupe qui obligent les élèves à jouer et à travailler ensemble, à partager les instruments, à respecter les choix des autres ;

– enfin au niveau de la maîtrise de la langue, dans la mesure où les phases de manipulation alternent avec des phases de verbalisation pendant lesquelles les enfants apprennent à s'exprimer devant leurs pairs pour parler de leur vécu, raconter leurs expériences, justifier leurs choix.

3. Éléments didactiques et pédagogiques

Le programme de la maternelle donne toutes les indications nécessaires.
Les 10 séances sont décrites en détail, mais vous pouvez développer les séquences en vous inspirant des pistes que nous vous suggérons en « prolongement ». Voici, séance par séance, les compétences à développer.

		Séquence	Exploration manipulatoire de l'eau					Manipulations d'objets techniques simples				
		Séance	1	2	3	4	5	6	7	8	9	10
Domaine de compétence	Compétence											
Langage en action	Dire ce qu'on fait dans une activité		x	x	x	x	x	x	x	x	x	x
Éduquer le regard et le geste	Adapter son geste aux contraintes matérielles		x	x	x	x	x	x	x	x	x	x
	Trier des objets d'après leur usage			x	x				x	x	x	
Explorer par la manipulation le monde de la matière et des objets	Reconnaître et désigner des matières et des objets		x	x	x	x	·	x	x	x	x	
	Décrire, comparer et classer les perceptions élémentaires							x	x	x	x	
Culture scientifique	Utiliser des appareils alimentés par des piles										x	x

Chaque séance est conçue pour une durée d'environ 45 minutes, introduction, activités expérimentales, phases langagières, rangement et bilan compris, ce qui équivaut souvent à quinze minutes de manipulations effectives. En général, les séances sont structurées sur le modèle d'un aller-retour entre activité expérimentale (découverte plus ou moins libre, jeu, mini-recherche) en petits groupes et phase de verbalisation en groupe classe se concluant par un bilan des expériences. L'organisation proposée est prévue pour une réalisation satisfaisante dans tous les contextes scolaires, souvent avec tout le groupe classe, mais rien ne vous empêche de l'adapter pour profiter des avantages de votre école (classe à faible effectif, dédoublée, disponibilité d'ATSEM, etc.).

Séquence : Explorer et manipuler l'eau

Séance n°1 Jouer avec l'eau

Section du cycle : Tout-petits/petits

:: Objectifs : Découvrir le « coin eau » et apprendre à jouer « proprement » avec l'eau.

:: Concept : Les états de la matière : fluidité des liquides.

:: Compétence : Se référer au tableau p. 15.

:: Condition préalable : La séance peut être faite à n'importe quel moment de l'année.

:: Préparation de la classe

- **Organisation matérielle**

Préparer le « coin eau » : c'est un espace où les enfants manipulent l'eau, sans risque de mouiller des choses sensibles. Si possible, placer ce « coin eau » à proximité d'un évier avec robinet. Les élèves étant en groupes de 4 ou 5 individus, prévoir autant de « zones élèves » qu'il y a de groupes. Chaque zone d'environ 2 m de côté doit être bien visible, par exemple en marquant le sol par de l'adhésif. C'est en confinant, dès le départ, les enfants qu'on limite les déplacements inutiles et intempestifs.

- **Matériel**

Chaque groupe dispose d'un « bac à eau » à moitié plein, transparent, pour pouvoir observer ce qui se passe « sous l'eau ». À défaut, utiliser une grande bassine. Il faut aussi une « caisse » (boîte de rangement, panier ou sac) contenant divers objets ; par exemple, pour cette séance :

- 2 ou 3 bouteilles vides sans bouchon (eau minérale, shampoing, yaourt à boire, produits ménagers, etc.) ;
- 4 à 5 ustensiles pour transporter du liquide (gobelets, boîtes sans couvercle, cuillères de tailles différentes, louches, etc.) ;
- quelques objets ne permettant pas le transport de l'eau (fourchettes de dînette, pièces en plastique de jeu d'assemblage, morceaux de tissus, poupées, etc.) ;
- une serpillière par groupe, à ne sortir qu'en fin de séance, pour le nettoyage ;
- un tablier imperméable par enfant (facile à faire avec un sac poubelle de 50 l, découpé pour laisser passer la tête et les bras).

Prévoir un appareil photo pour mémoriser les activités (photos utilisées aux séances n°s 2, 6, 7 et 8).

:: Déroulement de l'activité

- **Durée** : 45 minutes.

→ Description de l'activité

- **Phase 1. Préparation (5 à 10 minutes)**

Habiller les élèves d'un tablier imperméable. Organiser les groupes (4 ou 5 enfants) et s'approcher du coin eau pour faire repérer les zones élèves marquées au sol. Présenter un bac à eau et la caisse d'objets, puis expliquer le fonctionnement de l'atelier en demandant avec insistance aux élèves de respecter les deux consignes suivantes :

- ne pas sortir de sa « zone » ;
- ne pas faire tomber d'eau en dehors du bac.

Aucune autre consigne n'est donnée, car il s'agit d'une séance de « découverte libre ».
Dans le cas d'un double niveau « tout-petits/petits », on peut soit regrouper les enfants par niveau en adaptant les objets à leurs aptitudes manipulatoires, soit au contraire les mélanger pour homogénéiser la classe, ce qui permet de conserver les mêmes groupes pendant toute la séquence.

- **Phase 2. Découverte libre/observation des comportements (15 minutes)**

Pendant que les enfants « jouent » avec l'eau et le matériel, l'enseignant circule pour faire respecter les consignes, éviter les petits conflits, et repérer les diverses techniques et les éventuelles difficultés manipulatoires. C'est à partir de cette phase d'observation qu'on peut passer à la suivante.

- **Phase 3. Verbalisation/structuration (10 à 15 minutes)**

Regrouper les enfants dans la zone d'expression orale, non loin du « coin eau ». Assis par terre, en rond, les faire parler de ce qu'ils ont fait. C'est l'occasion de :
- faire désigner les objets par leur nom (bassine, bouteille, cuillère, etc.) en allant éventuellement les chercher au « coin eau » pour les montrer ;
- commencer à utiliser un vocabulaire spécifique (verser, remplir, plein(e), mouillé, gouttes, etc.) ;
- faire des recommandations pour apprendre à jouer ensemble (ne pas se disputer, mettre en commun le matériel) ;
- revenir sur le respect des consignes, notamment celle de ne pas faire tomber d'eau en dehors des bacs. On peut alors faire contrôler, *de visu*, les zones où l'on a manipulé « proprement », et celles où la consigne n'a pas été bien respectée.

- **Phase 4. Rangement et nettoyage (5 minutes)**

Enfin, inviter les enfants à ranger leur zone en mettant les objets dans la « caisse » et en essuyant avec la serpillière l'eau tombée à terre.

Évaluation

Les enfants sont-ils capables de respecter les consignes de propreté ?

:: Conseils

Presque tous les enfants de 2 à 4 ans apprécient de jouer avec l'eau, mais certains peuvent éprouver une réelle aversion pour ce milieu. Les repérer très rapidement et ne pas les « forcer ».

:: Prolongements

Cette séance peut être reconduite en modifiant les objets de la « caisse ». Le choix doit être motivé par l'objectif manipulatoire que l'on s'est fixé, afin que certains objets posent problème. Ainsi, on peut mettre dans la caisse des récipients plus ou moins grands mais aussi des passoires, des écumoires, des bouteilles percées, etc., si l'on veut travailler sur le transvasement (voir séance n° 2).
Autres exemples :
- entonnoirs, tuyaux (mais aussi tubes pleins) pour « faire passer l'eau dans les tuyaux » ;
- bateaux, bouchons, canards, etc. (mais aussi cailloux, monnaie, etc.) pour « faire nager » ;
- éponges, papier toilette, buvard (mais aussi papier aluminium) pour « absorber l'eau ».

Séance n° 2 Transvaser de l'eau

Section du cycle : Tout-petits/petits

:: Objectif : Apprendre à transvaser en choisissant des outils adaptés.

:: Concepts : **Les états de la matière :** les liquides coulent ; ils n'ont pas de forme propre. Il faut donc un récipient pour pouvoir les contenir et/ou les transporter.

La fonction des outils : le récipient permet de « garder l'eau », et la passoire permet de « laisser passer l'eau ».

:: Compétence : Se référer au tableau p. 15.

:: Condition préalable : Avoir réalisé la séance n° 1.

:: Préparation de la classe

- **Organisation matérielle**

Identique à la séance n° 1, en mélangeant les « tout-petits » et les « petits ».

- **Matériel**

Reprendre le matériel de la séance n° 1, avec un bac à eau peu rempli (1 à 2 L), en choisissant des bouteilles de tailles et de formes différentes (petit et gros goulots). Pour chaque groupe, ajouter quelques ustensiles de cuisine servant à égoutter (passoires, écumoires, tamis, chinois, etc.), et un grand récipient (saladier, casserole, grande boîte en plastique, etc.) d'une contenance de quelques litres, placé en dehors de la caisse des objets.
Prévoir un appareil photo et un tableau à 3 colonnes sur lequel on fixera les photos du transport de l'eau (voir exemple ci-dessous). Les colonnes 2 et 3 serviront aux séances nos 6, 7 et 8.

L'eau	Le sable	Les marrons
Images et/ou photos relatives au transport de l'eau (outils, activités)		

:: Déroulement de l'activité

- **Durée** : 40 minutes.

→ Description de l'activité

- **Phase 1. Préparation (5 à 10 minutes)**

Habiller les élèves d'un tablier imperméable et leur demander ce qu'ils vont faire, ainsi équipés. Ce questionnement permet de revenir sur la séance précédente en rappelant les consignes : « Ne pas sortir de sa zone » et « Ne pas faire tomber d'eau en dehors du bac ». Néanmoins, la deuxième consigne est à moduler, car les enfants doivent faire passer de l'eau, le plus proprement possible, du bac vers le grand récipient vide, sans déplacer ces deux récipients. Il faut donc s'assurer que cet objectif est bien compris de tous.

- **Phase 2. Expérimentation/observation (15 minutes)**

Pendant que les enfants manipulent, l'enseignant circule pour recentrer l'activité des élèves sur l'objectif de transvasement, pour faire respecter les consignes, pour éviter les petits conflits, et repérer les diverses techniques et les éventuelles difficultés manipulatoires. C'est à partir de cette phase d'observation que l'on peut passer à la suivante.

• **Phase 3. Verbalisation/structuration et trace écrite (10 minutes)**

Comme à la séance précédente, on demande aux enfants de se regrouper dans la zone d'expression orale. Assis par terre, en rond, les élèves sont invités à parler de leur activité manipulatoire :
- en désignant des objets nouveaux ou déjà utilisés (boîte, fourchette, jouet, cuillère, passoire, etc.) ;
- en utilisant à nouveau quelques mots du vocabulaire lié à l'eau (verser, remplir, plein(e), mouillé, gouttes, etc.).

Il ne faut pas perdre de vue que cette séance doit surtout permettre aux enfants de commencer à faire un premier tri entre les objets qui sont adaptés au transport de l'eau et ceux qui ne le sont pas. Il faut donc recentrer le discours des enfants sur cet objectif, en leur demandant comment ils ont fait pour transvaser l'eau. Il est souhaitable qu'ils puissent accompagner leurs explications d'une démonstration matérielle. Pour cela, prévoir dans la zone d'expression orale deux grands récipients, l'un avec de l'eau et l'autre vide, pour faire refaire les manipulations devant l'ensemble de la classe. On peut ainsi commencer un premier tri entre les objets (tels que les cuillères, les boîtes, éventuellement les bouteilles) qui sont adaptés au transport (mais aussi au stockage) de l'eau, et d'autres objets inadaptés à cette opération, comme la passoire ou l'entonnoir. On peut alors placer les photos et images adéquates dans la première colonne du tableau, relative au transport de l'eau.

• **Phase 4. Rangement et nettoyage (5 minutes)**

On peut dès à présent annoncer aux enfants qu'ils recommenceront ce « jeu » prochainement avec peut-être de nouveaux objets. Il leur reste enfin à essuyer l'eau tombée à terre avec la serpillière.

Évaluation

Les enfants arrivent-ils à transvaser l'eau sans en verser à côté, et sans renverser le récipient ?

:: Conseils

Cette séance a permis de trier les objets en deux familles : ceux qui sont aptes au transport (mais aussi au stockage) de l'eau et ceux qui ne conviennent pas. Mais attention ! L'aptitude à faire un tri systématique ne fait pas partie des compétences attendues des enfants de petite section. Par contre, dans le cas d'une classe à double niveau petits-moyens, un prolongement pour les plus grands peut être le tri de tous les objets initialement proposés, afin de les placer dans deux paniers distincts.

:: Ouverture transdisciplinaire

La course des « garçons » de café

Dans la cour (ou dans la salle de jeu), on place la moitié des enfants dans la zone A et l'autre moitié dans la zone B. Leur demander de traverser le plus vite possible la zone intermédiaire en tenant à la main un gobelet plus ou moins plein, sans se bousculer et sans renverser d'eau.

Séance n° 3 Essuyer l'eau

Section du cycle : Tout-petits/petits

:: **Objectif** : Apprendre à choisir les outils les mieux adaptés pour essuyer l'eau (uniquement pour les petits).

:: **Concepts** : La **conservation de la matière** : l'eau de l'éponge ne disparaît pas.
Les outils sont adaptés à une « **fonction** » : l'éponge et le torchon servent à essuyer, mais on ne s'essuie pas les mains avec une éponge.

:: **Compétence** : Se référer au tableau p. 15.

:: **Condition préalable** : Avoir réalisé la séance n° 2. Cette séance permet de revenir sur la précédente dont elle constitue un moment d'évaluation et de remédiation, car les enfants doivent vider un récipient avant de l'essuyer.

:: Préparation de la classe

- **Organisation matérielle**
Identique à celle de la séance n° 2, mais en regroupant les « tout-petits » qui refont la séance n° 2 avec quelques objets nouveaux (tubes, jouets de baignoire et pourquoi pas une éponge).

- **Matériel**
Reprendre le matériel de la séance n° 2, avec un bac contenant peu d'eau (moins de 1 L). Pour chaque groupe, ajouter une éponge, des morceaux de tissu (ou des torchons) que l'on ne montrera que le moment venu.

:: Déroulement de l'activité

- **Durée** : 45 minutes.

→ Description de l'activité

- **Phase 1. Préparation (5 à 10 minutes)**

Habiller les élèves d'un tablier imperméable et les faire s'asseoir dans la zone d'expression orale proche du « coin eau », pour les mettre au calme. Leur demander de rappeler ce qu'ils ont fait à la séance n° 2 :
– « Qui pourrait nous dire ce qu'on a fait, la dernière fois, avec l'eau ? » On attend qu'ils répondent qu'ils ont joué avec l'eau (bien évidemment), avec les « boîtes », « bouteilles », etc. On espère aussi qu'ils se rappelleront qu'ils ont vidé le bac pour remplir le « saladier ».
– « Comment avez-vous fait pour vider le bac et remplir le saladier ? Vous avez transporté l'eau avec vos mains, ou vous avez eu besoin de quelque chose ? »
– « Quels sont les objets de la caisse que vous avez pris pour transporter l'eau ? »
Une fois les rappels faits par les enfants, leur indiquer les nouvelles règles du « jeu » : vider **complètement** le bac en se servant des objets de la « caisse » et sans déplacer le bac. Les conduire au coin-eau en leur rappelant, une fois de plus, les consignes spécifiques à ce genre d'activité.

- **Phase 2. Expérimentation/observation (10 minutes)**

Pendant que les enfants manipulent, circuler pour recentrer l'activité des élèves sur l'objectif de transvasement et encourager ceux qui ne perdent pas de vue cet objectif. Vérifier aussi que les enfants utilisent les outils les mieux adaptés au transvasement (évaluation des acquis de la séance précédente et remédiation éventuelle). Ce n'est qu'en fin de transvasement que les difficultés manipulatoires apparaissent, à mesure que le niveau de l'eau baisse et que le nouvel objectif (le transvasement total) se dessine progressivement. De nouveaux outils sont alors nécessaires, mais les enfants n'en disposent pas ; une pose est donc nécessaire.

- **Phase 3. Verbalisation/structuration (5 à 10 minutes)**

Regroupés dans la zone d'expression orale, les enfants sont invités à parler de leurs manipulations et des difficultés qu'ils rencontrent pour vider *complètement* le bac. On doit alors leur demander de proposer des solutions (outils et/ou techniques). Il est probable qu'ils suggèrent de retourner le bac sur le grand récipient, mais il faut alors leur rappeler la règle du jeu : vider toute l'eau du bac dans le grand récipient, sans le déplacer mais en se servant d'outils. Si les enfants ne prennent pas l'initiative de réclamer de nouveaux outils (serpillière, éponge, etc.), on peut leur montrer quelques nouveaux objets parmi lesquels se trouvent les morceaux de tissus et l'éponge. Une fois que les enfants ont compris que l'éponge et/ou les morceaux de tissus sont adaptés à la tâche demandée, les renvoyer vers le coin eau pour finir de vider leur bac.

- **Phase 4. Expérimentation/observation et rangement (15 minutes)**

Les enfants doivent finir de vider l'eau de leur bac en se servant de l'éponge et des morceaux de tissus, mais une difficulté apparaît : alors que les enfants « plongent » l'éponge ou le tissu dans le bac pour pomper l'eau restante, ils ne doivent pas plonger ces objets dans le saladier plein d'eau. D'où la nécessité de circuler parmi les groupes pour les guider un peu. Si certains enfants veulent se servir de la serpillière (habituellement mise à leur disposition pour essuyer l'eau tombée autour du bac) pour essuyer le bac, les laisser faire.

Une fois les bacs bien vidés, il reste à essuyer le sol. Cette dernière étape fait partie intégrante de la séance : les élèves peuvent essuyer le sol avec les morceaux de tissus et l'éponge. L'activité est terminée quand tous les bacs sont secs, les objets rangés dans la caisse, et le sol du coin eau bien essuyé. Il ne reste plus qu'à aller aux lavabos, pour se laver les mains et les essuyer avec une serviette ou un torchon.

Évaluation

Les enfants sont-ils capables d'assécher une zone, d'essuyer un récipient ?

:: Ouverture transdisciplinaire

Peinture à l'éponge

On peut proposer aux enfants de réaliser une peinture sur papier avec une éponge à tremper dans plusieurs récipients d'eaux colorées (penser au récipient pour rincer l'éponge).

Séance n° 4 Remplir des bouteilles avec de l'eau

Section du cycle : Tout-petits/petits

:: Objectifs : Apprendre à remplir et à vider des bouteilles dans un bac à eau.

:: Concepts : Les **états de la matière** : les liquides coulent.

La **conservation de la matière** : l'eau passe d'un récipient à l'autre, mais ne disparaît pas.

:: Compétence : Se référer au tableau p. 15.

:: Condition préalable : Avoir assimilé les contraintes (confinement et propreté) spécifiques au coin eau.

:: Préparation de la classe

- **Organisation matérielle**
  Identique à celle de la séance n° 3.
- **Matériel**
  Pour chaque groupe un « bac à eau » à moitié plein (pour pouvoir immerger complètement les bouteilles) et une caisse contenant :
  – une bouteille en matière plastique transparente, peu volumineuse, avec un large goulot mais sans bouchon (ex. : bouteille de produit vaisselle), pour chaque élève ;
  – quelques ustensiles de dînette tels que verres, cuillères, fourchettes ;
  – un ou deux entonnoirs.
  Un tablier imperméable par enfant, et le matériel (serpillière, éponge et chiffons) pour assécher le coin eau en fin de séance.
  Prévoir en zone d'expression orale un exemplaire de tout ce matériel et des bouteilles très variées.

:: Déroulement de l'activité

- **Durée** : 40 minutes.

→ Description de l'activité

- **Phase 1. Préparation (10 minutes)**

Habiller les enfants d'un tablier imperméable et les faire asseoir dans la zone d'expression orale proche du coin eau. Leur présenter quelques bouteilles très différentes les unes des autres, en leur demandant ce que c'est. Il est probable qu'ils répondent : « c'est du yaourt à boire », « du shampoing », « du produit vaisselle », « du lait », car ils sont plus centrés sur les liquides contenus dans ces bouteilles que sur le contenant. Il est donc nécessaire d'avoir dans le lot au moins une bouteille transparente et vide pour recentrer l'attention de la classe sur le récipient « bouteille ». Présenter ensuite le nouveau « jeu » qui consiste à remplir, avec l'eau du bac, les bouteilles de la caisse et conduire les enfants au coin eau.

- **Phase 2. Expérimentation/observation (10 minutes)**

Pendant que les enfants manipulent, circuler pour recentrer l'activité des élèves sur l'objectif de remplissage et vérifier que ce sont les outils les mieux adaptés au transvasement qui sont utilisés (évaluation des acquis des séances précédentes et remédiation éventuelle). On peut arrêter les manipulations lorsque, dans chaque groupe, une bouteille est pleine. Rejoindre la zone d'expression orale.

- **Phase 3. Verbalisation/structuration (5 à 10 minutes)**

Les enfants assis par terre, en rond, sont invités à parler de ce qu'ils ont fait. C'est l'occasion de :
– faire désigner les objets par leur nom (bouteille, cuillère, entonnoir, etc.) et réutiliser des mots du vocabulaire lié à l'eau ;

– faire préciser les stratégies de remplissage (en mettant la bouteille sous l'eau, en la remplissant avec la cuillère, en se servant de l'entonnoir, etc.). Pour cette phase d'expression orale difficile, il faut permettre aux enfants qui s'expriment de montrer aux autres comment ils ont procédé (d'où la présence, dans la zone d'expression orale, d'un exemplaire du tout le matériel utilisé au coin eau).

- **Phase 4. Expérimentation/observation et phase de rangement (5 à 10 minutes)**

Inviter les enfants à retourner dans leur zone pour finir de remplir toutes les bouteilles mises à leur disposition. Dans cette dernière phase, ils doivent s'entraider pour une plus grande efficacité, notamment pour se servir de l'entonnoir. L'activité est terminée quand toutes les bouteilles sont pleines, essuyées et posées à côté du bac à eau, dans un coin-eau propre et sec.

Évaluation

Les enfants sont-ils capables de remplir :
- une bouteille à goulot large sans entonnoir ?
- une bouteille à goulot étroit avec un entonnoir ?

Prolongements

1. Remplir une bouteille au robinet

Après avoir rempli des bouteilles au coin eau, il reste à apprendre à faire la même chose au robinet, mais cela ne peut se faire avec toute la classe. Il faut donc procéder avec un seul groupe pendant que le reste de la classe mène une autre activité.

2. Des bouteilles et des bouchons

Dans le cas d'une classe à double niveau petits/tout-petits, ces derniers peuvent refaire la séance de remplissage simple des bouteilles, pendant que les plus grands s'intéressent aux bouteilles et aux bouchons. Le matériel est le même que pour la séance n° 4, sauf que les bouteilles sont de matériaux, de couleurs, de formes, de contenances, et de système de fermeture différents. Les enfants disposent en plus des bouchons nécessaires et suffisants pour que chaque bouteille puisse être fermée.

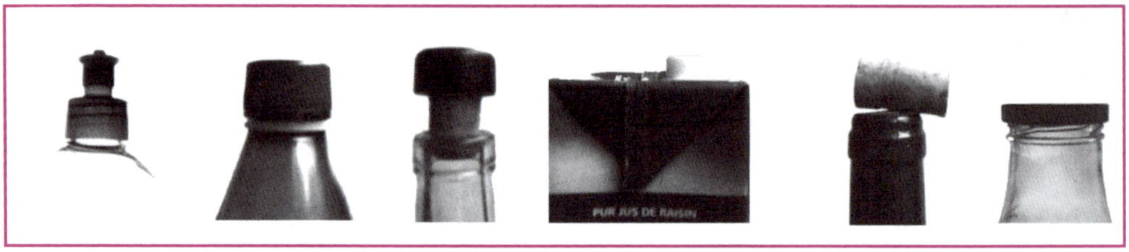

Certaines de ces bouteilles sont déjà plus ou moins pleines d'eau et bien fermées, alors que d'autres sont vides, avec le bouchon dans la caisse. L'objectif de cette nouvelle séance est de remplir d'eau toutes les bouteilles et de les refermer avec le bon bouchon.

3. Ce qu'on achète en bouteille

Recherche, identifier et découper dans des catalogues publicitaires, des images de bouteilles contenant des liquides alimentaires et des liquides non alimentaires. On peut ensuite faire un collage sélectif des images sur deux affiches intitulées « liquides à boire » et « liquides dangereux » et dotées d'une icône explicite.

Séance n° 5 Séparer les cailloux et l'eau

Section du cycle : Tout-petits/petits

Objectifs : Séparer les divers constituants d'un mélange hétérogène (eau, tout petits cailloux blancs et galets noirs) puis mettre ces trois matériaux dans trois bouteilles distinctes.
Savoir choisir les outils et les techniques de transvasement adaptés à la matière à transvaser.
Les objectifs sont donc manipulatoires et non pas notionnels.

Concept : Première discrimination entre liquide et solide reposant sur le critère de transportabilité.

Compétence : Se référer au tableau p. 15.

Condition préalable : Savoir remplir une bouteille avec un entonnoir.

Préparation de la classe

- **Organisation matérielle**
Identique à celle de la séance n° 4.
- **Matériel**
Pour chaque groupe : trois bouteilles pas forcément identiques mais transparentes, peu volumineuses, de préférence en matière plastique, et avec leur bouchon, le bac à eau vide d'eau. Placer dans le bac un récipient bien plus petit (environ un litre) contenant suffisamment d'eau pour recouvrir une poignée de tout petits cailloux blancs (gravier d'aquarium en vente dans les grandes surfaces et les animaleries) et quelques petits galets de couleur sombre (afin que les enfants distinguent bien les deux sortes de cailloux). Ajouter une caisse contenant quelques ustensiles de dînette tels que verres, cuillères, fourchettes, passoire, un ou deux entonnoirs, une éponge, mais aussi une ou deux seringues et éventuellement une ou deux pinces à épiler. Et bien sûr un tablier imperméable par enfant et une serpillière par groupe.

Déroulement de l'activité

- **Durée** : 45 minutes.

→ Description de l'activité

- **Phase 1. Préparation (10 minutes)**

Après avoir préparé les enfants, on leur présente le contenu d'un bac à eau, de manière à ce qu'ils puissent distinguer les divers matériaux contenus dans le petit récipient (celui-ci doit être transparent). Après leur avoir demandé de dire ce qu'ils voient, leur présenter le nouveau « jeu » :
« Dans une bouteille, il faut mettre tous les petits cailloux blancs ; dans une autre bouteille il faut mettre tous les cailloux noirs ; et dans la dernière bouteille il faut mettre toute l'eau de la boîte ; pour cela, vous pouvez vous servir de tout ce qui est dans la caisse. » Après s'être assuré que la consigne est bien comprise, il faut insister sur le fait qu'on souhaite un travail d'équipe, d'où la nécessité de s'entraider pour une plus grande efficacité (notamment pour se servir de l'entonnoir). Il ne reste plus alors qu'à inviter les enfants à rejoindre calmement leur zone en leur rappelant qu'on ne veut pas voir la moindre goutte en dehors du bac à eau.

- **Phase 2. Expérimentation/observation (10 à 15 minutes)**

Pendant que les enfants manipulent, circuler pour repérer les difficultés manipulatoires et pour recentrer l'activité des élèves sur le double objectif de tri et de remplissage. C'est aussi l'occasion de vérifier que ce sont les outils les mieux adaptés qui sont utilisés (évaluation des acquis des séances précédentes et remédiation éventuelle). Après dix minutes de manipulation, arrêter l'activité, quel qu'en soit l'avancement, et demander aux enfants de rejoindre la zone d'expression orale.

- **Phase 3. Verbalisation/structuration (5 à 10 minutes)**

Les enfants sont invités à parler de ce qu'ils ont fait. C'est l'occasion de :
- faire employer le nom des objets (bouteille, cuillère, entonnoir, pince à épiler, etc.) et le vocabulaire lié à l'eau (remplir, plein(e), vide, couler, goutte, etc.) ;
- faire préciser les stratégies de tri (avec les doigts, avec la fourchette, la pince à épiler ou la passoire pour ne pas se mouiller les mains, en renversant tout dans le bac à eau, etc.) ;
- faire préciser les stratégies de remplissage des bouteilles, selon qu'on a affaire à de l'eau (à la cuillère, avec l'éponge, avec la seringue, en versant directement avec ou sans entonnoir) ou aux cailloux (avec les doigts, la pince à épiler, avec l'entonnoir « mais ça coule pas bien »).

Pour cette phase de verbalisation, il faut mettre à disposition des enfants qui s'expriment un exemplaire de tout le matériel mis à disposition au coin eau. Ils peuvent ainsi associer le geste à la parole, en montrant aux autres comment ils ont procédé.

- **Phase 4. Expérimentation/observation et phase de rangement (5 à 10 minutes)**

Inviter les enfants à retourner dans leur zone élèves pour finir le tri sélectif. On peut aussi choisir de reporter la fin du travail à une nouvelle séance, pour « tenir l'horaire ». Il suffit alors de boucher les trois bouteilles. Dans tous les cas, il reste à ranger le matériel et à essuyer les éventuelles éclaboussures.

Évaluation

Les enfants sont-ils capables de :
- retirer les cailloux du liquide, avec une passoire, une fourchette, les doigts, la pince à épiler ?
- choisir le bon instrument pour remplir une bouteille d'eau, de sable, de graines, etc. ?

Prolongement

Refaire la même chose, mais sans se mouiller les mains

Si la séance décrite ci-dessus s'est bien passée, on peut envisager de la refaire, mais avec une contrainte supplémentaire : ne pas se mouiller les mains. Cela impose une anticipation des choix expérimentaux, qui exclut, *de facto*, les tout-petits (ils sont dispensés de la contrainte et peuvent donc se mouiller les mains).

Séquence : Manipuler des objets techniques

Séances n°s 6, 7 et 8 Transporter la matière

Section du cycle : Tout-petits/petits

:: **Objectifs** : Choisir parmi un ensemble d'outils ceux qui sont les mieux adaptés au transport d'un solide finement divisé : le sable.
Par des situations de jeu, développer la capacité de l'enfant à utiliser correctement ces outils.

:: **Concepts** : Les **objets servant au transport** : fonction et mode d'emploi.
Les **états de la matière** : la matière ne se transporte pas de la même manière selon son état physique et (pour les solides) selon la taille des morceaux.

:: **Compétence** : Se référer au tableau p. 15.

:: **Condition préalable** : Avoir effectué la séance n° 2 « Transvaser de l'eau ».

:: Préparation de la classe (séances n°s 6, 7 et 8)

- **Organisation matérielle**
  Atelier dirigé de 8 élèves répartis en deux groupes de 4.
  Aménager « un coin » dans la classe pour que les enfants puissent manipuler et transporter le sable aisément. Ce « coin » sera divisé en deux parties bien distinctes (une pour chaque groupe de 4 enfants).
- **Matériel**
  Chaque coin dispose d'une table avec une bassine ou un récipient contenant la matière (sable ou marrons) et d'un autre récipient situé à quelques mètres dans lequel les enfants iront « porter » la matière.
  Séance n° 6 : une caisse avec différents objets qui permettent de transporter l'eau mais pas aisément le sable (compte gouttes, éponges, seringues, buvard,etc.).
  Séances n°s 7 et 8 : une caisse avec différents objets qui permettent de transporter le sable et les marrons, et des objets qui ne permettent pas de transporter aisément ces deux matières.
  Exemples de contenu des caisses : gobelets, boîtes en plastique, gros bouchons en plastique (doses pour la lessive liquide), timbales, cuillères, passoires, tamis, filtres en papier, louches, écumoire, passoire, fourchette, pinces à escargots, pinces à salade, pinces à cornichons, etc.
- **Documents pour la trace écrite**
  Des photos ou images des différents outils et des photos des enfants en train de manipuler les objets et de transporter les matières, lors des différentes séances (n°s 2, 6, 7 et 8).
  Le tableau à trois colonnes déjà utilisé au cours de la séance n° 2, sur lequel sont déjà fixées les images et photos relatives au transport de l'eau. Ce tableau servira de « mémoire » pour toute la séquence sur le transport de la matière.

:: Déroulement des activités

- **Durée** : 30 à 35 minutes.

→ Description de l'activité (séance n° 6)

• **Phase 1. Préparation (5 minutes)**

Pour le bon déroulement de la séance, il faut, dans un premier temps, rappeler les consignes, à savoir : « Ne pas sortir de sa zone », « Essayer de transporter le sable le plus proprement possible en évitant d'en mettre par terre », « Ne pas jeter le sable ». Ensuite on peut présenter l'activité, sous forme d'une « situation-problème », en donnant la consigne suivante : « Transportez le sable en utilisant les outils qui se trouvent dans la caisse. »

• **Phase 2. Activité (15 minutes)**

Les élèves manipulent, tâtonnent, expérimentent pour trouver les meilleurs outils pour transporter le sable. Très vite, ils prennent conscience qu'il est difficile, voire impossible, de transporter le sable avec les outils mis à leur disposition.

Pendant que les élèves manipulent, l'enseignant circule pour :

- rappeler les consignes de propreté ;
- amener les enfants à trouver les mots qui accompagnent le geste ;
- observer les stratégies ;
- recentrer l'activité sur l'objectif de transporter le sable ;
- remédier aux difficultés de manipulation ;
- gérer les petits conflits entre enfants si besoin.

C'est à partir de cette phase qu'on peut aborder la phase suivante.

• **Phase 3. Verbalisation et d'élaboration de la trace écrite (5 minutes)**

L'enseignant demande aux enfants de se regrouper dans la zone d'expression orale pour parler de l'activité qu'ils viennent de vivre. C'est l'occasion de :

- nommer les objets, les montrer si besoin ;
- faire émerger le fait que les outils ne sont pas adaptés pour transporter le sable mais qu'ils l'étaient pour transporter l'eau ;
- ressortir le tableau de la séance n° 2 pour se souvenir des divers outils utilisés pour transvaser l'eau.

L'eau	Le sable	Les marrons
Images et/ou photos relatives au transport de l'eau (outils, activités)		

Pour cette phase, il est souhaitable que les enfants puissent « joindre le geste à la parole ». L'enseignant doit donc avoir prévu trois récipients : l'un avec du sable, un autre avec de l'eau et un récipient vide).

• **Phase 4. Rangement et de nettoyage (5 minutes)**

On peut dire aux enfants qu'ils auront encore l'occasion de jouer avec le sable prochainement avec d'autres outils, mais qu'en attendant, il reste à ramasser le sable tombé par terre avec des ramasse-poussière.

→ Description de l'activité (séance n° 7)

• **Phase 1. Rappel de la séance précédente (5 minutes)**

Les enfants sont habitués à jouer avec l'eau et le sable, mais il est nécessaire de les préparer à cette nouvelle activité en les regroupant. C'est l'occasion de rappeler la séance n° 6. « Qu'avons-nous fait avec le sable et les outils la dernière fois ? » On s'attend à ce qu'ils répondent que les outils ne fonctionnaient pas pour transporter le sable. L'enseignant peut utiliser le tableau qui sert de trace écrite, afin d'aider les enfants à se souvenir. Une fois les rappels faits, on peut présenter la nouvelle activité.

• **Phase 2. Activité (15 minutes)**

Même déroulement que pour la séance n° 6. Les enfants utilisent les nouveaux objets pour transporter le sable.

- **Phase 3. Verbalisation (10 minutes)**

L'enseignant demande aux enfants de se regrouper dans la zone d'expression orale pour parler de l'activité qu'ils viennent de vivre. C'est l'occasion :

- de nommer les objets, les montrer si besoin ;
- de trier les outils : ceux qui transportent aisément le sable et ceux qui ne sont pas adaptés ;
- d'élaborer la trace écrite de la séance.

On peut alors leur proposer de remplir la deuxième colonne du tableau sur le transport de la matière avec des images et photos adéquates.

L'eau	Le sable	Les marrons
Images et/ou photos relatives au transport de l'eau (outils, activités)		

- **Phase 4. Rangement et de nettoyage (5 minutes)**

On peut dire aux enfants qu'ils auront encore l'occasion de jouer avec une autre matière prochainement. Mais il reste à ramasser le sable tombé par terre avec des ramasse-poussière.

→ Description de l'activité (séance n° 8)

- **Phase 1. Rappel de la séance précédente (5 minutes)**

Les enfants sont habitués à utiliser les objets pour transporter des matières mais il est nécessaire de les préparer à cette nouvelle activité en les regroupant. C'est l'occasion de rappeler la séance précédente : « Qu'avons-nous fait avec le sable et les outils la dernière fois ? » L'enseignant peut utiliser la trace écrite et les photos prises lors des séances précédentes afin d'aider les enfants à se souvenir. Une fois les rappels effectués, on peut présenter la nouvelle matière à transporter.

- **Phase 2. Activité (15 minutes)**

Même déroulement que pour la séance n° 7. Les enfants utilisent les objets pour transporter les marrons. Ils prennent conscience que certains outils ne permettent pas de transporter les marrons.

- **Phase 3. Verbalisation (durée 10 minutes)**

L'enseignant demande aux enfants de se regrouper dans la zone d'expression orale pour parler de l'activité qu'ils viennent de vivre. C'est l'occasion de :

- nommer les objets, les montrer si besoin ;
- trier les outils (ceux qui transportent aisément les marrons et ceux qui ne sont pas adaptés) ;
- se souvenir des séances précédentes (n° 6 et n° 7) avec les photos ;
- terminer d'élaborer la trace écrite de la séquence, en remplissant la troisième colonne du tableau.

- **Phase 4. Rangement et de nettoyage (5 minutes)**

Les enfants ramassent les marrons tombés par terre.

Évaluation (séances n°s 6, 7 & 8)

Elle s'effectue par observation pendant les différentes séances. Les enfants sont-ils capables de manipuler les outils correctement et de respecter la consigne de transport ?

:: Prolongement

On proposera d'autres outils ou d'autres matières (boules de polystyrène, gravier, etc.) à transporter pour permettre de comparer. On peut alors, pendant une période, aménager « un coin manipulation » dans la classe pour que les enfants puissent réinvestir leurs acquis.

Séances nos 9 et 10 Utiliser la lampe de poche

Section du cycle : Tout-petits/petits

:: **Objectifs** : Par l'utilisation de la lampe dans une situation de jeu, découvrir sa fonction et son mode d'utilisation ; développer l'habileté de l'utilisateur.

:: **Concept** : Un objet technique : la lampe de poche.

:: **Compétence** : Se référer au tableau p. 15.

:: Préparation de la classe (séances nos 9 et 10)

- **Organisation matérielle**

Il est souhaitable d'organiser cette séance pendant l'hiver quand il fait encore très sombre le matin.
La séance se déroule en demi-classe dans la salle de classe assombrie ou dans un autre local qu'il est possible de rendre obscur (dortoir, BCD, salle de projection, etc.).
Avant l'arrivée des enfants, l'enseignant accroche dans la classe ou dans le local des reproductions, des affiches, des **images**, etc. Si la séance est prévue dans la salle de classe, il est préférable d'organiser l'accueil dans un autre lieu ce jour-là. Il faut aussi aménager l'espace pour que les enfants puissent se déplacer sans être « trop gênés » par le mobilier.

- **Matériel**

Il est possible d'utiliser des reproductions d'œuvres d'art, des affiches, des images de magazines, des posters, des photos de paysages, d'animaux, de fleurs, etc. Les formats ne doivent pas être trop petits.
Pour chaque enfant : une lampe de poche (on peut leur demander d'en apporter une de la maison), des petites cartes avec des images sur lesquelles seront isolés et agrandis des détails, des personnages ou des animaux des reproductions, affiches ou images. Ces images pourront être réalisées à l'aide d'un scanner et plastifiées.

:: Déroulement des activités

- **Durée** : 35 minutes.

→ Description de l'activité (séance n° 9)

- **Phase 1. Préparation (10 minutes)**

L'enseignant regroupe les enfants pour leur présenter la lampe de poche. C'est l'occasion de vérifier s'ils connaissent le nom et l'usage de cet objet. Il montrera aux enfants les différentes parties de la lampe, l'ampoule, l'endroit pour mettre les piles, l'interrupteur pour la mise en marche et le crochet pour fermer le boîtier.
Avant de conduire les enfants dans le local où aura lieu l'activité, l'enseignant distribue une lampe de poche à chacun.

- **Phase 2. Activité (15 minutes)**

Avant d'entrer dans la classe ou le local assombri, l'enseignant demande aux enfants d'allumer leur lampe de poche. Dans un premier temps, il est nécessaire de laisser un temps libre de découverte et de manipulation de la lampe. Puis l'enseignant distribuera à chacun une petite carte avec un détail à retrouver sur les murs de la classe.
Consignes : « Vous allez entrer dans la classe. Avec la lampe de poche, vous allez observer les images sur les murs. » « Puis, vous allez essayer de retrouver la petite image de votre carte. »

Pendant que les élèves manipulent les lampes de poche pour répondre à la consigne, l'enseignant circule et observe les réactions des enfants sans apporter son aide. C'est à partir de ce temps d'activité que l'on peut aborder la phase suivante.

- **Phase 3. Verbalisation (10 minutes)**

L'enseignant demande aux enfants de se regrouper dans une zone d'expression orale pour parler de l'activité qu'ils viennent de vivre. C'est l'occasion de poser aux enfants les questions suivantes : « Avez-vous retrouvé l'image de votre petite carte ? » , « Si oui, comment avez-vous fait ? », « Si non, pourquoi ? ».

Cette phase de verbalisation permet de faire prendre conscience aux enfants qu'il est nécessaire de bien orienter la lampe de poche. La lumière doit être en face de l'image pour pouvoir observer et retrouver le détail.

Pour joindre le geste à la parole, l'enseignant doit avoir prévu une affiche et une lampe de poche. Il peut alors orienter la lumière de la lampe de différentes façons et demander aux enfants si l'image est bien éclairée.

Évaluation

Elle s'effectue par observation pendant la séance. L'élève a-t-il su observer avec la lampe de poche pour retrouver l'image de sa petite carte ?

Certains élèves n'auront peut-être pas retrouvé l'image. La deuxième séance permet la remédiation.

Description de l'activité (séance n° 10)

- **Phase 1. Préparation (10 minutes)**

Regrouper les enfants pour rappeler la séance précédente. C'est l'occasion de se souvenir et de rappeler comment bien utiliser la lampe de poche, comment bien orienter la lumière pour retrouver un détail dans une reproduction.

- **Phase 2. Activité (15 minutes)**

Idem que la séance précédente. Quand un enfant a retrouvé son image, lui distribuer une autre petite carte à retrouver.

- **Phase 3. Verbalisation (5 minutes)**

Cette phase permet de vérifier si les enfants ont bien compris l'utilisation de la lampe de poche.

:: Ouverture transdisciplinaire

Arts visuels

Projeter la lampe de poche sur un fond sombre et dessiner les ombres qu'elle produit.

Théâtre

Utiliser la lampe de poche pour produire des effets, des jeux de lumière.

Chapitre 6

Découvrir le vivant

:: Continuité des apprentissages en maternelle

:: Repères pratiques

:: Séances 1 à 17

Valérie Bouquillon
Brigitte Faure-Vialle
Didier Malafosse

Continuité des apprentissages en maternelle

Observer les caractéristiques du vivant

	1re année	2e année	3e année	Grande section
Sait retrouver l'ordre des étapes de développement d'un animal ou d'un végétal	peut être travaillé	peut être travaillé	à travailler prioritairement	à travailler prioritairement
Sait reconstituer l'image du corps humain, d'un animal ou d'un végétal à partir d'éléments séparés	peut être travaillé	à travailler prioritairement	à travailler prioritairement	à consolider
Sait reconnaître les manifestations de la vie animale et végétale, les relier à de grandes fonctions (croissance, nutrition, locomotion, reproduction)	peut être travaillé	peut être travaillé	à travailler prioritairement	à travailler prioritairement

Découvrir différents milieux, se sensibiliser aux problèmes de l'environnement

	1re année	2e année	3e année	Grande section
Sait repérer quelques caractéristiques des milieux				
• environnement proche	peut être travaillé	peut être travaillé	à travailler prioritairement	à travailler prioritairement
• environnement lointain, moins familier			peut être travaillé	à travailler prioritairement
• environnement marqué par l'activité humaine			peut être travaillé	à travailler prioritairement
Sait adopter une attitude responsable		peut être travaillé	peut être travaillé	à travailler prioritairement

Découvrir son corps, se sensibiliser aux problèmes d'hygiène, de santé et de sécurité

	1re année	2e année	3e année	Grande section
Connaît et sait appliquer quelques règles d'hygiène du corps, des locaux et de l'alimentation				
• lavage des mains, des dents	à travailler prioritairement	à travailler prioritairement	à consolider	à consolider
• rangement, propreté	à travailler prioritairement	à travailler prioritairement	à consolider	à consolider
• régularité des repas, composition des menus			peut être travaillé	à travailler prioritairement
Sait prendre en compte des risques de la rue et ceux de l'environnement proche ou plus lointain				
• piétons et véhicules	à travailler prioritairement	à travailler prioritairement	à consolider	à consolider
• objets et comportements dangereux (produits toxiques)	à travailler prioritairement	à travailler prioritairement	à consolider	à consolider
• risques majeurs				à travailler prioritairement
Sait repérer une situation inhabituelle ou de danger, demander de l'aide pour être secouru ou porter secours	peut être travaillé	peut être travaillé	à travailler prioritairement	à travailler prioritairement

Enrichir et développer les aptitudes sensorielles

	1re année	2e année	3e année	Grande section
Décrire, comparer et classer des perceptions élémentaires	à travailler prioritairement	à travailler prioritairement	à consolider	à consolider
Associer à des perceptions déterminées les organes des sens qui correspondent	peut être travaillé	à travailler prioritairement	à consolider	à consolider

Légende :
- à travailler prioritairement
- à consolider
- peut être travaillé

Repères pratiques

1. Les axes forts du domaine d'activités

Les dix-sept séances proposées pour la petite section de maternelle (tout-petits et petits) s'organisent autour des trois parties du programme « Découvrir le vivant à l'école maternelle » dont les axes essentiels sont les suivants.

A Partie 1 : Observation des manifestations de la vie

« Élevages et plantations constituent un moyen privilégié de découvrir le cycle que constituent la naissance, la croissance, la reproduction, le vieillissement, la mort » (extrait du *BO* du 19 juin 2008). Cette première partie met l'accent sur l'observation des animaux (et des plantes) que les élèves apprennent à décrire et à comprendre quant à leur fonctionnement. C'est l'occasion de mettre en place dans la classe des élevages et des cultures, support privilégié de verbalisation et de responsabilisation. De nombreux échanges avec l'adulte vont permettre l'émergence d'un questionnement productif et la construction des connaissances.

En petite section, l'enfant peut retrouver l'ordre des étapes de développement d'un végétal ou d'un animal à partir de deux images séquentielles pour les tout-petits, et trois chez les petits. De la même manière, il peut reconstituer l'image du corps humain, ou d'un animal ou encore d'un végétal à partir d'éléments séparés, avec deux (tout-petits) ou trois images (petits). Quelques manifestations de la vie animale peuvent être abordées simplement, comme la locomotion ou l'alimentation chez les tout-petits, et la croissance chez les petits. Le végétal qui se nourrit et grandit peut être envisagé chez les petits.

B Partie 2 : Découverte de différents milieux, sensibilisation aux problèmes de l'environnement

« Les enfants sont sensibilisés aux problèmes de l'environnement et apprennent à respecter la vie » (extrait du *BO*). L'axe fort de cette deuxième partie est centré avec des tout-petits et petits sur la découverte de l'environnement proche observé à partir de situations concrètes : la classe, l'école, le quartier, etc. Il est tout à fait possible, même en petite section, de débuter une initiation à une attitude responsable en veillant à rester dans un milieu proche : respect de la classe, soins aux animaux si un élevage a été mis en place, entretien des plantations (avec l'aide du professeur).

C Partie 3 : Découverte du corps et sensibilisation aux problèmes d'hygiène, de santé et de sécurité

« Les enfants découvrent les parties du corps et les cinq sens, leurs caractéristiques et leurs fonctions. Ils sont intéressés à l'hygiène et à la santé, notamment à la nutrition. Ils apprennent les règles élémentaires de l'hygiène du corps » (extrait du *BO*). Cette partie met l'accent, en petite section, sur les règles d'hygiène du corps (lavage des mains, dents) et des locaux que les élèves apprennent à ranger et à maintenir propres. Un deuxième axe fort, dans cette partie, est celui concernant la sécurité dans un environnement proche et familier (rue, maison, etc.).

2. Les spécificités de la section

Les différents aspects de la découverte du vivant ne peuvent être abordés qu'à partir de **mises en situation et d'observation du réel** qui répondent à la curiosité des enfants. En maternelle, l'important est qu'ils repèrent et nomment **ce qu'ils observent**. L'essentiel est de prendre conscience de la **diversité** du monde vivant et des différents milieux tout en identifiant quelques-unes des **caractéristiques communes** aux végétaux, aux animaux et à l'enfant lui-même.

A Partir du réel

Toutes les séances proposées ici s'appuient le plus possible sur le réel. Il est en effet souhaitable de partir de mises en situation (occasionnelles ou provoquées) où les élèves se sentent personnellement concernés. À partir de ces situations motivantes intégrant le plus possible le vivant, des questions émergent spontanément. La recherche de solutions aux problèmes scientifiques posés se fera le plus possible chez les petits par l'observation et la comparaison.

B Observer

Observer à l'école primaire est une véritable démarche scientifique à privilégier, l'expérimentation étant difficile à mettre en œuvre pour de jeunes élèves. Pour des enfants de 2 ou 3 ans, les premières observations sont fondamentales pour les aider à traiter l'ensemble des observations et à trouver ce qui est observable et ce qui est à observer. Le professeur doit bien sûr privilégier l'observation libre à cet âge, mais il peut les guider petit à petit pour orienter leur attention sur ce qui est à observer (exemple : dans un élevage de chenilles, l'attention des enfants peut être attirée par les boîtes, l'environnement ; c'est pourquoi le professeur doit rendre les chenilles bien observables). L'observation doit être suivie d'une production écrite, souvent un dessin d'observation. Le professeur demande aux élèves de dessiner ce qu'ils voient, c'est-à-dire de quitter peu à peu les dessins affectifs pour prendre davantage en compte les éléments du réel.

C Prendre conscience de la diversité du vivant et des milieux et identifier les caractéristiques communes aux êtres vivants

Le vivant est caractérisé par sa diversité et également par son unité. Dès le plus jeune âge, on peut familiariser les enfants en diversifiant les élevages d'animaux, les plantations de végétaux, l'étude des milieux, etc. Pour illustrer l'unité du vivant, il est intéressant de comparer les cycles de vie d'animaux différents, de végétaux. L'étude des manifestations de la vie animale et végétale reliée aux grandes fonctions (croissance, nutrition, reproduction, locomotion) est fondamentale pour montrer les caractéristiques communes aux êtres vivants et donc leur unité.

3. Éléments didactiques et pédagogiques

« Pourquoi de la "biologie" à l'école maternelle ? » On sait que le jeune enfant s'intéresse spontanément aux êtres vivants, les animaux surtout. Cependant, le très jeune enfant est animiste, c'est-à-dire que, pour lui, tout est « animé », et donc sa conception du « vivant » est très éloignée de la conception scientifique. Par conséquent, il est nécessaire de sensibiliser les tout-petits et les petits au vivant. De plus, sachant que c'est l'âge de l'intelligence sensorielle et motrice, les activités du professeur seront surtout de type sensori-moteur et donc nécessiteront des supports le plus possible réels (animaux, plantes, etc.). C'est sur ces quelques éléments que s'appuient les séances proposées ci-après, avec des activités d'investigation (motrices ou sensorielles) et de structuration qui permettent, peu à peu, de faire émerger un savoir biologique à partir de la découverte du monde.

Les activités d'investigation sont quasiment identiques dans toutes les sections de maternelle ; elles sont de deux types :

- les activités motrices (observer d'autres êtres vivants et traduire par son corps [expression corporelle] le résultat de l'observation) : ce type d'activités se pratique très bien avec les petites ou moyennes sections ;
- les activités de soins aux élevages et aux cultures peuvent être développées surtout en grande section, le professeur restant responsable du maintien en vie des animaux et des végétaux.

Les moments structurants peuvent suivre une programmation tout au long de la maternelle. En petite section, la notion de vivant peut être initiée à partir d'exemples d'animaux et de végétaux, par comparaison avec un être vivant témoin présent dans la classe. Le critère de choix pour les exemples s'appuie prioritairement en maternelle sur la diversité sensorielle, et bien sûr le plaisir et la facilité pour le professeur.

Un ouvrage de référence est recommandé : Coquide-Cantor M., Giordan A., *L'Enseignement scientifique à l'école maternelle*, Z'Éditions, 1997.

Séquence : Observer les caractéristiques du vivant

Séance n° 1 La vie du papillon

Section du cycle : Tout-petits/petits

:: **Objectif** : Découvrir la vie animale à travers un élevage de papillons.

:: **Concept** : Le vivant.

:: **Compétence** : Se référer au tableau p. 15.

:: **Capacités** : Savoir retrouver l'ordre des étapes de développement d'un animal.
Savoir adopter une attitude responsable.

:: **Condition préalable** : Le professeur s'est procuré des chenilles à l'office pour les insectes et leur environnement (http://www.insectes.org).

:: Préparation de la classe

- **Organisation matérielle**
  Atelier de 8 élèves autour d'une table sur laquelle est déposée la serre à papillons.
- **Matériel**
  Le kit « 5 chenilles » comprend : une serre à papillons, 5 chenilles appelées « belles-dames », des substances nutritives, un mode d'emploi, un poster format A3, 30 images de papillons et de chenilles et un support pédagogique ; des feuilles de format A4, de la colle ; un appareil photo numérique.
- **Documents**
  Plusieurs images de papillons et de chenilles.

:: Déroulement de l'activité

- **Durée : 20** minutes pour chaque phase.
- **Modalités de travail :** atelier de 8 élèves qui observent tous ensemble (observation libre au départ puis davantage guidée ensuite), puis qui dessinent individuellement (pour les 3 phases d'observation). Enfin, pour la phase de représentation du réel, chaque élève retrouve individuellement l'ordre des étapes du développement du papillon.

→ Description de l'activité

- **Phases d'observation du réel.** La consigne est la même pour les trois phases d'observation à des moments différents du cycle de vie du papillon : « observez bien puis vous allez dessiner ce que vous avez observé ». Les enfants observent la chenille, puis la chrysalide et enfin le papillon. Après une discussion collective qui amène les enfants à comprendre que la chenille se transforme en papillon, le professeur pose la question suivante : « Comment peut-on représenter le fait que la chenille se transforme en papillon ? »
- **Phase de représentation du réel.** Une feuille de format A4, des photos prises des chenilles observées et des papillons ainsi qu'une étiquette sur laquelle est représentée une flèche (qui signifie « se transforme en ») sont placées devant chaque élève ; le professeur donne la consigne suivante : « Mets dans l'ordre la chenille et le papillon et place la flèche entre les deux pour montrer celui qui apparaît en premier et qui se transforme ensuite ; puis tu les colles sur la feuille. »

Résultats attendus

- **Pour les trois phases d'observation**, le professeur attend que les élèves focalisent leur attention sur les chenilles, velues et courbées, puis sur les chrysalides (que les enfants vont appeler « sacs ») et enfin sur les papillons ; en effet, observer s'apprend et l'élève en petite section doit apprendre à trouver ce qui est à observer (et non ce qui est observable). Le vocabulaire employé étant plus ou moins précis au début, le professeur veillera à le faire évoluer au fur et à mesure des observations ; il attend les mots suivants : *velues*, *poilues*, *pattes*, *chenille*, *papillon*, *ailes*, *chrysalide*, etc. ; il attend aussi un début d'argumentation, c'est-à-dire une différence entre l'observation et ce que l'on peut en déduire (« le papillon vole parce qu'il a des ailes »).
- **Pour la phase de représentation.** Le professeur attend que l'élève place la chenille avant le papillon, et qu'il comprenne que la flèche entre les deux signifie que la chenille se transforme en papillon.

Évaluation

La validation sera effectuée par le professeur qui s'assurera de la compréhension du bon vocabulaire précis et de son utilisation correcte lorsque l'enfant observe les chenilles, les chrysalides et les papillons. De plus, il veillera à ce que l'enfant place correctement la chenille qui se transforme en papillon.

:: Conseils

- **L'observation en PS :** observer s'apprend, c'est une activité intellectuelle qui nécessite un long apprentissage. C'est une véritable démarche scientifique qui doit être commencée très tôt.
- **La chrysalide :** il n'est pas sûr du tout qu'un lien soit fait entre chenilles et chrysalides. Approcher la métamorphose est prématuré à cet âge, les enfants de PS n'ayant pas conscience de cette transformation (ces notions sont abordées en moyenne et grande sections).
- **L'élevage :** les enfants prennent conscience qu'il faut prendre soin de l'élevage et participent, avec l'aide du professeur, à l'entretien. Ils comprennent aussi qu'ils ne peuvent pas prendre les chenilles dans leurs mains parce qu'elles sont fragiles et qu'elles peuvent donner des boutons (problèmes d'allergies pour certains).

:: Prolongement

Comparer la transformation de la chenille en papillon avec d'autres exemples d'animaux et de végétaux.

:: Définitions

Cycle de vie du papillon : durant sa vie, un papillon, insecte à métamorphose complète, passe par quatre stades : l'œuf, la chenille, la chrysalide et enfin le papillon.

La larve, ou **chenille**, issue de l'**œuf** est très différente de l'adulte sur les plans suivants : morphologie, nutrition et mode de vie. Elle représente la phase de croissance et de nutrition. Elle subit des mues au cours de sa croissance qui s'arrête à un moment donné où l'animal mène une vie ralentie au cours de la nymphose. De la **nymphe** naît un insecte qui a terminé sa croissance et son développement, et peut se reproduire. Un tel développement indirect (larve et adulte très différents) comporte une métamorphose complète (ensemble des transformations) qui est caractérisée par le stade de **nymphe inerte, appelée chrysalide**.

Séance n° 2 Le schéma corporel

Section du cycle : Tout-petits/petits

:: **Objectifs** : Prendre conscience de la forme globale du corps, nommer ses différentes parties et savoir les situer les unes par rapport aux autres. Approcher la notion de schéma corporel.

:: **Concept** : Le vivant.

:: **Compétence** : Se référer au tableau p. 15.

:: **Capacité** : Savoir reconstituer l'image du corps humain à partir d'éléments séparés (3 images avec les petits, 2 images avec les tout-petits).

:: **Conditions préalables** : Une séance de langage a été organisée auparavant à l'aide d'une poupée. Les enfants montrent et nomment : la tête, les bras, les jambes, le ventre, la poitrine.

:: Préparation de la classe

- **Organisation matérielle**
  Atelier de 8 élèves réunis autour d'une même table.
- **Matériel**
  De la cartoline, 2 pantins (un articulé et l'autre séparé en plusieurs parties).

:: Déroulement de l'activité

- **Durée** : 30 minutes.
- **Modalités de travail** : atelier dirigé de 8 élèves qui travaillent tous ensemble sauf pour le deuxième temps de la phase d'investigation où ils sont en individuel.

→ Description de l'activité

- **Phase 1 : situation de départ (10 minutes).** Après avoir joué avec le pantin de la classe sur lequel les enfants reconnaissent les parties du corps en les nommant, le professeur donne la consigne suivante : « Vous allez faire la même chose que le pantin » (il lève les 2 bras, une jambe, il met ses mains sur la tête, il cache ses yeux, il caresse son ventre, etc.). Pour amener les élèves à bien situer les différentes parties les unes par rapport aux autres, le professeur montre ensuite un pantin avec les différentes parties du corps séparées : « Comment faire pour reconstituer notre pantin et qu'il puisse bouger comme avant ? »
- **Phase 2 : investigation par l'observation (10 minutes).** Dans un premier temps, en comparant le pantin entier et celui « en morceaux », les élèves font des propositions au professeur pour remettre les éléments à la bonne place, en expliquant : « la tête du pantin est au-dessus du tronc, les bras sont sur le côté ». Dans un second temps, chaque enfant doit reconstituer le pantin à partir de 3 parties séparées, découpées dans la cartoline (la tête, le tronc et les membres).
- **Phase 3 : structuration (verbalisation) (10 minutes).** Sous forme de jeu de devinettes, les enfants doivent retrouver les parties de leur corps, en les situant et en donnant le rôle de chacune (« Qu'est-ce qui se trouve en bas de mon corps ? » : « Ce sont mes jambes qui me servent à marcher. »).

Résultats attendus

Les différentes parties du corps du pantin doivent être placées au bon endroit, et chaque élève doit pouvoir les nommer : la tête, le tronc et les membres (bras et jambes).
Chaque élève doit savoir reconnaître et montrer chaque partie de son corps en la nommant, situant les parties les unes par rapport aux autres et en donnant leur rôle.

Évaluation

La validation sera effectuée par le professeur qui s'assurera de la compréhension du bon vocabulaire précis et de son utilisation correcte lorsque l'enfant reconstitue le pantin. Le professeur veillera également à la mise en place correcte des différentes parties du corps du pantin.

:: Conseils

Pour fabriquer un pantin, il faut prévoir de la cartoline, en évitant le carton épais difficile à découper, ainsi que des attaches parisiennes ou des brins de laine et un poinçon. Une silhouette est dessinée sur la cartoline puis découpée. Ensuite, des sections sont faites au niveau des articulations, puis les parties séparées sont réunies par des morceaux de laine ou des attaches parisiennes placés dans des trous, réalisés auparavant avec un poinçon. La fabrication d'un pantin est une activité intéressante à réaliser en cycle 2 avec les élèves (en individuel ou en groupe), lors d'un travail sur les mouvements et les articulations. En petite section, le pantin est fabriqué par le professeur.

:: Ouverture transdisciplinaire

Motricité

De nombreux exercices de motricité peuvent être l'occasion de faire prendre conscience aux élèves de leurs différentes possibilités de mouvements. Des jeux de mimes peuvent être réalisés (un élève exécute un mouvement et les autres l'imitent).

Séance n° 3 Je grandis

Section du cycle : Tout-petits/petits

:: **Objectif** : Repérer les parties du corps et la notion de taille.

:: **Concept** : Le vivant.

:: **Compétence** : Se référer au tableau p. 15.

:: **Capacités** : Savoir reconnaître les manifestations de la vie animale et les relier à de grandes fonctions (croissance).

:: **Conditions préalables** : Les élèves ont apporté en classe des photographies lorsqu'ils étaient bébés, puis lorsqu'ils ont appris à marcher et enfin une photographie actuelle. Ils les ont présentées au groupe en proposant un ordre qui, après plusieurs tâtonnements, a évolué vers un classement chronologique : du plus petit au plus grand. Ils ont ainsi pris conscience qu'ils ont changé, notamment de taille, et cette évolution sera illustrée par les changements de vêtements dans cette séance.

:: Préparation de la classe

- **Organisation matérielle**
  Atelier de 8 élèves assis autour de la « malle aux vêtements » pour la première phase et regroupement de tous les élèves pour la seconde phase.
- **Matériel**
  Une malle contenant plusieurs vêtements de tailles différentes, certains trop grands ou trop petits, avec des vêtements d'adulte et aussi de bébé. Une caméra numérique et une télévision (ou un ordinateur portable).

:: Déroulement de l'activité

- **Durée** : 20 minutes pour chaque phase.
- **Modalités de travail** : les deux premières phases se déroulent en atelier de 8 élèves, et la phase bilan en groupe classe.

→ Description de l'activité

- **Phase 1 : situation de départ.** Les enfants découvrent librement les habits présentés dans la malle, qui leur serviront à se déguiser. La question se pose alors : « Quels habits je vais choisir pour me déguiser ? » Plusieurs réponses sont données en fonction de la couleur, de la partie du corps, de la taille, etc. Après une discussion collective, ils se mettent d'accord sur un tri des habits.
- **Phase 2 : phase d'investigation par l'observation.** Les élèves prennent conscience et verbalisent que tous les vêtements ne conviennent pas, certains sont trop petits (pour les bébés), d'autres trop grands (pour les papas et mamans). Ils les trient selon leur taille et la partie du corps qu'ils habillent. Puis ils se déguisent (pour ceux qui le veulent) en utilisant les vêtements mis à leur disposition ; lorsqu'ils ont terminé, ils se présentent au groupe et le professeur les filme.
- **Phase 3 : la phase de synthèse.** Elle se déroule avec tous les élèves lorsqu'ils sont passés au coin « déguisement » (pour ceux qui l'ont souhaité). Le professeur leur montre le petit film réalisé avec les élèves déguisés et la consigne est la suivante : « Pour chaque élève déguisé, dites ceux qui ont choisi la bonne taille et ceux qui ont pris des habits trop grands ou trop petits, et surtout vous expliquez pourquoi ils n'ont pas la bonne taille. » En conclusion, les élèves doivent dire quels sont les habits qui n'ont pas été choisis et pourquoi (trop petits ? la couleur n'est pas belle ?).

Résultats attendus

Le professeur attend que chaque élève ait trouvé un déguisement qui lui convienne et qu'au moment de la synthèse, les élèves argumentent leurs observations sur les déguisements de chacun : « Lui, son déguisement est trop grand parce que les manches du pull cachent ses mains ; lui, ce qu'il a choisi est trop petit, ça le serre. »

Évaluation

La validation sera effectuée par le professeur qui s'assurera de la compréhension du bon vocabulaire et de son utilisation correcte lorsque l'enfant nomme les habits choisis en précisant les parties qu'ils protègent, leur couleur et leur taille (petit, grand, large, étroit, court, long, etc.). Il attend que les enfants aient compris que les habits trop petits sont restés dans la malle (pour les bébés) et donc qu'ils ont grandi.

:: Conseils

Certains enfants n'ont pas envie de se déguiser parce qu'ils ne veulent pas se transformer. Pour ceux qui ne veulent pas parce que c'est trop difficile de se déshabiller et de s'habiller, le professeur peut apporter son aide. Cela n'empêchera pas ceux qui ne se sont pas déguisés de participer à la synthèse collective.

:: Prolongement

Les enfants ont pris conscience qu'ils avaient grandi et l'évolution dans le présent les intrigue. Il est alors intéressant de mettre en place un repérage de la croissance pour tous les élèves dans la classe et un moyen de conserver les observations. Trois ou quatre repérages suffisent de novembre à juin.

:: Définition

La **croissance** d'un organisme indique une augmentation de la masse de matière qui se traduit par une augmentation irréversible de la taille et/ou de la masse corporelle. La croissance est surtout présente de la naissance à l'âge adulte chez les animaux, elle s'arrête aux alentours de la maturité sexuelle qui caractérise la phase adulte. Chez les végétaux, la croissance, pouvant varier avec les saisons, se poursuit pendant toute la durée de vie.

Séance n° 4 La vie de l'escargot

Section du cycle : Tout-petits/petits

:: Objectifs : Prêter attention à la vie animale et s'interroger sur le mode de vie de l'escargot.

:: Concept : Le vivant.

:: Compétence : Se référer au tableau p. 15.

:: Capacités : Savoir reconnaître les manifestations de la vie animale, les relier à de grandes fonctions (alimentation, locomotion).
Savoir adopter une attitude responsable.

:: Conditions préalables : L'installation de l'aquarium avec les escargots a été discutée avec les enfants auparavant (« y'en a dans mon jardin et il mange la salade, il a sa maison sur son dos, il sort quand il pleut »). Ils ont pris conscience qu'il fallait en prendre soin et que l'élevage ne se faisait pas n'importe comment.

:: Préparation de la classe

- **Organisation matérielle**
  Atelier de 8 élèves réunis autour d'une même table sur laquelle est posé l'aquarium.
- **Matériel**
  Aquarium, escargots vivants de taille différente, terreau, feuilles, mousse, grillage fin (ou planche perforée), salade. Pâte à sel, allumettes, épingles à tête. Brumisateur (pour un arrosage léger).

:: Déroulement de l'activité

- **Durée** : 10 minutes sur plusieurs jours pour les séances d'observation et 20 minutes pour la phase de synthèse.
- **Modalités de travail** : atelier de 8 élèves réunis autour de l'aquarium.

→ Description de l'activité

L'aquarium a été aménagé par le professeur et installé pour l'observation de la vie des escargots.

- **Phase 1 : situation de départ.** Les enfants observent librement l'animal qui se promène sur la vitre de l'aquarium, et au fil des jours ils se rendent compte que l'escargot a mangé puisque les aliments ont diminué. Les questions sont alors posées : « Comment il se déplace ? Qu'est-ce qu'il mange ? Comment il mange ? » Des réponses provisoires sont avancées et les enfants se mettent d'accord pour donner de la salade et des morceaux de viande afin de repérer ce que mange l'escargot.
- **Phase 2 : investigation (/verbalisation).** Une observation plus guidée est menée par le professeur pour trouver des réponses aux questions posées. La consigne du professeur est la suivante : « Observez bien les escargots pour voir comment ils se déplacent et comment ils mangent ; observez aussi ce qu'ils mangent. » Après un débat collectif, les enfants comprennent que l'escargot rampe avec son pied et qu'il mange avec une petite bouche uniquement de la salade (pas de viande).
- **Phase 3 : structuration (/verbalisation).** Lorsque les enfants ont bien compris que l'escargot avait une coquille enroulée, des tentacules, une bouche et un pied, ils réalisent un escargot avec la pâte à sel. Le professeur leur montre comment rouler la pâte entre les paumes de ses mains,

en laissant une partie droite pour la tête et le pied. On cherche ensuite comment faire les tentacules (allumettes ? épingles à tête ?).

Résultats attendus

- Les observations spontanées répétées, libres ou davantage guidées, développent chez le jeune enfant un étonnement permanent. L'adulte doit susciter l'expression orale et veiller à l'emploi d'un vocabulaire précis (pied, bave, coquille, tentacule, bouche, œuf, mou, dur, etc.) lorsque l'enfant verbalise les différentes actions : baver, glisser, porter, manger, rentrer, sortir, coller, pondre. L'enfant constatera aussi que l'escargot sort de sa coquille et se déplace lorsqu'il fait humide (après un léger arrosage).
- On attend dans la synthèse un peu délicate que l'enfant soit en situation de recherche pour arriver, en tâtonnant, à construire la coquille enroulée de l'escargot, en laissant une partie droite pour la « tête » (en fait c'est le pied) où il placera les tentacules, et fera un petit trou pour la bouche ; il laissera aussi une partie droite pour le pied (à l'arrière de la coquille).
- Le professeur doit aussi attendre que les enfants (à tour de rôle) soient responsables de l'élevage en donnant à manger (uniquement de la salade), en arrosant légèrement dès que l'aquarium est sec. Le professeur se chargera du nettoyage, les enfants étant trop petits pour le faire.

Évaluation

La validation sera effectuée par le professeur qui s'assurera de la compréhension du bon vocabulaire précis et de son utilisation correcte lorsque l'enfant « construit » son escargot avec la pâte à sel. De plus, il veillera à ce que l'enfant applique un début de raisonnement déductif lorsqu'il observe la nourriture restante : « donc l'escargot se nourrit de... ».

:: Conseils

Pourquoi choisir des escargots ? Ils s'élèvent facilement, leurs cycles de reproduction et de croissance peuvent s'observer en une année scolaire et se prolonger à l'extérieur ; enfin, du fait de leur lenteur, on peut facilement les observer dans la classe, et les enfants peuvent les laisser se promener sur leur main.

La ferme à escargots : un bac vide, une éponge pleine d'eau, des récipients pour les aliments, un pot avec de la terre pour pondre les œufs, un couvercle percé de trous avec un gros caillou dessus pour que les escargots ne se sauvent pas, et un thermomètre (température entre 7 et 28 °C). La ferme à escargots est à entretenir chaque jour.

:: Prolongement

Les enfants ont constaté que les escargots ne sont pas tous de la même taille. Un tri par taille peut faire l'objet d'une autre séance.

:: Définitions

L'**escargot** est un gastéropode avec une coquille qui s'agrandit régulièrement. Il a un pied portant 4 cornes (tentacules) rétractables servant d'appareil sensoriel, sous lesquelles se trouve une bouche avec une multitude de dents (la **radula**). Il est végétarien. Un petit trou à droite du pied, dans le manteau près de la coquille, lui permet de respirer. Les escargots rampent. Le mucus ne les aide pas à glisser mais sert de tapis protecteur. Ils sont **hermaphrodites** (c'est-à-dire que chaque animal est à la fois mâle et femelle), mais s'accouplent en se réunissant par le côté droit de la tête où ils se piquent avec un dard calcaire qui laisse passer les gamètes mâles (cela se passe au printemps ou en été, donc il faut démarrer l'élevage en mars ou en septembre).

Séquence : Découvrir différents milieux, se sensibiliser aux problèmes de l'environnement

Séance n° 5 Découvrir sa classe

Section du cycle : Tout-petits/petits

:: **Objectif** : Découvrir son environnement proche.

:: **Concept** : Environnement.

:: **Compétence** : Se référer au tableau p. 15.

:: **Capacités** : Savoir repérer quelques caractéristiques des milieux.
Savoir adopter une attitude responsable.

:: **Conditions préalables** : Les enfants ont déjà réalisé quelques exercices visant à maîtriser leur environnement, sans faire de bruit et avec calme (déplacer et replacer une chaise à une table, transporter une chaise, s'asseoir à une chaise, à une table, etc.). Ils ont pris conscience qu'il fallait respecter les autres dans la classe.

:: Préparation de la classe

- **Organisation matérielle**
  Groupe de 10 enfants dans un coin de la classe où est rassemblé le matériel.
- **Matériel**
  Tables, chaises, mobilier divers.
- **Documents**
  Photos de lieux de vie.

:: Déroulement de l'activité

- **Durée** : 20 minutes pour chaque phase.
- **Modalités de travail** : les deux phases se déroulent collectivement.

→ Description de l'activité

- **Phase 1 : situation de départ.** Quelques éléments du mobilier de la classe sont rassemblés dans un coin (chaise, tabouret, table, casier, tiroir). À tour de rôle, les enfants nomment les objets un par un, en se corrigeant en cas d'erreur. Puis le professeur donne la consigne suivante : « Chacun va décrire un objet en disant à quoi il sert » (exemple : la table est plate et sert à travailler...). Enfin, une dernière consigne est donnée : « Quels sont les meubles qui manquent dans notre coin ? Où sont-ils dans la classe et à quoi servent-ils ? »
- **Phase 2 : investigation.** En observant attentivement le mobilier du « coin » et en comparant avec le reste de la classe, les élèves proposent des réponses à la question posée.
- **Phase 3 : synthèse (/verbalisation).** Des photos de lieux de vie sont placées devant les élèves et représentent différents éléments de mobilier. La consigne est la suivante : « Décrivez chaque élément et dites à quoi il sert. » Cet exercice vise à amener les élèves à comprendre qu'un même objet (une table par exemple) peut avoir plusieurs fonctions (travailler, manger, etc.).

Résultats attendus

Les résultats sont attendus en trois points.
Tout d'abord, l'élève doit nommer correctement le mobilier et faire le lien avec l'usage que l'on en fait.

Il doit ensuite observer et comparer le « coin » avec le reste de la classe pour évaluer les différences dans le mobilier. Enfin, on attend que l'élève comprenne qu'un même meuble puisse avoir plusieurs usages.

Évaluation

Les élèves arrivent-ils à nommer correctement le mobilier, à relier meuble-usage, à observer et comparer ?

:: Conseil

Le lien peut être fait entre la découverte de l'environnement proche et les règles d'hygiène des locaux (la table pour travailler doit être propre).

:: Ouverture transdisciplinaire

Jeu de l'autobus

Dans le calme et sans faire de bruit, les enfants, avec l'aide du professeur, placent plusieurs rangées de 2 chaises qui sont numérotées. Chaque enfant pioche un numéro dans un lot d'étiquettes et va s'asseoir à sa place dans l'autobus. Celui qui tire un portrait sera le chauffeur qui sera assis à côté du clown. Puis les enfants rangent la classe.

Séquence : Découvrir son corps et se sensibiliser aux problèmes d'hygiène, de santé et de sécurité

Séance n° 6 La santé de mes dents

Section du cycle : Tout-petits/petits

:: **Objectif** : Rendre responsable chaque enfant de la santé de ses dents.

:: **Concepts** : Hygiène et santé.

:: **Compétence** : Se référer au tableau p. 15.

:: **Capacités** : Connaître et savoir appliquer quelques règles d'hygiène du corps.
Savoir adopter une attitude responsable.

:: **Conditions préalables** : Les élèves ont découvert leur visage et nommé les différentes parties (yeux, nez, bouche, dents, oreilles, cheveux, etc.).

:: Préparation de la classe

- **Organisation matérielle**
Atelier de 8 élèves assis autour d'une table.
- **Matériel**
Un moulage de dents emprunté à un dentiste, 8 peignes, 8 brosses à dents de la classe, la brosse à dents de chaque enfant (apportée dans un sachet propre), dentifrice, 8 verres en plastique, ordinateur.

:: Déroulement de l'activité

- **Durée** : 20 minutes.
- **Modalités de travail** : atelier dirigé de 8 élèves qui sont en collectif en phase 1, puis en individuel pour la phase 2 et par binôme en phase 3.

→ Description de l'activité

- **Phase 1 : mise en situation.** Le professeur cherche à faire émerger les conceptions des enfants sur les soins apportés à leurs dents : « Avez-vous parfois mal aux dents ? Pourquoi ? Est-ce que vous les lavez ? Comment ? Quand ? Avez-vous le droit de manger un bonbon avant d'aller vous coucher le soir ? » Cette phase amène les enfants à comprendre pourquoi ils doivent se brosser les dents. Maintenant la question est posée : « Comment se brosser les dents correctement pour qu'elles soient bien propres ? »
- **Phase 2 : investigation.** Le professeur leur montre un petit film sur l'ordinateur de la classe, réalisé chez un dentiste ou auprès d'une personne qui montre comment se brosser correctement les dents. Après un débat, les enfants se mettent d'accord sur un brossage correct et le montrent en le verbalisant. Le professeur distribue ensuite un peigne à chaque enfant ainsi qu'une brosse à dents (de la classe) et donne la consigne suivante : « Vous allez montrer avec la brosse et le peigne, qui représente vos dents, comment vous faites pour brosser vos dents. » Selon les gestes effectués, le professeur montre comment il faut faire (de la base vers l'extrémité sur toute la longueur), puis les enfants font à nouveau le geste. Le professeur montre ensuite sur le moulage comment brosser l'intérieur des dents.

• **Phase 3 : structuration.** Les enfants vont avec le professeur aux lavabos et chaque enfant se brosse les dents, avec sa propre brosse sur laquelle le professeur a mis le dentifrice. Voici la consigne : « Vous allez brosser vos dents comme on l'a vu avant, et par deux, vous allez vous observer à tour de rôle. » Le professeur observe et corrige chaque binôme.

Résultats attendus

Le professeur attend que chaque enfant effectue les bons gestes pour un brossage efficace.

Évaluation

L'enseignant(e) veillera à ce que chaque enfant effectue des gestes précis et fasse le lien entre le brossage et la santé de ses dents. Le vocabulaire devra être précis et employé correctement.

:: Conseils

Le lavage des dents doit être mis en rapport avec des mains propres, une brosse à dents propre et un verre d'eau propre pour se rincer la bouche. L'hygiène du corps est à aborder dans sa globalité. On en profite pour souligner l'hygiène du corps mais aussi des locaux.

:: Définition

Les **dents** sont des organes vivants, la pulpe au centre de la dent étant formée de tissu conjonctif richement irrigué et innervé par une fibre nerveuse qui donne à la dent sa sensibilité. Au cours de la croissance, deux dentitions se succèdent : 20 dents de lait (en place à 3 ans) et 32 dents définitives qui remplacent les précédentes entre 7 et 13 ans. La dentition complète de l'adulte est de 32 dents.

Séance n° 7 Je range la classe

Section du cycle : Tout-petits/petits

:: Objectifs : Apprendre à maîtriser des gestes simples avec calme et prendre soin de son environnement.

:: Concept : Hygiène.

:: Compétence : Se référer au tableau p. 15.

:: Capacités : Connaître et savoir appliquer quelques règles d'hygiène des locaux.
Savoir adopter une attitude responsable.

:: Préparation de la classe

- **Organisation matérielle**
  Atelier dirigé de 8 élèves debout près d'une table avec des chaises autour.
- **Matériel**
  2 tables N° 1 : propre, avec des crayons bien rangés dans un pot, des feuilles blanches dans un casier, 4 chaises autour bien rangées.
  N° 2 : l'autre avec 4 chaises, 2 tombées par terre, 2 sur la table, des crayons sur la table en désordre et d'autres par terre et des feuilles en vrac sur la table.

:: Déroulement de l'activité

- **Durée** : 25 minutes.
- **Modalités de travail** : atelier dirigé de 8 élèves qui agissent collectivement selon les consignes données par le professeur.

→ Description de l'activité

- **Phase 1 : situation de départ.** Voici la consigne du professeur : « Observez bien les deux tables et, en les comparant, donnez-moi les différences. »
- **Phase 2 : investigation.** Les élèves décrivent les deux tables en donnant les différences concernant notamment le rangement.
- **Phase 3 : structuration.** Avec un vocabulaire correct et précis concernant le matériel, les élèves récapitulent les règles de rangement dont ils ont pris conscience au cours de cet atelier.

Résultats attendus

Le professeur attend que les élèves rangent la table n° 2 de la même manière que la n° 1.

Évaluation

Elle se fera tout au long de l'année, lorsque les élèves seront amenés à ranger la classe après chaque atelier.

:: Conseil

D'autres règles d'hygiène des locaux seront mises en place au fur et à mesure pendant l'année.

:: Prolongement

- Installer les chaises pour une leçon de groupe puis les remettre à leur place initiale.
- Poser les chaises sur les tables en fin de journée pour permettre le nettoyage de la classe.

Séance n° 8 Je marche dans la rue

Section du cycle : Tout-petits/petits

:: Objectif : Développer le sens de l'observation dans un environnement proche.

:: Concepts : Sécurité et environnement.

:: Compétence : Se référer au tableau p. 15.

:: Capacités : Savoir prendre en compte les risques de la rue.
Savoir adopter une attitude responsable.

:: Condition préalable : Avoir déjà découvert l'environnement proche (la classe, divers milieux de vie familiers, etc.).

:: Préparation de la classe

- **Organisation matérielle**
  Atelier de 8 enfants réunis autour d'une table.
- **Matériel**
  Feutres, crayons de couleur.
- **Documents**
  Une grande affiche représentant un petit enfant qui revient de l'école et traverse la rue avec sa maman ; la même affiche réduite en 8 exemplaires avec les panneaux du Code de la route réduits au bas de la petite affiche (les mêmes panneaux que l'on trouve sur l'affiche : celui qui indique la présence de l'école, les petits piétons du feu tricolore, un sens interdit, un stop...).

:: Déroulement de l'activité

- **Durée** : 30 minutes.
- **Modalités de travail** : en deux phases, la première en groupe, la seconde en travail individuel.

→ Description de l'activité

- **Phase 1 : mise en situation (/verbalisation).** Après avoir interrogé les enfants sur les risques de la rue lorsqu'ils viennent à pied à l'école avec un parent ou bien lorsqu'ils vont faire des courses avec un adulte, le professeur présente la grande affiche du « petit enfant qui revient de l'école ».
- **Phase 2 : investigation par l'observation.** Après un temps d'observation, les enfants commentent la scène, guidés par les questions du professeur. Ils identifient : le lieu (la rue), l'action (traverser) et les personnages (le petit enfant et son parent). Puis l'enseignant(e) amène leur attention sur le petit enfant qui traverse : où traverse-t-il ? Quand traverse-t-il ? Les réponses doivent être justifiées (passage protégé pour piétons, le petit bonhomme qui passe au vert, etc.). Enfin, leur attention portera ensuite sur les autres panneaux et leur signification.
- **Phase 3 : structuration (/verbalisation)**. Chaque enfant a une petite affiche (représentant le petit enfant qui revient de l'école et traverse la rue) avec les panneaux au bas, l'enseignant donne la consigne suivante : « Observe bien la rue et les panneaux et relie chaque panneau du bas de la feuille à son jumeau sur l'affiche. »

Résultats attendus

Une bonne lecture de l'affiche et une justification correcte des réponses données.

Évaluation

Une sortie réelle dans la rue serait utile pour bien se rendre compte de la compréhension des différents panneaux !

:: Prolongement

Identifier les dangers de la rue et apprendre à porter secours.

Séance n° 9 Je suis dans la cuisine

Section du cycle : Tout-petits/petits

:: **Objectif** : Identifier un danger pour rester en sécurité.

:: **Concepts** : Sécurité et environnement.

:: **Compétence** : Se référer au tableau p. 15.

:: **Capacité** : Savoir prendre en compte les risques de l'environnement proche.

:: Préparation de la classe

- **Organisation matérielle**
  Atelier de 8 élèves réunis au coin « cuisine ».
- **Matériel**
  Petite plaque chauffante (dînette) avec une casserole.

:: Déroulement de l'activité

- **Durée** : 30 minutes.
- **Modalités de travail** : jeu de rôle avec 2 élèves qui agissent devant les autres qui observent.

→ Description de l'activité

- **Phase 1 : mise en situation.** Jeu de rôle avec 2 enfants autour d'une casserole d'eau bouillante sur la cuisinière (dînette). Voici l'exposé de la situation par le professeur : « Toi, tu es un tout petit enfant dans la cuisine et tu commences à t'approcher de la cuisinière avec la casserole remplie d'eau bouillante, ton petit camarade est ton grand frère qui arrive dans la cuisine, ta maman, c'est moi et je suis dans la pièce à côté. Que va dire et faire le grand frère ? »
- **Phase 2 : investigation.** L'élève « le grand frère » réfléchit, observe la situation et essaie d'agir selon le risque identifié. Puis tout le groupe réagit après avoir observé « le grand frère ». Par un récit oral collectif, avec l'aide du professeur, les élèves racontent ce que doit faire le grand frère pour que le petit ne se brûle pas, et que lui-même reste aussi en sécurité.
- **Phase 3 : structuration.** Les élèves donnent les étapes à réaliser pour porter secours au petit enfant, sans se mettre soi-même en danger. Le professeur fait la synthèse de toutes les étapes en les enregistrant au magnétophone (afin de constituer un dossier « oral » intitulé « Apprendre à porter secours ») : « Je vois la situation, je réfléchis au danger, je mets en sécurité la personne en danger et moi aussi, j'appelle l'adulte le plus proche. »

Résultats attendus

Une bonne identification du danger pour mettre en sécurité la personne exposée et soi-même.

Évaluation

Par la mise en place d'autres situations présentant un risque, le professeur veillera à ce que tous les enfants de l'atelier passent dans le rôle du « secouriste » afin de voir si l'élève identifie bien le danger et réagit correctement à la situation. Le récit devra être précis et la situation bien décrite.

:: Conseils

Apprendre à alerter se fait dès la petite section avec les petits (voir séance n° 10).
Dès l'école maternelle, l'élève apprend à porter secours. Les quatre étapes principales : protéger, examiner, alerter et secourir ne sont pas envisageables en petite section. Ce sont surtout la protection et l'alerte qui peuvent être abordées à cet âge.

:: Prolongement

Identifier d'autres situations présentant un risque.

Séance n° 10 Je passe l'alerte

Section du cycle : Petits

:: **Objectif** : Porter secours en allant chercher un adulte.

:: **Concepts** : Sécurité et environnement.

:: **Compétence** : Se référer au tableau p. 15.

:: **Capacités** : Savoir repérer une situation inhabituelle ou de danger.
Demander de l'aide pour être secouru ou porter secours.

:: **Conditions préalables** : Les activités précédentes ont permis d'apprendre à identifier un risque, une situation anormale pour rester en sécurité (soi-même et les autres).

:: Préparation de la classe

- **Organisation matérielle**
  Atelier de 8 élèves.
- **Matériel**
  Un petit vélo.

:: Déroulement de l'activité

- **Durée** : 30 minutes.
- **Modalités de travail** : jeu de rôle avec 2 élèves qui agissent devant les autres qui observent.

→ Description de l'activité

- **Phase 1 : mise en situation.** Jeu de rôle avec 2 enfants dont un est par terre, car il est tombé de son vélo (qui est à côté de lui). Voici l'exposé de la situation par le professeur : « Pierre est tombé de son vélo, il a mal à la jambe. Il faisait du vélo, avec son copain Paul, dans la cour de sa maison dans laquelle se trouve sa maman. Que va dire Paul pour avertir la maman ? »
- **Phase 2 : investigation.** Paul réfléchit, observe la situation et va alerter la maman (qui est le professeur), par un récit oral. Puis tout le groupe réagit au message d'alerte de Paul. Par un récit oral collectif, avec l'aide du professeur, les élèves donnent le contenu du message.
- **Phase 3 : structuration.** Tout le groupe, avec l'aide du professeur, fait la synthèse du contenu du message d'alerte que va donner le « secouriste » à l'adulte qu'il est allé chercher : « J'explique ce que j'ai vu (donc dans l'exemple, c'est...), j'imite la situation (posture, intonation), je décris bien l'endroit où Pierre a mal en donnant le nom de la partie du corps (ici, c'est...), je répète si l'adulte n'a pas compris. »

Résultats attendus
Le message doit être complet, précis et bien en lien avec la situation de danger identifiée.

Évaluation
Le professeur veillera à ce que tous les enfants fassent le secouriste qui va chercher un adulte en lui donnant un message d'alerte, selon une situation de danger bien identifiée. Le message doit être correct et précis.

:: Prolongement

Mettre en place d'autres situations présentant un risque, pour varier les messages à passer à l'adulte.

Séquence : Découvrir les cinq sens

Pour faire prendre conscience du fait qu'on perçoit son environnement par plusieurs « canaux » : l'ouïe, la vue, l'odorat, le goût et le toucher, il est judicieux d'apporter dans la classe une grande silhouette fabriquée dans du carton sur laquelle sont attachées (par du velcro) les parties du corps correspondant aux sens mobilisés : les oreilles pour l'ouïe, les yeux pour la vue, la bouche pour le goût et le nez pour l'odorat, et enfin les mains et les pieds pour le toucher. À la fin de chaque séance de cette séquence, on peut se servir de cette silhouette, en ajoutant les yeux à la fin de la séance qui favorise l'observation visuelle, puis les oreilles après avoir étudié les bruits de l'eau, et ainsi de suite. Cette silhouette que l'on nommera « silhouette des cinq sens » sera complétée, à chaque fin de séance, tout au long de la séquence sensorielle.

Séance n° 11 Faire des gouttes et regarder à travers l'eau

Section du cycle : Tout-petits/petits

:: **Objectifs** : Faire de belles gouttes d'eau bien rondes sur un support transparent.
À cette occasion, les enfants vont constater qu'on peut voir à travers les gouttes, et que ça grossit. C'est la première occasion de s'intéresser à l'un de nos cinq sens : la vue.

:: **Concepts** : On continue la construction de la notion de liquide, tout en découvrant l'importance de la vue et des propriétés déformantes des gouttes d'eau, dans l'activité d'observation.

:: **Compétence** : Se référer au tableau p. 15.

:: **Condition préalable** : Avoir réalisé la séance sur la séparation de l'eau et des cailloux, notamment pour pouvoir faire le prolongement n° 2 de cette séance.

:: **Préparation de la classe**

- **Organisation matérielle**
  Il vaut mieux travailler en binôme sur des tables plutôt qu'au coin eau.
- **Matériel**
  Pour chaque binôme : un récipient petit mais large (bol) contenant un peu d'eau, et une boîte contenant une paille, une pince à épiler, un compte-gouttes, un agitateur de sirop, une seringue et éventuellement un petit pulvérisateur (pulvérisateur à parfum ou de jardin). Il faut aussi une loupe ou une « loupe d'eau » (voir fabrication dans le prolongement n° 1) par binôme pour la fin de la séance.
  Pour chaque élève : un support transparent incassable et le plus rigide possible, par exemple, boîtier de CD. À défaut, on peut utiliser des demi-feuilles transparentes pour rétroprojecteur ou, mieux car plus rigides, des couvertures transparentes pour documents reliés (en vente dans toutes les papeteries).
  Pour la classe : du papier absorbant et des éponges.

:: Déroulement de l'activité

- Durée : 40 minutes.

→ Description de l'activité

- **Phase 1. Préparation (5 minutes)**

Présenter aux enfants le matériel mis à leur disposition en demandant à quoi ça peut servir. Ensuite présenter le nouveau « jeu » : « Avec les objets de la boîte, prendre un tout petit peu d'eau dans le bol pour faire une jolie goutte d'eau sur le plastique transparent. » S'assurer que la consigne est bien comprise, et insister sur le fait qu'il est hors de question de verser l'eau du bol sur le support.

- **Phase 2. Première phase d'expérimentation/observation (5 à 10 minutes)**

Pendant la manipulation, circuler pour vérifier que ce sont les outils les mieux adaptés qui sont utilisés (évaluation des acquis des séances précédentes et remédiation éventuelle) et pour demander de faire de belles gouttes bien rondes, condition nécessaire pour avoir un effet loupe significatif. Quand tout le monde a obtenu une belle goutte, arrêter l'activité manipulatoire.

- **Phase 3. Verbalisation/structuration (5 à 10 minutes)**

Inviter les enfants à parler de ce qu'ils ont fait. C'est l'occasion de :
- rappeler le nom des objets utilisés ;
- préciser les techniques employées pour fabriquer de belles gouttes ;
- décrire la goutte (ronde, transparente, « on voit dedans », etc.

- **Phase 4. Mixte expérimentation/verbalisation (5 minutes)**

Rebondir éventuellement sur la remarque « on voit dedans » pour inviter les enfants à faire glisser sous le support transparent (sur lequel se trouve leur goutte) une feuille de papier journal ou, mieux, une feuille imprimée avec du texte et/ou des dessins fortement réduits à la photocopieuse pour être très petits. On leur demande alors ce qu'ils voient. « C'est blanc », « C'est gros », « C'est comme une loupe », etc.

- **Phase 5. Phase d'expérimentation/observation (5 à 10 minutes)**

On peut alors présenter une loupe du commerce ou une « loupe d'eau » et en distribuer une par binôme pour une observation libre des objets de la classe. Lorsque l'attention diminue, on arrête l'observation en précisant qu'on va réutiliser prochainement la loupe. Il ne reste plus qu'à ranger le matériel.

Évaluation

Les enfants sont-ils capables de choisir le bon instrument pour faire une goutte d'eau ?

:: Prolongements

1. Fabriquer une « loupe d'eau »

Pour faire une « loupe d'eau » il suffit de prendre un gobelet (ou un pot de yaourt) dont on a ôté le fond, et de fixer par un élastique sur son bord supérieur un morceau de film étirable. En mettant un peu d'eau dans ce récipient utilisé à l'envers, on « voit gros » à cause de la déformation du film sous le poids de l'eau. Si le film n'est pas assez bombé, appuyer dessus de l'intérieur pour le déformer encore plus, mais régulièrement.

Après utilisation d'une « loupe d'eau », on peut demander aux enfants d'en fabriquer une. Ils doivent alors trouver, parmi un ensemble de matériel proposé, ce qui leur est nécessaire. Il ne reste plus qu'à s'attaquer à cette construction simple.

2. Rechercher et dessiner des « ronds »

Les gouttes et la loupe sont rondes. On peut profiter de l'occasion pour rechercher dans la classe tout ce qui est rond, puis pour mener une activité de graphisme sur le tracé de « ronds ».

Séance n° 12 Regarder à la loupe

Section du cycle : Tout-petits/petits

:: **Objectif** : La vue étant un sens dont l'usage est permanent, l'enfant de petite section prend rarement le temps d'observer ce qui l'entoure. L'usage de la loupe est un bon moyen de passer de la « vision » à l'« observation », moment souvent important dans les activités expérimentales à venir. L'objectif est donc d'apprendre autant à bien utiliser ses yeux que la loupe.

:: **Concept** : Il semble difficile d'associer à cette séance un concept spécifique, dans la mesure où on ne travaille ni sur les propriétés de la matière, ni sur celles de la lumière. Par contre, le prolongement n° 1 permet, par l'usage de la loupe, de renforcer l'aptitude à discriminer les liquides des solides.

:: **Compétence** : Se référer au tableau p. 15.

:: **Conditions préalables** : Il est souhaitable mais pas indispensable que les enfants aient fait la séance sur l'effet loupe des gouttes d'eau.

:: Préparation de la classe

- **Organisation matérielle**
  Atelier dirigé de 4 élèves réunis autour d'une table.
- **Matériel**
  Pour chaque enfant :
  - une loupe ;
  - une reproduction du tableau de Bruegel *Jeux d'enfants* (ce tableau est intéressant car il comporte de très nombreux personnages et de très nombreuses scènes de jeux d'enfants au Moyen Âge) ;
  - des petites cartes avec des images sur lesquelles seront isolés et agrandis des détails ou des personnages du tableau de Bruegel. Ces images pourront être réalisées à l'aide d'un scanner. (Il est souhaitable de les plastifier pour éviter qu'elles ne s'abîment pendant les manipulations.)

:: Déroulement de l'activité

- **Durée** : 30 minutes.

→ Description de l'activité

- **Phase 1. Préparation (5 minutes)**

Rappeler les séances précédentes et éventuellement celle qui a permis d'observer des gouttes d'eau. Cette phase permet de faire émerger le nom des organes mobilisés pour voir. L'utilisation de « la silhouette des cinq sens » est alors utile pour aider les enfants à se « souvenir ». C'est à partir de ce rappel que l'enseignant peut présenter la nouvelle activité.

- **Phase 2. Activité (20 minutes)**

Distribuer à chaque enfant la reproduction du tableau de Bruegel et une loupe. Pendant que les élèves manipulent la loupe et observent l'image, circuler pour repérer les difficultés de manipulation, y remédier, et observer les réactions des enfants.

Ceux-ci prennent conscience que la loupe permet de « mieux voir », de grossir les images et d'observer les détails que l'on ne voit pas toujours à l'œil nu. Inciter les enfants à raconter ce qu'ils voient sur l'image, à décrire les personnages, le jeu, la scène, etc.

Distribuer ensuite à chaque enfant des petites cartes (une à la fois) avec une image à retrouver dans la reproduction du tableau de Bruegel, image sur laquelle un détail ou un personnage a été agrandi.

- **Phase 3. Verbalisation/structuration (5 minutes)**

Inviter les enfants à parler de ce qu'ils ont fait : « Comment avons-nous fait pour retrouver la petite image dans la grande image ? » C'est l'occasion :
- de décrire l'activité qu'ils viennent de vivre ;
- d'expliquer la fonction de la loupe ;
- de nommer l'organe mobilisé pour regarder, observer ;
- de compléter « la silhouette des cinq sens » en attachant les yeux. Il s'agit d'une silhouette grand format découpée dans du papier épais.

Évaluation

Les enfants sont-ils capables de retrouver l'image de leur petite carte sur la reproduction du tableau de Bruegel ?

:: Prolongements

1. Observation de la nature à la loupe

On peut organiser une séance d'observation à la loupe (herbes, fourmis d'un terrarium, etc.), mais on peut aussi observer à la loupe les petits graviers blancs, les galets noirs, du sable très fin et même des gouttes d'eau, déjà utilisés lors de la séance sur la séparation des cailloux et de l'eau. C'est un bon moyen de discriminer les liquides des solides finement divisés.

2. Les instruments d'optique

Récupérer toutes sortes d'instruments optiques simples (lunettes de vue, vieilles jumelles, loupes, filtres colorés, prismes optiques, etc.) et les présenter aux enfants. Laisser les enfants les manipuler librement, puis organiser une phase de verbalisation dans laquelle on tentera de préciser le rôle de chaque instrument (les lunettes pour voir mieux, les loupes pour voir plus gros, les jumelles pour voir loin).

:: Ouverture transdisciplinaire

1. Des lunettes pour bien voir et pour faire joli

Il n'est pas rare d'avoir dans sa classe des élèves portant des lunettes. Il n'est pas rare non plus qu'ils soient l'objet de moqueries de la part de leurs « camarades ». On peut imaginer toutes sortes d'activités pour dédramatiser cette situation : lecture d'un conte, apprentissage d'une comptine, activité graphique consistant à ajouter sur des dessins de visage des ronds de lunettes.

2. Les jeux du Moyen Âge

On pourrait envisager de créer un imagier avec les différents jeux du Moyen Âge que les enfants ont pu découvrir et observer avec la loupe pendant la séance. On peut aussi reproduire certains de ces jeux dans la salle de motricité.

Séance n° 13 Les bruits de l'eau

Section du cycle : Tout-petits/petits

:: Objectifs : Reconnaître les différents bruits de l'eau et les associer à des situations de la vie quotidienne (pour les « petits » uniquement).

:: Concept : Aucun concept spécifique n'est associé à cette séance.

:: Compétence : Se référer au tableau p. 15.

:: Conditions préalables : Avoir une bonne expérience personnelle de son environnement domestique pour pouvoir reconnaître les bruits de l'eau à la maison (robinet, chasse d'eau, etc.).

:: Préparation de la classe

- **Organisation matérielle**

  Plusieurs organisations sont possibles. En voici deux exemples.

  Option 1 : on travaille avec la classe entière ou en demi classe. Les enfants sont alors regroupés en binômes ;

  Option 2 : on a la possibilité de travailler en effectif réduit, par exemple en atelier dirigé de 6 élèves (dans le coin regroupement ou dans le coin écoute de la classe).

  Dans tous les cas, les élèves ont besoin d'être au calme pour se concentrer et être attentifs.

- **Matériel**

  Un magnétophone (ou un lecteur de CD dans le cas d'un enregistrement du commerce) et éventuellement un rétroprojecteur (option 1).

- **Documents**

  Un enregistrement reproduisant quelques bruits d'eau familiers aux élèves et liés à des situations domestiques (robinet, douche, chasse d'eau, goutte à goutte, gargouillis de radiateurs, etc.), mais on peut aussi y mettre un ou deux « intrus » (chant d'oiseau, musique d'un instrument, etc.). Les extraits sonores doivent être très courts (environ 10 secondes). Il existe aussi dans le commerce (voir les catalogues d'outils pédagogiques) des CD avec des « bruits », mais rien ne vaut un enregistrement fait par l'enseignant lui-même.

  Pour chaque binôme (option 1) ou pour le groupe (option 2), il faut une chemise contenant des « images » (photos ou dessins) illustrant ce qui a été enregistré. On peut aussi y ajouter quelques photos ou dessins évoquant des situations n'ayant rien à voir avec l'eau (voiture en train de freiner, éclair de la foudre, etc.). Préparer les transparents correspondant à chacun de ces documents, si l'on dispose d'un rétroprojecteur.

:: Déroulement de l'activité

- **Durée** : 35 minutes (option 1) – 30 minutes (option 2).

→ Description de l'activité

Option 1 : en classe entière avec binômes

- **Phase 1. Préparation (5 minutes)**

Il faut installer correctement les enfants et les mettre au calme pour favoriser la concentration. Ensuite on peut leur demander de « dire » ce qu'ils ont fait avec l'eau lors des séances précédentes. C'est l'occasion de se souvenir, d'utiliser le langage d'évocation. Il ne reste plus qu'à présenter la nouvelle activité, en insistant sur la nécessité de bien écouter jusqu'au bout, sans rien dire.

- **Phase 2. Écoute de l'enregistrement (10 minutes)**

On procède à une première écoute de l'ensemble des extraits sonores, et on demande aux enfants de parler de ce qu'ils ont entendu, en se centrant sur les bruits de l'eau.

- **Phase 3. Découverte/description des documents (10 minutes)**

On distribue à chaque binôme la chemise contenant les « images » et on laisse les enfants les découvrir et s'exprimer à leur sujet. Si l'on dispose d'un rétroprojecteur, on peut projeter chacune des images en demandant aux enfants de la retrouver dans la chemise et de la commenter. Les enfants doivent alors sélectionner les images évoquant l'eau et mettre de côté les autres (qu'on récupère).

Les enfants vont certainement faire le rapprochement entre l'enregistrement et les documents papier, ce qui permet de passer à la phase suivante.

- **Phase 4. Identification des bruits de l'eau et validation (10 minutes)**

Après avoir présenté l'objectif de cette phase (retrouver l'image de l'eau qui correspond au bruit de l'eau qu'on entend), on peut relancer la lecture de l'enregistrement en faisant une pause entre chaque extrait sonore. Les enfants doivent trouver la bonne image et la classer dans la chemise, dans l'ordre d'écoute du document sonore. Soit on valide le choix des enfants au fur et à mesure de l'écoute, soit on valide globalement en faisant une dernière écoute.

Option 2 : en atelier dirigé

- **Phase 1. Préparation (5 minutes)**

Identique à l'option 1.

- **Phase 2. Écoute de l'enregistrement (20 minutes)**

1. L'enseignant choisit un enfant du groupe et lui donne un panneau. Puis il donne les consignes :
- à l'ensemble du groupe : « Écoutez attentivement le bruit » ;
- à l'enfant choisi : « Si tu entends le bruit de l'eau, tu lèves le petit panneau ».

2. Après écoute de chaque extrait sonore, l'enseignant demande au groupe s'il est d'accord avec la réponse du camarade (cette organisation favorise les échanges entre enfants).

3. Validation
- Si la réponse est juste, on procède à l'identification du bruit. L'enseignant demande alors aux enfants s'ils ont reconnu le bruit, puis il demande à l'un d'entre eux d'aller chercher dans la chemise la photo (ou l'image) le représentant (par exemple : image d'une douche qui coule). Cela permet aux enfants de se constituer des images mentales.
- Si la réponse est erronée, on procède à une seconde écoute du bruit puis à son identification (avec l'aide de l'enseignant, si besoin).

Il reste à l'enseignant à désigner un autre enfant pour l'extrait sonore suivant.

- **Phase 3. Verbalisation/structuration (5 minutes)**

L'enseignant demande aux enfants de décrire l'activité qu'ils viennent de vivre : « Comment avons-nous fait pour savoir si les bruits étaient des bruits d'eau ? »

L'objectif est de faire émerger l'organe (les oreilles) mobilisé pour écouter.

Évaluation

Les enfants sont-ils capables de reconnaître :
- les images évoquant l'eau et d'y associer une situation ?
- les bruits évoquant l'eau et d'y associer une situation ?

:: Prolongements

1. Reconnaître les bruits de l'eau dans la nature

La séance décrite peut être reconduite pour les bruits de l'eau dans la nature (torrent, pluie, cascade, vagues, etc.).

2. Essayer d'imiter les bruits de l'eau

On peut essayer d'imiter les bruits de l'eau avec la voix ou avec des instruments de musique classiques ou particuliers (bâton de pluie, maracas à eau, percussions sur des verres plus ou moins pleins, etc.).

3. Sur quoi tombent les gouttes ?

Jeux d'identification auditive du bruit des gouttes d'eau tombant sur divers objets et/ou matériaux.

4. Rechercher l'eau dans l'école (avec les yeux et les oreilles)

En petits groupes, partir à la recherche de l'eau dans l'école, en se servant des yeux et des oreilles. On peut utiliser un appareil photo numérique et un magnétophone pour pouvoir rapprocher en classe les deux perceptions de chaque situation.

5. Associer des situations évoquant l'eau à des objets

Associer une image décrivant une situation évoquant l'eau et l'image d'un objet lié à l'eau (seau, lavabo, douche, arrosoir, etc.).

6. Reconnaître d'autres sons

La séance décrite peut être reconduite pour d'autres bruits, par exemple les bruits de la ville ou ceux de la campagne.

Les situations

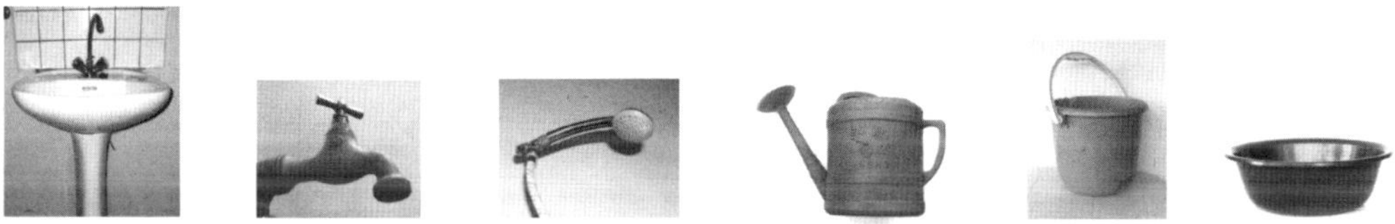

Séance n° 14 Tâter pieds nus, les yeux fermés

Section du cycle : Tout-petits/petits

:: **Objectif** : Reconnaître par le toucher, avec les pieds nus, divers revêtements de sol.

:: **Concept** : Les propriétés (tactiles) de la matière.

:: **Compétence** : Se référer au tableau p. 15.

:: **Conditions préalables** : Cette séance peut être réalisée aussi avec bien des tout-petits qu'avec des petits. Bien qu'elle ne nécessite aucun pré-requis, il est nécessaire de ne pas la placer trop tôt dans l'année, surtout si l'on a des tout-petits dans la classe, pour qu'ils soient en confiance pour une découverte « en aveugle ».

:: Préparation de la classe

- **Organisation matérielle**
  Partager la classe pour pouvoir se consacrer à un nombre limité d'enfants (6 à 10). La séance se déroule dans la salle de jeu.
- **Matériel**
  Des revêtements de sol de matières différentes à choisir parmi les suivants : un morceau de lino (ou une toile cirée), de la moquette très douce, un tapis (ou de la moquette à poils courts), un grand paillasson d'extérieur. Éventuellement on peut ajouter quelques grands carreaux de faïence placés côte à côte, un morceau de parquet flottant, une bâche recouverte d'un peu de sable, etc.

:: Déroulement de l'activité

- **Durée** : 40 minutes.

→ Description de l'activité

- **Phase 1. Phase de découverte tactile/observation (5 à 10 minutes)**

Le morceau de lino (ou la toile cirée), la moquette douce, le tapis (ou la moquette à poils courts) et le grand paillasson d'extérieur sont disposés dans la salle. Les enfants, pieds nus, marchent librement sur ces quatre « tapis ».

- **Phase 2. Verbalisation/structuration (5 à 10 minutes)**

Les enfants regroupés vont donner leurs impressions, mais probablement de manière très concise : « c'est doux », « ça pique », « c'est dur », « ça gratte », etc. Il faut alors les inviter à développer leur discours : « c'est doux comment ? », « ça pique comme quoi ? », « sur quel tapis préfères-tu marcher ? », « pourquoi ? », etc. Il faut aussi donner un nom à ces divers revêtements de sol : « lino », « moquette », « tapis » et « paillasson ».

- **Phase 3. Possibilité d'une deuxième phase de découverte tactile/observation (5 minutes)**

On peut éventuellement découvrir d'autres revêtements de sol (les grands carreaux de faïence placés côte à côte, le morceau de parquet flottant, la bâche recouverte d'un peu de sable, etc.) en les nommant (carrelage, parquet, sable, etc.). Les enfants continuent leur découverte pieds nus.

- **Phase 4. Reconnaissance « en aveugle » (10 à 15 minutes)**

Un élève volontaire est choisi pour reconnaître, « en aveugle », les différents tapis. On lui bande les yeux, puis on le guide sur les divers revêtements de sol, en lui donnant la main. Pendant qu'il tâte avec ses pieds, qu'il donne ses impressions et essaie de nommer le support sur lequel il marche, les autres enfants, assis dans une zone bien délimitée, écoutent attentivement. On refait le même « jeu » avec tous les enfants volontaires, sans forcer ceux qui ne se sentent pas en confiance.

Évaluation

L'enfant est-il capable de reconnaître au toucher divers matériaux ?

L'enfant est-il capable d'associer à un matériau donné un adjectif dichotomique (doux/rugueux, dur/mou, chaud/froid, etc.) ou une expression caractérisant les propriétés tactiles du matériau ?

:: Prolongements

1. Trier des feuilles les yeux fermés

Le jeu d'identification peut être fait en se limitant à quelques feuilles choisies parmi les matériaux suivants : papier « normal », papier abrasif de divers grammages, papier aluminium, papier kraft, papier buvard, essuie-tout, papier journal, carton, papier glacé, feuilles de transparents pour rétroprojection, etc. L'objectif n'est pas une classification des matériaux, car on se limite à un travail d'identification par le toucher et d'expression de ses impressions tactiles. En revanche, d'autres activités sont possibles, par exemple dessin puis découpage d'une forme dessinée dans un papier au choix de l'élève.

2. Chaud, froid ou tiède

Repérage « en aveugle » de la température de l'eau avec les pieds, les mains, la joue, la langue.

:: Ouverture transdisciplinaire

Les sports de glisse

Dans la salle de motricité, installer un « labyrinthe de la glisse », c'est-à-dire un circuit composé d'une alternance de revêtements de sols glissants (lino, toile cirée, bancs en bois, plan incliné, etc.) et non-glissants (tapis de mousse, sable, etc.). Les enfants sont alors invités à aller d'un point à un autre en glissant avec les pieds (les pieds ne doivent jamais décoller du sol), mais aussi sur les fesses, sur le ventre, etc. C'est un moyen « énergique » pour leur faire distinguer les revêtements de sols qui glissent et ceux qui ne glissent pas, en choisissant l'itinéraire « glissant ».

Séance n° 15 Les boîtes à toucher

Section du cycle : Tout-petits/petits

:: Objectifs : Explorer les objets pour en apprécier les qualités tactiles. Utiliser ses perceptions tactiles pour retrouver un objet.

:: Concept : Les propriétés (tactiles) de la matière.

:: Compétence : Se référer au tableau p. 15.

:: Condition préalable : Cette séance peut être mise en place sans avoir fait la précédente.

:: Préparation de la classe

- **Organisation matérielle**

Atelier dirigé de 4 élèves réunis autour d'une table.
Chaque élève dispose d'une « boîte à toucher » devant lui.

- **Matériel**

4 boîtes de couleurs différentes, avec couvercle, et possédant une ouverture pour pouvoir passer la main (type boîte à chaussures ou boîte de lessive).
Un ensemble d'objets choisis sur la base de quatre qualités tactiles et qui serviront de « modèles » :
- **rugueux :** une pierre ponce, un litchi (pas facile à trouver quand on habite à la campagne), un morceau de papier de verre, une lime à ongles, etc. ;
- **lisses :** une petite balle en plastique, un bouchon en liège, un caillou rond, etc. ;
- doux : une petite balle en mousse, une craie, une petite peluche, de la laine, une boule de coton, des plumes, etc. ;
- **piquants :** une pomme de pin, une brosse à cheveux ou à chaussures en nylon, etc.

Chaque boîte contient 4 objets différents, un par qualité tactile (Il est souhaitable d'écrire le contenu des boîtes sur les couvercles).

:: Déroulement de l'activité

- **Durée** : 35 minutes.

→ Description de l'activité

- **Phase 1. Préparation (5 minutes)**

Rappel des séances précédentes et des sens mobilisés pendant les activités, avec utilisation de la « silhouette des cinq sens » pour se souvenir. Puis présentation du matériel.

- **Phase 2. Familiarisation (10 minutes)**

Il faut d'abord laisser les enfants explorer le matériel, jouer avec les boîtes ouvertes pour éviter la « peur de l'inconnu ». Cette phase de découverte permet de rassurer ceux qui ne veulent pas mettre leur main dans la boîte fermée. La consigne est de ne pas sortir les objets des boîtes. Pendant cette phase, l'enseignant circule, observe et écoute les réactions des enfants. C'est à partir de ce temps de familiarisation qu'on peut aborder la phase suivante.

- **Phase 3. Activité (15 minutes)**

Chaque enfant dispose d'une boîte fermée devant lui.
L'enseignant distribue à chaque enfant un objet, avec la consigne suivante : « Touche l'objet et cherche dans ta boîte le même objet. »
Pendant cette phase les enfants sont invités à :
- toucher l'objet ;
- décrire leurs sensations tactiles (exprimer ce qu'ils ressentent) ;
- nommer l'objet ;
- utiliser le vocabulaire spécifique (doux, rugueux, piquant, lisse).

On procède de la même façon pour les trois autres objets. On pourra ensuite échanger les boîtes entre enfants. L'enseignant doit favoriser l'enrichissement des connaissances par une mise en commun des expériences vécues pendant l'exploration tactile.

- **Phase 4. Verbalisation/structuration (5 minutes)**

L'enseignant amène les enfants à décrire l'activité qu'ils viennent de vivre : « Comment avons-nous fait pour retrouver les objets dans la boîte ? » C'est l'occasion de réutiliser le vocabulaire spécifique et de nommer le sens mobilisé. On peut ensuite compléter la « silhouette des cinq sens » en attachant les mains.

Évaluation

Elle s'effectue par observation pendant la séance.
L'élève retrouve-t-il en aveugle, dans la boîte, le même objet que l'objet « modèle » ?

:: Conseils

La notion de « l'identique » doit être travaillée à différents moments de la classe, par exemple avec des jeux de loto, des puzzles pour que les tout-petits sachent ce que veut dire « le même objet ».

:: Prolongements

La séance peut être reconduite plusieurs fois avec d'autres objets pour réinvestir le vocabulaire spécifique, mais il est possible d'ajouter des « objets intrus » dans les boîtes,
Pour complexifier la tâche, on peut ensuite proposer des objets de même qualité tactile (par exemple, choisir 2 objets lisses et 2 objets rugueux ou 4 objets lisses...).

:: Ouverture transdisciplinaire

1. Les livres à toucher

Il est souhaitable que l'école dispose d'un lot important de livres à toucher, ceci afin d'affiner les sensations tactiles et d'enrichir la connaissance des matières. C'est un moyen tactile, mais aussi ludique, de rentrer dans le domaine de la lecture.

2. Faire un tableau tactile

Il est possible de faire un tableau mural dans lequel les élèves collent les objets suivant leur propriété tactile, en se limitant à un nombre limité de possibilités. Par exemple : doux/rugueux (ou « qui pique »), dur/mou, etc.

Séance n° 16 L'atelier goût

Section du cycle : Tout-petits/petits

:: Objectif : Utiliser les perceptions gustatives pour reconnaître des fruits.

:: Concepts : Le sens du goût, les propriétés (gustatives) des aliments, les caractéristiques des saveurs.

:: Compétence : Se référer au tableau p. 15.

:: Condition préalable : Cette séance ne nécessite aucune condition préalable, ce qui permet de l'insérer dans un projet, par exemple, lors de la « semaine du goût à l'école ». Pendant cette semaine, l'enseignant propose chaque jour un fruit différent à goûter aux enfants. Ces dégustations sont menées avec la classe entière. C'est l'occasion aussi d'aborder l'éducation à la santé et l'équilibre alimentaire.
Les moments de dégustation lors d'anniversaires ou d'événements dans la classe ou l'école permettent aussi de stimuler le sens gustatif des enfants.

:: Préparation de la classe

- **Organisation matérielle**
  Atelier dirigé de 6 élèves réunis autour d'une table.
- **Matériel**
  Une assiette avec les fruits coupés en dés. Fruits choisis : pomme, poire, banane, orange, pêche.
  Une planche par enfant avec les photos ou images des fruits. (Il est possible de découper des images dans les catalogues ou publicités).
  Des jetons de jeu.

:: Déroulement de l'activité

- **Durée** : 30 minutes.

→ Description de l'activité

- **Phase 1. Préparation (5 minutes)**

Rappel des séances précédentes en faisant émerger les sens mobilisés (l'ouïe, la vue, le toucher, l'odorat), et en utilisant la « silhouette des cinq sens » pour se souvenir.
Présentation du matériel et de l'activité.

- **Phase 2. Activité (20 minutes)**

À l'aide d'une petite cuillère, l'enseignant distribue à chaque enfant un morceau de fruit.
L'enfant goûte le morceau. S'il pense avoir reconnu le fruit, il pose un jeton sur l'image du fruit.
Pour ne pas oublier de faire goûter les cinq fruits à chaque enfant, il est possible d'utiliser le tableau suivant (quand l'enseignant donne un morceau de fruit à un enfant, il coche la case en dessous de son prénom) :

Fruits/nom de l'élève	Pêche	Pomme	Poire	Banane	Orange
Pierre		x			x
Paul			x		

Remarque : l'enfant reconnaîtra peut-être le fruit par sa caractéristique (par exemple : la couleur de l'orange ou la texture de la banane). Ce sera l'occasion de lui faire prendre conscience que d'autres sens, ici la vue, peuvent nous renseigner sur l'aliment avant de le goûter. On amènera les enfants à faire le lien entre les reconnaissances visuelle et gustative.
L'enseignant doit amener les élèves à décrire leurs sensations gustatives (c'est croquant, c'est juteux, etc.) et à nommer les fruits.
Variable didactique : on peut diminuer le nombre de fruits.

- **Phase 3. Verbalisation/structuration (5 minutes)**

L'enseignant amène les enfants à décrire l'activité qu'ils viennent de vivre pour faire émerger le nom du sens mobilisé : « Comment avons-nous fait pour reconnaître les fruits ? »
La silhouette des cinq sens est complétée en attachant la bouche. Elle peut ensuite être affichée dans la classe pour garder une trace de la séquence sensorielle.

Évaluation

Elle s'effectue par observation pendant la séance, en contrôlant si l'élève a reconnu le goût des fruits et a rempli correctement sa planche de loto.

:: Conseils

La sécurité des aliments/les bons gestes

Il est important de se renseigner sur les allergies alimentaires des enfants avant de réaliser des dégustations.
Les instructions officielles nous invitent à être très vigilants quant à l'hygiène et aux précautions à prendre lors des manipulations d'aliments. Il faut aussi jeter le jour même les fruits non consommés.

:: Prolongements

La séance peut être reconduite plusieurs fois avec d'autres fruits ou d'autres aliments afin d'enrichir l'expérience sensorielle gustative.

La salade de fruits

Lors d'un atelier cuisine, on peut ensuite fabriquer une salade de fruits. Il est également possible d'organiser une visite dans une halle aux fruits et légumes ou chez un maraîcher.

Séance n° 17 Le nez et les odeurs

Section du cycle : Tout-petits/petits

:: **Objectif** : Utiliser les perceptions olfactives pour comparer des odeurs.

:: **Concepts** : Les propriétés olfactives de la matière, les caractéristiques des odeurs.

:: **Compétence** : Se référer au tableau p. 15.

:: **Conditions préalables** : Faire la séance sur le goût avant celle sur l'odorat. En effet, les différents moments de dégustation dans la classe et les ateliers cuisine sont autant d'occasions pour l'enseignant de commencer à sensibiliser les enfants à l'odeur des aliments.

:: Préparation de la classe

- **Organisation matérielle**
  Atelier dirigé de 4 à 6 élèves réunis autour d'une table protégée par un tapis.
  Il est souhaitable que les élèves portent un tablier.
- **Matériel**
  Des petites boîtes en plastique non transparent (exemple : boîtes à tisane ou yaourts avec couvercle), avec un couvercle percé à plusieurs endroits pour laisser l'odeur s'échapper.
  Chaque boîte contient un aliment solide, liquide ou en poudre. Elle a sa jumelle, c'est-à-dire contenant le même aliment.
  L'enseignant sélectionne divers aliments, tels que eau, lait, café moulu, vinaigre, chocolat en poudre, caramel liquide, jus d'orange, menthe, etc.

:: Déroulement de l'activité

- **Durée** : 40 minutes.

→ Description de l'activité

- **Phase 1. Préparation (5 minutes)**

Rappel des séances précédentes et des différents sens mobilisés (l'ouïe, la vue, le toucher) en utilisant la « silhouette des cinq sens » pour se souvenir. Présentation du matériel et de la nouvelle activité.

- **Phase 2. Découverte libre/observation des comportements (10 minutes)**

Laisser les enfants manipuler les boîtes et sentir les odeurs librement. C'est à partir de ce temps de familiarisation que l'enseignant peut présenter le matériel et l'activité.

- **Phase 3. Description de l'activité (20 minutes)**

Distribuer à chaque enfant six boîtes en donnant la consigne suivante : « Sens une boîte et essaye de retrouver la boîte qui a la même odeur. Quand tu as trouvé, tu mets les deux boîtes ensemble. » Lorsque l'enfant a constitué ses trois paires, l'enseignant peut lui distribuer six autres boîtes. Lors de cette phase, inviter les enfants à décrire leurs sensations olfactives en utilisant le vocabulaire approprié (« ça sent bon, ça sent fort, ça ne sent pas bon, ça ne sent rien »). On s'attend à ce que les enfants remarquent que l'eau n'a pas d'odeur.

- **Phase 4. Verbalisation/structuration (5 minutes)**

Inciter les enfants à décrire l'activité qu'ils viennent de vivre : « Comment avons-nous fait pour retrouver les deux boîtes qui ont la même odeur ? » C'est l'occasion de nommer le sens mobilisé pour sentir. On peut ensuite compléter « la silhouette des cinq sens » en attachant le nez.

Évaluation

Elle s'effectue par observation pendant la séance, en vérifiant que l'élève est capable d'associer les boîtes ayant la même odeur. (Pour faciliter l'évaluation, il est préférable d'écrire sur les boîtes le nom de l'aliment ; on peut ainsi valider rapidement les réponses des enfants).

:: Prolongement

La séance pourra être reconduite plusieurs fois avec les mêmes odeurs pour développer la mémoire olfactive, et avec d'autres odeurs pour développer l'expérience sensorielle olfactive.

Chapitre 7

Se repérer dans l'espace

:: Continuité des apprentissages en maternelle

:: Repères pratiques

:: Séances 1 à 12

Yveline Minne

Continuité des apprentissages en maternelle

	1re année	2e année	3e année	Grande section
Repérages dans l'espace				
Se situer par rapport à des objets ou des personnes	à travailler prioritairement	à travailler prioritairement	à travailler prioritairement	à travailler prioritairement
Situer des objets ou des personnes les uns par rapport aux autres				
• par rapport à des repères fixes	peut être travaillé	à travailler prioritairement	à travailler prioritairement	à consolider
• par rapport à une personne ou un objet fixe orienté			à travailler prioritairement	à travailler prioritairement
• les objets ou les personnes les uns par rapport aux autres			peut être travaillé	à travailler prioritairement
Se déplacer dans un environnement proche de l'école (espace vert, terrain de sport)		peut être travaillé	à travailler prioritairement	à travailler prioritairement
Représentation de l'espace				
Maîtriser l'environnement proche				
• reconnaître, décrire, commenter des représentations	à travailler prioritairement	à travailler prioritairement	à travailler prioritairement	à travailler prioritairement
• reconnaître, utiliser des représentations d'espaces connus		peut être travaillé	à travailler prioritairement	à travailler prioritairement
• coder, décoder des espaces vécus			peut être travaillé	à travailler prioritairement
Décrire et représenter simplement l'environnement proche				
• suivre un parcours décrit oralement	à travailler prioritairement	à travailler prioritairement	à travailler prioritairement	à travailler prioritairement
• décrire un parcours effectué		peut être travaillé	à travailler prioritairement	à travailler prioritairement
• représenter un parcours (dessin, maquette, plan)			peut être travaillé	à travailler prioritairement
Savoir reproduire l'organisation d'un ensemble d'objets dans l'espace	peut être travaillé	peut être travaillé	à travailler prioritairement	à travailler prioritairement
Des espaces inconnus				
S'intéresser à des espaces inconnus	peut être travaillé	peut être travaillé	à travailler prioritairement	à travailler prioritairement

Légende :
- à travailler prioritairement
- à consolider
- peut être travaillé

Repères pratiques

1. Les axes forts du domaine d'activités

Le concept d'espace, commun à de nombreux domaines d'activités, doit être compris comme un système dont les composantes prennent sens les unes par rapport aux autres : la forme, la distance, l'orientation.

À l'école maternelle, l'enfant découvre le monde qui l'entoure au travers d'activités qui lui permettront de prendre et utiliser des repères spatiaux. Il va être amené à se déplacer dans des espaces de plus en plus lointains, à se situer, à situer des objets ou des personnes les uns par rapport aux autres. Enfin, le fait de situer des objets ou des personnes par rapport à des repères quelconques nécessitera une décentration de sa part pour adopter le point de vue d'un autre. À noter l'importance des activités dans lesquelles il faut passer du plan horizontal au plan vertical et inversement tout en conservant les positions relatives des différents éléments afin de préparer à l'orientation dans l'espace graphique en lien avec l'apprentissage de la lecture et de l'écriture.

2. Les spécificités de la section

La première rentrée est synonyme d'un profond changement dans les habitudes de vie du jeune enfant. L'objectif prioritaire est de faire en sorte qu'il se sente en sécurité dans ce nouvel environnement qu'est l'école. Il est important de mettre en œuvre une signalétique facilement compréhensible afin qu'il puisse s'approprier l'espace progressivement. Avant les exercices sur feuille, il est indispensable pour les enfants de vivre des situations dans l'espace qui les entoure : la salle de classe au départ avec une installation progressive des « coins » grâce à la complicité d'un personnage médiateur ainsi que les lieux fréquentés quotidiennement comme la salle d'évolution, les couloirs, la cour.

Les priorités pour l'enseignant de petite section en référence au tableau de compétences

L'enseignant propose des situations de structuration de l'espace, accompagne les premières expériences par le langage. Il aide à comprendre et à faire utiliser des locutions spatiales fondées sur des oppositions (sur – sous, loin de – à côté de, etc.) : repérer des objets ou des déplacements par rapport à soi puis très progressivement, en liaison avec les progrès réalisés dans le domaine du langage, décrire des positions ou des déplacements par rapport à des repères fixes ou effectuer des petits déplacements en suivant des consignes directionnelles orales centrées sur l'enfant.

Pour l'aider dans l'approche de la représentation de son corps et de son orientation dans l'espace, il s'agira également de lui proposer différentes activités telles qu'imiter des mouvements, commenter des photographies, faire des dessins notamment celui du « bonhomme » qui, réalisé de façon régulière tout au long de l'année, permet de mesurer ses progrès.

Des photographies prises lors des activités permettront à l'enfant de se reconnaître ou de reconnaître autrui, de décrire, de commenter des actions : elles constitueront les premières représentations des espaces connus et seront les supports privilégiés d'échanges langagiers.

La manipulation et la réalisation d'objets, les jeux d'emboîtement, d'empilement favorisent l'approche de notions telles que la verticalité ou l'horizontalité.

L'enseignant profitera également des occasions qui se présentent pour ouvrir les élèves à d'autres cultures en proposant des histoires, des images « d'ailleurs » qui permettront à chacun de se construire une première représentation du monde auquel il appartient.

3. Éléments didactiques et pédagogiques

Le tableau ci-dessous propose une approche progressive de la notion d'espace :

Compétences	Exemples de situations	Verbalisation
Repérer des objets ou des personnes par rapport à soi (le plus facile).	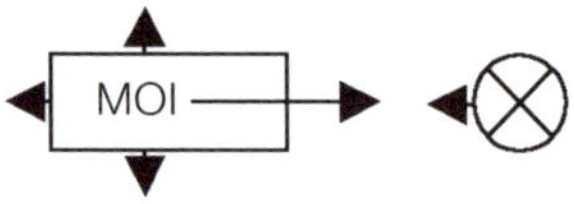	X est devant moi. (Les notions de gauche et droite sont plus difficiles que devant, derrière : la construction de la latéralité sera réservée à la grande section.)
Repérer des objets ou des personnes par rapport à un objet fixe non orienté.		X est à côté du banc.
Repérer des objets ou des personnes par rapport à une personne ou un objet orienté.	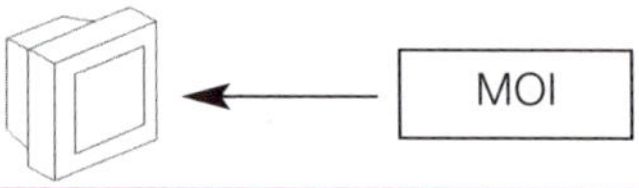	Je suis devant l'écran.
Repérer des objets ou des personnes les uns par rapport aux autres (le plus difficile : notion de point de vue).	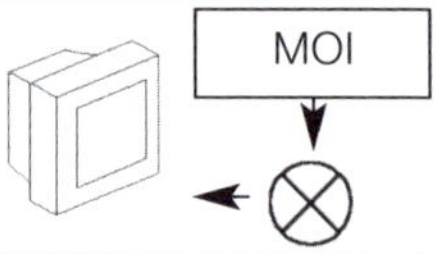	X est devant l'écran.

L'espace est d'abord perçu puis vécu physiquement par les enfants. Cependant, l'expérience spontanée, sans le recours à la verbalisation des actions, ne saurait garantir de réels apprentissages. Les activités proposées doivent leur permettre de vivre l'espace, de le décrire verbalement, de le représenter mentalement et de le coder graphiquement. Il est à noter que le passage de l'espace vécu à l'espace représenté se construit lentement et reste difficile tout au long de l'école maternelle. Ainsi, la découverte de nouveaux lieux se fera d'abord par la familiarisation physique puis à l'aide de représentations telles que des photos, des dessins, la manipulation de maquettes, qui vont générer le besoin d'un vocabulaire précis. Les enfants s'approprient l'espace au travers d'activités variées, ancrées dans de véritables situations de communication : on se déplace pour chercher un trésor, pour demander quelque chose à quelqu'un, on explique à un camarade le trajet à effectuer pour que celui-ci trouve quelque chose, on représente l'organisation d'un espace à l'aide d'objets, on le décrit, on le dessine pour que quelqu'un puisse se repérer.

Séquence : Repérer des objets ou des déplacements

→ Séances n° 1 et n° 2 distinctes.

Séance n° 1 Jeu de cache-cache

Section du cycle : Tout-petits/petits (première rentrée)

:: **Objectif** : Se situer dans la classe.

:: **Concepts** : Espace, localisation.

:: **Compétence** : Se référer au tableau p. 15.

:: **Conditions préalables** : Séance filée à reproduire autant de fois que nécessaire. L'enseignant lit quotidiennement des petites histoires aux enfants.

:: Préparation de la classe

- **Organisation matérielle**
  Les élèves sont réunis autour de l'enseignant, ils sont installés de façon à écouter une histoire dans les meilleures conditions possibles.
- **Matériel**
  Tous objets (outils, jouets, jeux, etc.) qui se trouvent dans la classe.
- **Documents**
  Albums permettant l'utilisation d'un vocabulaire spatial : histoires simples dont un personnage a disparu ou a perdu quelque chose, comme par exemple :
  - *Où est Spot mon petit chien ?* Hill, Nathan.
  - Qu'est-ce que j'en ai fait ? A. Jonas, L'École des loisirs.

:: Déroulement de l'activité

- **Durée** : 10 minutes.
- **Modalités de travail** : classe entière.

→ **Description de l'activité**

L'enseignant présente l'album *Où est Spot, mon petit chien ?* en s'arrêtant sur chaque image, en verbalisant de manière précise le lieu où se cache le petit chien. Il reprend ensuite page par page et demande à un enfant de faire comme Spot et d'aller se cacher à un endroit de la classe. Il utilise des phrases courtes, simples et un vocabulaire spatial essentiellement fondé sur des oppositions (sur/sous par exemple) : « Va te cacher sous le tapis ! » Ce vocabulaire s'enrichira au fil de séances analogues à celle-ci, qui seront menées de manière régulière, surtout au début de l'année scolaire.

Résultats attendus

Les enfants construisent leurs connaissances progressivement et à leur rythme avec l'aide de l'enseignant qui, au travers de situations motivantes liées à la vie de la classe, verbalise les actions en s'appuyant sur un langage rigoureux, notamment celui des locutions spatiales : la pratique régulière de ce type d'activités dans l'espace qui entoure l'enfant (la classe et les coins jeux) lui permettra de comprendre, d'agir, de reformuler, d'utiliser progressivement un vocabulaire spatial précis.

Évaluation

Lors d'autres activités menées en plus petit groupe, l'enseignant vérifie le degré d'acquisition des notions spatiales tant en réception qu'en émission : il profite de l'aménagement des coins symboliques où l'on pourra placer des figurines ou des objets à des endroits précis, tels que les voitures au coin garage, les animaux dans la ferme, les ustensiles à la cuisine.

:: Conseils

Le temps de chaque activité ne dépasse pas 10 à 15 minutes en règle générale. L'enseignant accompagne l'action par le langage, verbalise, utilise le feed-back, incite progressivement l'enfant à reformuler.

L'on visera plus particulièrement à mettre en place les locutions spatiales fondées sur des oppositions : sur - sous, dedans - dehors, à côté de... - loin de..., d'un côté - de l'autre côté, en haut - en bas, qui s'étofferont au fil des semaines.

:: Prolongement

S'il est indispensable de programmer des séances spécifiques, la notion de repérage dans l'espace est à travailler quotidiennement dans la vie de la classe chaque fois qu'une occasion se présente : lors des moments de regroupement, de changements d'activités, des entrées ou sorties de classe, du rangement des jeux. Le regroupement est l'occasion pour les enfants de se placer selon des consignes précises : se mettre à côté de... s'asseoir entre...

Séance n° 2 Course au trésor

Section du cycle : Petits

:: **Objectif** : Découvrir son école.

:: **Concepts** : Espace, orientation.

:: **Compétence** : Se référer au tableau p. 15.

:: **Conditions préalables** : Cette séance à reprendre dans l'année est le point d'orgue d'une série d'activités : les enfants ont visité l'école en compagnie de l'enseignant et de l'ATSEM ; des activités de langage ont déjà eu lieu avec, pour support, les photos des différents adultes rencontrés fréquemment, de manière à apprendre à les reconnaître et à les nommer.

:: Préparation de la classe

- **Organisation matérielle**
  Un adulte accompagnateur ou observateur selon la période de l'année.
  Des équipes de 2 à 3 élèves avec une feuille de route.
  Les adultes concernés sont impliqués dans le dispositif.
- **Matériel**
  Autant de types de gommettes que d'adultes.
  Une feuille de route par groupe d'élèves.
  Photocopies des photos.

Exemple :

- **Documents**
  Les photos des différents adultes de l'école rencontrés quotidiennement.

:: Déroulement de l'activité

- **Durée** : variable selon l'organisation retenue.
- **Modalités de travail** : équipes de 2 à 3 élèves en autonomie plus ou moins complète (dans tous les cas de figure, laisser un adulte à un point stratégique).

→ Description de l'activité

Préalablement : la feuille de route est présentée au groupe classe. Par un jeu de questions, l'enseignant fait verbaliser les élèves à propos des photos (reconnaissance des personnes, l'endroit où on peut les trouver, etc.). Il explicite le déroulement de la « course au trésor » : chaque groupe se déplacera dans l'école pour aller rencontrer les différentes personnes. Chacune d'entre elles collera une gommette sur la feuille.

Composer les équipes et bien répéter les consignes de sécurité en collaboration avec les enfants. Les départs sont échelonnés de manière à éviter les rencontres. À chaque classe, les enfants reçoivent une gommette. Ils reviennent dans la classe quand la feuille de route est remplie.

Résultats attendus

Les enfants se déplacent sans appréhension dans l'école, se présentent aux différents adultes et explicitent leur demande. Dès leur arrivée en classe, ils racontent leur promenade.

Évaluation

La feuille de route attestera du passage dans les différents espaces de l'école.

:: Conseils

Cette course au trésor nécessite la prise en compte de quelques précautions par rapport au degré d'autonomie du public visé, à son problème de la relation aux autres, à sa capacité langagière. Cette activité peut être proposée de façon progressive :

- se déplacer en compagnie d'un adulte qui peut aider en cas de difficulté ;
- se déplacer en autonomie mais sous le regard d'un adulte placé à un endroit stratégique.

Selon le stade d'évolution de l'enfant, l'enseignant fait varier le nombre de photos, l'éloignement par rapport à la classe.

:: Prolongement

Cette course d'orientation peut être reconduite dans d'autres espaces tels que la cour de l'école à partir de photos d'éléments représentatifs (banc, arbre, jeu d'extérieur, etc.) à l'occasion d'une chasse à des objets cachés (au printemps, la recherche des œufs).

Photographie de l'auteur.

Séquence : Situer des objets ou des personnes les uns par rapport aux autres

Séance n° 3 Découverte du matériel

Section du cycle : Tout-petits/petits

:: **Objectif** : Jouer avec des cartons d'emballage.

:: **Concepts** : Espace, localisation.

:: **Compétence** : Se référer au tableau p. 15.

:: **Préparation de la classe**

- **Organisation matérielle**
  Chaque élève doit pouvoir disposer d'un carton.
- **Matériel**
  Un matériel simple à partir duquel les enfants peuvent agir librement : cartons d'emballage de différentes tailles, petit matériel (ballons de mousse, cordes, bâtons, tissus, etc.).

:: **Déroulement de l'activité**

- **Durée** : environ 20 minutes.
- **Modalités de travail** : l'ensemble des enfants regroupés dans la salle de motricité.

→ **Description de l'activité**

Après une mise en train, un moment de découverte du matériel : la variété proposée attire spontanément l'enfant qui va agir librement, seul ou avec d'autres, allant d'un matériel à un autre. L'enseignant se place en position d'observateur (en étant naturellement vigilant aux actions dangereuses pour autrui ou non conformes à un bon déroulement de l'activité). Il repère des actions intéressantes qu'il essaie de faire verbaliser par les élèves concernés puis il propose au groupe de les reprendre : « Je mets le carton sur la tête », « On essaie de faire comme... ».

Résultats attendus

Pour les élèves, l'amélioration ainsi que la coordination de certaines actions, la découverte de nouveaux gestes, la socialisation.
Pour l'enseignant, une mise à distance facilitant le repérage d'actions engagées.

Évaluation

La recherche d'une diversification des actions engagées seul ou avec d'autres : retourner, tirer, pousser avec différentes parties du corps, mettre les cartons les uns dans les autres, frapper dessus avec les mains, dedans avec le pied, porter de différentes façons, remplir, vider, se mettre dedans, se cacher, faire un petit train, etc.

:: **Remarque**

Le jeu moteur spontané participe au développement du langage qui sera d'autant mieux investi qu'il s'intègre à des expériences vécues.

Séance n° 4 Le carton dans tous ses états

Section du cycle : Petits

:: **Objectif** : Obéir à des consignes d'ordre spatial.

:: **Concept** : Relation objet/corps.

:: **Compétence** : Se référer au tableau p. 15.

:: **Conditions préalables** : Les enfants ont eu l'occasion, lors des activités précédentes en salle de motricité, de manipuler, jouer librement avec les cartons d'emballage. L'enseignant a observé, répertorié les trouvailles qu'il va exploiter.

:: Préparation de la classe

- **Organisation matérielle**
  Les cartons sont disposés partout dans la salle, un carton par enfant.
- **Matériel**
  Les cartons d'emballage utilisés lors de la séance de découverte.
  Un appareil photo numérique afin d'avoir une trace des actions les plus riches du point de vue de la relation de l'objet au corps.

:: Déroulement de l'activité

- **Durée** : 20 à 30 minutes.
- **Modalités de travail** : l'ensemble de la classe.

→ Description de l'activité

Après une phase de jeu libre, l'enseignant exploite successivement les actions repérées dans le but de les faire évoluer. Sous forme de petits jeux afin de ne pas lasser les élèves, il les amène à exécuter des actions telles que :

- se cacher à l'intérieur des « cartons maisons » ;
- se mettre derrière et pousser les « cartons voitures » ;
- se mettre les uns derrière les autres et partir en « cartons train » ;
- aller en avant, en arrière avec son carton ;
- porter son carton de différentes manières : sur la tête, sous le bras, derrière son dos ;
- transporter sa maison comme un escargot.

Il prend en photo des actions riches en vue d'une exploitation ultérieure.

Photographie de l'auteur.

Résultats attendus

Les élèves comprennent les consignes, repèrent la position du carton par rapport à eux et verbalisent d'autres idées.

:: Remarque

Ces activités d'exploration libre puis les activités motrices dirigées sont nécessaires, elles participent au développement de l'enfant et favorisent l'accès à des formes représentatives plus complexes dont le langage fait naturellement partie.

Séance n° 5 Jeu de portrait

Section du cycle : Petits

:: **Objectifs** : Se reconnaître et décrire des photos.

:: **Concepts** : Espace, structuration.

:: **Compétence** : Se référer au tableau p. 15.

:: **Conditions préalables** : Les enfants ont eu l'occasion, récemment, de manipuler, jouer avec les cartons d'emballage. Ils ont pu expérimenter différentes réponses.

:: Préparation de la classe

- **Organisation matérielle**
  Autant de petites photos posées sur la table, en double exemplaire, que d'élèves dans le groupe.
  Des agrandissements de photos au tableau pour une exploitation collective.
- **Documents**
  Des photos de l'ensemble des élèves prises lors des activités avec les cartons d'emballage, soit individuellement, soit en groupe.

:: Déroulement de l'activité

- **Durée** : 5 minutes puis 10 minutes.
- **Modalités de travail** : d'abord avec la classe puis reprise avec un plus petit groupe d'enfants.

→ Description de l'activité

- **Phase 1.** L'enseignant laisse les enfants découvrir les agrandissements sans consigne particulière. Ceux-ci prennent plaisir à se voir ou à reconnaître un de leurs camarades. Ils verbalisent de façon spontanée: ils évoquent un moment vécu, ils réinvestissent un vocabulaire, ils utilisent des phrases plus ou moins construites. Ce moment permet à l'enseignant de prendre connaissance des acquis mais aussi des problèmes rencontrés par les enfants par rapport à la syntaxe et au vocabulaire spatial.
- **Phase 2 en petit groupe.** Un élève choisit une photo qu'il décrit. Par des questions ciblées, l'enseignant l'aide à repérer la position du carton.

Selon le degré de compétence dans le domaine de l'oral, un enfant choisit une photo qu'il ne montre pas aux autres, il demande à quelqu'un de retrouver la même sur la table ou de reproduire la situation.

Résultats attendus

Une verbalisation des actions à l'aide de termes précis tels que : sur/sous ; dehors/dedans ; à côté/loin.

Évaluation

À partir d'une grille d'observation, repérer les locutions utilisées par les enfants.

Séance n° 6 Évaluation

Section du cycle : Petits

:: Objectif : Utiliser les prépositions « sur » et « sous ».

:: Concepts : Espace, structuration.

:: Préparation de la classe

- **Organisation matérielle**
  5 dessins de bonshommes affichés au tableau pour une exploitation collective.
- **Matériel**
  Feuilles de format A3.

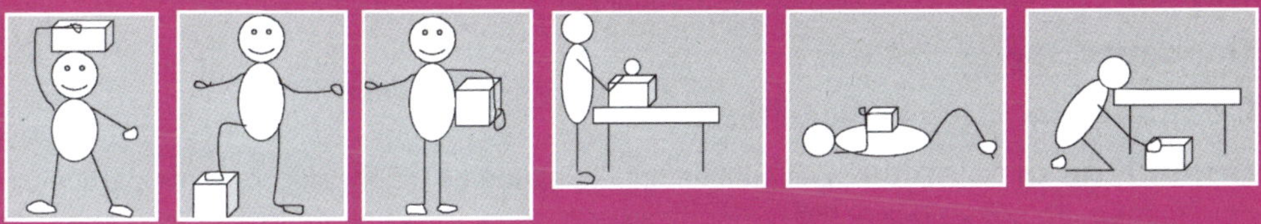

:: Déroulement de l'activité

- **Durée** : 20 minutes.
- **Modalités de travail** : d'abord avec la classe puis reprise avec un plus petit groupe d'enfants.

→ Description de l'activité

Collectivement, l'enseignant montre les affiches une à une, laisse les enfants s'exprimer. Puis il continue avec un plus petit groupe de manière à pouvoir évaluer plus finement le degré d'acquisition de la notion sur/sous. Plusieurs approches sont possibles : repartir de ces affiches et demander de montrer le bonhomme qui a le carton sur la tête ; reproduire le geste et le verbaliser ; manipuler la marionnette de la classe qui va imiter le bonhomme.

Résultats attendus

Les enfants reconnaissent, imitent, décrivent les actions représentées.

Évaluation

L'utilisation ou non des locutions « sur » et « sous ».

Séquence : Maîtriser l'environnement proche

→ Les séances n° 7 et n° 8 sont distinctes.

Séance n° 7 Jouons au coin garage

Section du cycle : Tout-petits/petits

:: **Objectif** : Se repérer dans l'espace « coin garage ».

:: **Concepts** : Espace, topologie.

:: **Compétence** : Se référer au tableau p. 15.

:: **Conditions préalables** : Les enfants ont l'habitude de jouer sans consigne particulière au coin garage. En amont des activités décrites ci-dessous, il y a lieu de mettre en place d'autres compétences notamment dans le domaine langagier : après avoir choisi une voiture, la décrire, donner la raison de son choix ; évoquer des situations vécues ; utiliser un lexique spécifique par rapport à la couleur, à la voiture (portière, coffre, phare, etc.), aux différentes actions menées dans un garage (laver la voiture, prendre de l'essence, etc.) ; comparer par rapport à la réalité, à des ouvrages documentaires, etc.

:: Préparation de la classe

- **Organisation matérielle**
  À l'espace « coin garage » équipé, avec un petit groupe.
- **Matériel**
  Différents objets pour aménager cet espace : un garage (il en existe de multiples sortes), des voitures de types et de couleurs différents, un tapis de circulation routière, si possible une voiture de grande taille dont on peut ouvrir le capot, les portières, etc.
- **Documents**
  Des albums sur le thème des voitures, par exemple *Ma voiture*, B. Barton, L'École des loisirs.

:: Déroulement de l'activité

- **Durée** : 10 à 15 minutes.
- **Modalités de travail** : petits groupes de 2 à 3 élèves au coin jeu.

→ **Description de l'activité**

Donner des consignes aux enfants pour investir l'espace du garage : utiliser un vocabulaire spatial précis (l'enseignant accompagne les actions par la parole, les enfants manifestent leur compréhension en plaçant les voitures).

Exemples de consignes : « Rentre la voiture dans le garage », « La voiture bleue arrive devant la pompe », « Mets la voiture sur le pont », etc.

Même chose mais c'est un élève qui dirige le jeu : il donne des consignes aux autres avec l'étayage de l'enseignant si nécessaire (bien souvent il va essayer de reprendre les propos de l'enseignant).

Jeu de devinettes : demander de prendre la voiture qui se trouve à un endroit précis : « Prends la voiture qui est devant la pompe. »

Progressivement, complexifier les consignes.
Reprendre une progression identique pour le tapis de route : il s'agira alors d'introduire quelques consignes directionnelles (en avant, en arrière, etc.).
L'enseignant est au départ meneur de jeu avant de céder sa place à un enfant dès que possible : il donne des consignes utilisant un vocabulaire spatial précis (le long de, autour, dans, dehors, à côté de, derrière, devant, etc.) puis progressivement essaie de mettre en œuvre de petits scénarii, chacun des élèves jouant le rôle de conducteur d'un véhicule.

Résultats attendus

Les élèves s'approprient le coin garage et le tapis de route, partagent le matériel et l'espace, inventent des scénarii seuls puis progressivement avec un autre, échangent.

Évaluation

Dans un premier temps, lors des situations d'apprentissage, la compréhension du vocabulaire précis des consignes données par l'enseignant puis l'utilisation d'un lexique précis en réponse à des sollicitations ou exprimé en autonomie lors de moments de jeux informels.

Prolongement et ouverture transdisciplinaire

Ce type de situations vécues dans le coin garage mais aussi dans les autres espaces réservés au jeu symbolique où l'élève a l'habitude de jouer sans consigne particulière va lui permettre d'enrichir son imaginaire (histoires que l'enfant va reproduire, exprimer verbalement ou non), de favoriser la socialisation au travers de réseaux de communication divers (enfant, adulte, autrui).
Ce projet est aussi générateur d'autres activités dans différents domaines.

- **Chez les tout-petits**

- Enrichir le répertoire des gestes graphiques de base : faire des tracés à la peinture en faisant rouler des petites voitures et en variant la couleur, la taille et l'orientation du support (voir la séance décrite au chapitre 9).
- Dans le domaine des mathématiques, la discrimination de la qualité des objets (couleur, forme, quantité, etc.) : aider l'adulte à ranger les objets va progressivement amener l'enfant à les catégoriser. Il ne s'agit pas d'un apprentissage systématique mais d'une activité régulièrement menée et surtout verbalisée par l'adulte.

- **Chez les petits**

Apprentissages mathématiques, approche des quantités et des nombres sous forme de jeux où l'enfant, pour résoudre de petites situations-problèmes, aura l'occasion de mettre en œuvre des procédures de résolution et de s'approprier ainsi de nouveaux outils pour dénombrer des collections. Voir à ce propos l'activité « voitures et places » dans l'ouvrage *Apprentissages mathématiques : jeux en maternelle*, F. Martin, CRDP Aquitaine, 2003.

Séance n° 8 Retrouvons la marionnette de la classe

Section du cycle : Tout-petits/petits

:: **Objectif** : Localiser un objet à partir d'une photo.

:: **Concepts** : Espace, repérage, localisation.

:: **Compétence** : Se référer au tableau p. 15.

:: **Conditions préalables** : Séance filée à reproduire autant de fois que nécessaire. L'enseignant a introduit dès le début de l'année un personnage médiateur dans la classe, ici, « Piquant » le hérisson, une marotte à manipuler avec la main. Les élèves le connaissent bien, il fait l'objet d'une attention particulière tous les matins : on le lève, on met son étiquette au tableau des présences, etc.

:: Préparation de la classe

- **Organisation matérielle**
  Il s'agit d'une séance filée qui se reproduira à plusieurs reprises sur le même schéma à partir d'une photographie différente afin que les élèves, progressivement, découvrent les espaces de leur école, leur positionnement par rapport à la classe ainsi que leur rôle.
- **Matériel**
  Un appareil photo numérique, une imprimante.
  Un grand cahier ou un porte-vues pour fabriquer l'album de la mascotte.
  Une photo du personnage prise en l'absence des élèves ainsi qu'un message de sa part.
  Un album photo déjà créé (voir séance n° 11).

:: Déroulement de l'activité

- **Durée** : 15 minutes.
- **Modalités de travail** : groupe classe.

→ Description de l'activité

- **Phase 1.** Un matin, les élèves découvrent le hérisson qui les attend au coin regroupement avec une enveloppe qui contient une photo de lui, prise avant leur arrivée, ainsi qu'un message. L'enseignant questionne les enfants afin de savoir où il était, ce qu'il pouvait bien faire à cet endroit... Les hypothèses avancées sont validées ou non par l'intermédiaire de Piquant. Il demande à un élève d'aller se mettre à sa place. Enfin, il lit le message qui est une demande de sa part : il souhaiterait avoir, lui aussi, son album photo (voir la séance n° 11).
- **Phase 2.** L'enseignant présente un des albums de la classe qui montre des élèves en action lors de la séance de motricité par exemple. Il les amène à rappeler la manière de procéder. Les enfants proposent des idées, font le choix d'une légende à noter en dessous de la photo de Piquant : « Il est assis <u>devant</u> l'ordinateur. » « Il a fait un dessin, le dessin est <u>au-dessus</u> de lui ».

Résultats attendus
Les élèves participent, communiquent, commencent à élaborer des phrases simples en utilisant un vocabulaire spatial.

Évaluation
Le hérisson demande à quelques enfants d'aller se placer à certains endroits de la classe : les autres valident ou non. L'enseignant aide à décrire le déplacement effectué.

:: Conseils

La marionnette de la classe, médiatrice de la communication.
Son introduction dans la classe, dès le début de l'année favorise, surtout chez les plus réticents, l'envie de s'engager dans une relation verbale on non verbale avec l'adulte. Au début, l'enseignant lui prête sa voix, c'est elle qui va conduire les échanges, elle s'adresse à un enfant ou à plusieurs, elle raconte des histoires, elle parle de ses joies et ses peines, elle apporte régulièrement des surprises (un nouveau jeu, un secret, un message). Elle fait parfois des bêtises, elle disparaît de la classe, etc. Son utilisation quotidienne favorise l'entrée dans le jeu symbolique : progressivement, les enfants s'en emparent, engagent avec elle une conversation et reproduisent parfois à plusieurs des saynètes vécues ou inventées.

:: Prolongement

Cette séance sera à réitérer plusieurs fois en variant le lieu : la marionnette joue dans les coins symboliques, elle lit un album à la bibliothèque, elle est assise dans la cour, elle se promène dans le couloir, etc., de façon à permettre aux élèves de se déplacer dans toute l'école.

Séquence : Décrire et représenter simplement l'environnement proche

➜ Cette séquence est composée des séances n°s 9 à 11, complétées par la séance n° 12 qui peut être traitée de manière isolée.

Séance n° 9 Regardons les photos prises en séance de motricité

Section du cycle : Tout-petits/petits

:: **Objectif** : Décrire des photos d'actions lors de la séance de motricité.

:: **Concepts** : Espace, image orientée du corps.

:: **Compétence** : Se référer au tableau p. 15.

:: **Conditions préalables** : L'enseignant a pris en photo un ou plusieurs enfants lors de moments qui donneront lieu à des descriptions par rapport à l'utilisation d'un langage précis relatif à la notion d'espace. La photo numérique facilite la mise en mémoire de moments de vie particuliers riches émotionnellement comme un goûter, la réalisation d'une recette, lors d'une sortie, d'un déplacement sur les parcours de motricité, ou des jeux dans les coins symboliques.

:: **Préparation de la classe**

Prendre ces photos de façon isolée ou en groupe pour que chacun puisse se reconnaître.

- **Matériel :** Un appareil photo numérique, une imprimante couleur si possible.
- **Documents :** Des photos prises lors de la séance de motricité, en plus grand nombre que celui des enfants dans l'atelier.

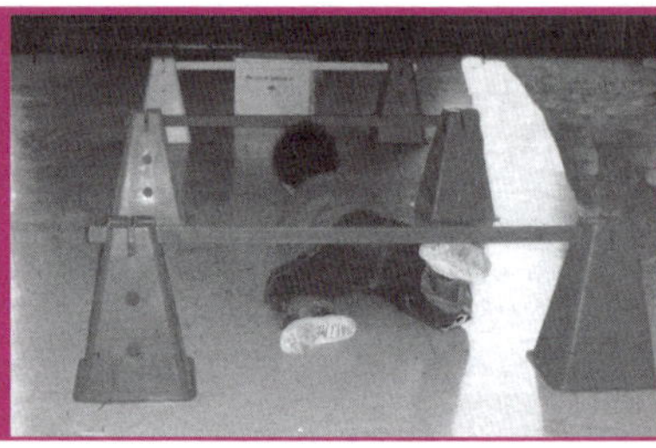

:: **Déroulement de l'activité**

- **Durée** : 10 à 15 minutes.
- **Modalités de travail** : petit groupe avec l'enseignant.

➜ **Description de l'activité**

- **Phase de découverte.** Lors d'une séance en atelier, dans un temps le plus proche possible du moment vécu, les photos sont découvertes et commentées par les enfants qui prennent plaisir à se reconnaître ; ils s'intéressent plus spécifiquement à leur photo puis petit à petit regardent celle des autres, ils nomment leurs camarades. Dans un premier temps, l'enseignant laisse s'exprimer les enfants, il les aide en reformulant. Dans un second temps, il les sollicite pour répondre à des questions du type : « Que fait-il ? Où est Léa ? Qui est sous le banc ? Que veut faire Théo ? »

Résultats attendus

Il s'agit surtout d'un moment de « déballage » oral : cette pratique régulière est toujours source de motivation à la prise de parole.

Séance n° 10 Décrivons ce que font nos camarades

Section du cycle : Tout-petits/petits

:: **Objectif** : Décrire sa position ou celle d'un autre par rapport à un repère fixe.

:: **Concepts** : Espace, image orientée du corps.

:: **Compétence** : Se référer au tableau p. 15.

:: **Capacités** : Reconnaître, décrire, commenter une représentation.

:: Préparation de la classe

- **Matériel**
  2 ou 3 photos agrandies si possible et affichées sur un plan vertical les plus représentatives par rapport aux locutions spatiales à travailler.

:: Déroulement de l'activité

- **Durée** : 10 à 15 minutes.
- **Modalité de travail** : un petit groupe avec l'enseignant.

→ Description de l'activité

L'enseignant laisse un temps d'observation puis, à l'aide de questions dirigées, favorise la description des différentes actions reproduites : nommer les camarades ainsi que le matériel, s'exprimer sur les actions reconnues en situant chacun par rapport à un objet ou un camarade, etc.

Résultats attendus

Les photos choisies permettent d'indiquer la position de l'élève par rapport à l'objet et/ou celle des personnages les uns par rapport aux autres, ce qui doit permettre l'utilisation de locutions spatiales précises : surtout celles fondées sur des oppositions.

Évaluation

L'enseignant note les locutions utilisées par les élèves lors de l'échange.

Séance n° 11 L'album photos

Section du cycle : Tout-petits/petits

:: Objectif : Légender des photographies qui constitueront un album de classe.

:: Concepts : Espace, image orientée du corps.

:: Compétence : Se référer au tableau p. 15.

:: Conditions préalables : L'enseignant a effectué un diagnostic par rapport aux capacités langagières de ses élèves, il a repéré notamment ceux qui ne communiquent pas encore.

:: Préparation de la classe

- **Matériel** : Un classeur ou un grand cahier pour la classe qui servira de liaison entre l'école et la famille. Un choix bien ciblé de photos : tous les enfants doivent s'y retrouver.

:: Déroulement de l'activité

- **Durée** : 10 minutes.
- **Modalités de travail** : avec un élève seul si la communication n'est pas encore établie, sinon avec 2 ou 3 en même temps.

→ Description de l'activité

L'enseignant suscite des échanges à partir des photos prises lors d'une séance de motricité afin de décider de ce que l'on va écrire sous la photo : une phrase syntaxiquement correcte et utilisant un vocabulaire spatial précis. Il l'écrit sous la représentation collée dans le grand cahier et incite les élèves à la verbaliser.

Résultats attendus

Les élèves s'expriment d'autant plus facilement qu'il s'agit de parler d'eux-mêmes. L'objectif est de les amener à utiliser des phrases correctes. Ils auront plaisir à feuilleter et commenter les albums.

Évaluation

L'enseignant renseigne progressivement un tableau à double entrée regroupant le vocabulaire spatial attendu chez un enfant de 3 ans. On peut consulter la grille d'observation du DPL3, dépistage précoce de langage chez les enfants de 3 ans 6 mois : il doit pouvoir désigner, à la demande, devant et derrière lui, en haut, en bas ; il verbalise ces locutions ainsi que les mots *assis*, *couché*, *debout*. Il est entendu que cette liste est minimale dans la mesure où elle permet de détecter de façon préventive les difficultés rencontrées par certains.

:: Conseils

En relation duelle, les photos prises en situation favorisent la prise de parole par l'enfant qui a des problèmes de communication. Les propos recueillis seront retranscrits sous la photo légèrement complexifiés. Exemple : « C'est Léa, je suis dans le tunnel. »
Avec un petit groupe d'élèves qui ont vécu la même situation, dès le mois de janvier, les photos servent de support à un moment de langage. Chacun est amené à se décrire ou à commenter une action. Exemple : « C'est Léa et Théo, ils montent sur le banc. » Le but de ce type d'activités est d'améliorer les pratiques langagières des élèves. Dès la section des petits, il s'agit pour l'enseignant d'élaborer une programmation syntaxique et lexicale puis de réfléchir à des situations qui permettront l'utilisation de structures précises. Je fais ici référence aux travaux de Ph. Boisseau qui préconise l'utilisation d' « albums échos » et d'albums en « syntaxe adaptée ».
Un ouvrage intéressant : *Pédagogie du langage pour les 3 ans*, CRDP de Rouen.

Séance n° 12 Réalisation de compositions

Section du cycle : Petits

Objectif : Construire avec des formes géométriques.

Concepts : Espace, horizontalité, verticalité.

Compétence : Se référer au tableau p. 15.

Conditions préalables : Les élèves ont déjà eu l'occasion de manipuler le matériel de manière informelle puis progressivement selon des consignes précises telles que mettre ensemble les formes qui se ressemblent.

Préparation de la classe

- **Matériel**
  Un ensemble de formes géométriques de différentes tailles et couleurs pour le groupe.
  Au départ des formes identiques, progressivement on ajoutera d'autres formes.
  Un support cartonné par élève.

Déroulement de l'activité

- **Durée** : 20 minutes.
- **Modalité de travail** : en groupe.

→ Description de l'activité

Dans un premier temps, l'enseignant laisse les enfants manipuler librement le matériel proposé, il s'agit pour lui d'observer, de faire expliciter ou d'accompagner l'action par la parole.
Dans un second temps, l'enseignant demande à chacun de disposer les formes sur sa feuille gabarit, l'enfant verbalise ses actions. L'enseignant photographie quelques réalisations.

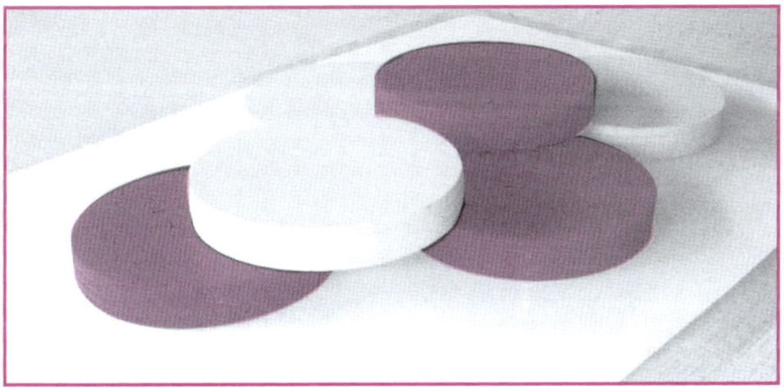

Résultats attendus

Des réalisations « à plat », type pavage, des objets en volume à la recherche d'un équilibre, des superpositions, des représentations figuratives qui servent de support à l'utilisation de locutions spatiales (en dessous/au-dessus, sur/sous, d'un côté/de l'autre côté).

Évaluation

L'enseignant propose des activités dans lesquelles il s'agit de reproduire une composition produite par un autre élève. Il amène l'enfant à décrire ce qu'il voit, à verbaliser les positions relatives de chacun des éléments.

:: Conseils

La manipulation et la réalisation d'objets, les jeux d'encastrements, d'empilements, d'emboîtements, les pavages, les puzzles géométriques sont autant d'activités au service de la structuration de l'espace.

:: Prolongements

On peut envisager d'autres séances à l'identique à partir de deux puis trois types de formes.
Les photos des réalisations peuvent être agrandies et servir de modèles à reconstituer pour les enfants d'un autre groupe, d'une autre classe par exemple.
Les jeux de repérage visuel, que l'on trouve dans les écoles maternelles, sont très nombreux ; ils permettent la mise en œuvre d'activités en autonomie. Cependant, de manière à pouvoir évaluer les progrès réalisés, l'enseignant prévoira une progression dans la mise à disposition de ces derniers. Il est intéressant de garder une trace des réussites de chacun des élèves sous la forme d'un cahier, par exemple avec la photocopie des compositions réalisées (cette remarque est tout à fait valable pour les puzzles).

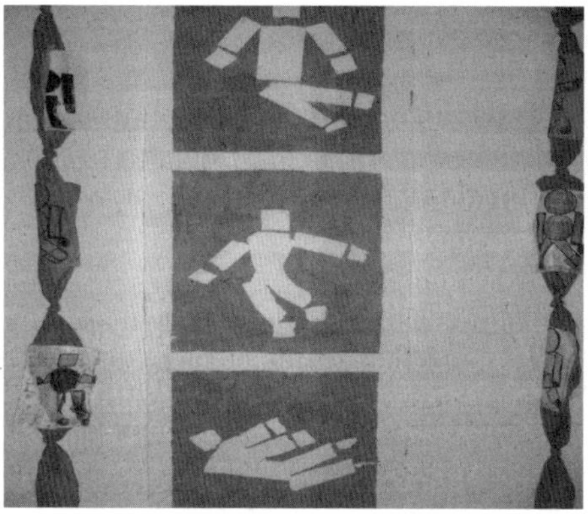

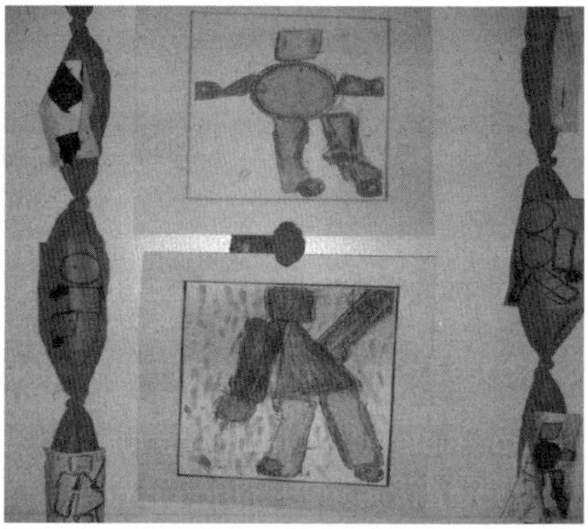

Chapitre 8

Se repérer dans le temps

:: Continuité des apprentissages en maternelle

:: Repères pratiques

:: Séances 1 à 15

Marc Loison

Continuité des apprentissages en maternelle

Organisation du temps personnel, acquisition de repères sociaux, représentation du passé proche, chronologie

	1re année	2e année	3e année	Grande section
Sait se situer dans le temps proche				
• le présent (à l'oral)	à travailler prioritairement	à travailler prioritairement	à consolider	
• la journée	à travailler prioritairement	à travailler prioritairement	à consolider	
• la semaine		peut être travaillé	à travailler prioritairement	
Sait reconnaître le caractère cyclique de certains phénomènes de la journée, de la semaine et de l'année	peut être travaillé	peut être travaillé	à travailler prioritairement	à travailler prioritairement
Sait utiliser une frise				
• journalière			à travailler prioritairement	à travailler prioritairement
• hebdomadaire			peut être travaillé	à travailler prioritairement
Sait situer les événements les uns par rapport aux autres (antériorité, postériorité, simultanéité)				
• recettes, BD, histoire (3 étapes)	peut être travaillé	à travailler prioritairement	à consolider	
• fiches techniques (plus de 3 étapes)		peut être travaillé	à travailler prioritairement	à travailler prioritairement
• des moments de son temps personnel	peut être travaillé	à travailler prioritairement	à travailler prioritairement	à travailler prioritairement
• des repères sociaux (fêtes, anniversaires, etc.)		peut être travaillé	à travailler prioritairement	à travailler prioritairement
Sait maîtriser la simultanéité			peut être travaillé	à travailler prioritairement
Sait utiliser correctement les marques temporelles et chronologiques (temps social)	à travailler prioritairement	à travailler prioritairement	à travailler prioritairement	à travailler prioritairement
Sait comparer les événements en fonction de leur durée	peut être travaillé	peut être travaillé	peut être travaillé	à travailler prioritairement

Découverte d'objets et de réalités du passé et constitution d'un premier capital historique

	1re année	2e année	3e année	Grande section
Sait exprimer et comprendre les oppositions entre présent et passé		peut être travaillé	à travailler prioritairement	à travailler prioritairement
Dispose d'un premier capital historique constitué à partir du patrimoine		peut être travaillé	à travailler prioritairement	à travailler prioritairement
Dispose d'un premier capital historique constitué par le récit d'événements		peut être travaillé	à travailler prioritairement	à travailler prioritairement

Légende :
- à travailler prioritairement
- à consolider
- peut être travaillé

Repères pratiques

1. Les axes forts du domaine d'activités

L'école maternelle est le lieu privilégié où l'élève bâtit les fondements de ses futurs apprentissages. Elle a un rôle irremplaçable d'initiation au monde et à la culture. De l'avis de l'inspecteur général de l'Éducation nationale Pierre Giolitto, dès l'école maternelle, de nombreuses activités peuvent préparer les élèves à l'enseignement de l'histoire. L'objectif essentiel, à ce niveau, est de rendre l'élève conscient du temps qu'il vit et de l'amener à distinguer les différentes composantes de ce temps.
Dans la continuité de ce propos, mais aussi des instructions officielles de 1995 et de 2002, les programmes de 2008 réaffirment implicitement la nécessité d'organiser les activités et les situations d'apprentissage autour de deux grands axes. Le premier concerne l'organisation du temps personnel, l'acquisition de repères sociaux, la représentation du passé proche et la chronologie. Ici, l'organisation temporelle de l'activité de l'élève, en lien très étroit avec le langage, cœur des apprentissages, se structure à partir du temps propre, celui de son énonciation. Cette dernière permet à l'élève de situer le présent au moment où il parle et, de part et d'autre, le passé et le futur. Les marques de l'énonciation sont soit des mots-outils ou des expressions (maintenant, hier, demain, tout à l'heure, il y a un moment), soit des flexions temporelles (présent, temps du passé, temps du futur). Le second axe des activités, quant à lui, porte sur la découverte d'objets et de réalités du passé et la constitution de ce que l'on pourrait appeler un premier capital historique. Dans ce champ d'activités, la structuration progressive de la temporalité est nourrie par le récit ou l'évocation d'événements du passé (autrefois, il y a longtemps), mais aussi par la découverte du patrimoine.

2. Les spécificités de la section

Dans le présent chapitre nous proposons 15 fiches permettant de répondre aux deux pôles d'activités. En raison des difficultés éprouvées par les tout-petits et petits de l'école maternelle, la plupart des séances sont consacrées à l'organisation du temps personnel de l'élève. Ainsi, sont successivement ou conjointement construites les compétences à se situer dans le temps (activités constituant la matinée et l'après-midi de classe), à reconnaître le caractère cyclique de certains phénomènes de la journée, à situer les événements les uns par rapport aux autres (antériorité, postériorité, différenciation temps et moments de la matinée, bande dessinée, anniversaires), à maîtriser les marques temporelles et chronologiques (temps social, images séquentielles). Au titre de l'évocation et de la découverte d'objets et de réalités du passé, est proposée, à titre d'exemple, une séance relative à la création d'un album de classe à partir d'une visite patrimoniale.

3. Éléments didactiques et pédagogiques

Il ne faut pas oublier que le rôle premier de l'école maternelle est de rythmer le temps de l'élève et de progressivement l'amener à s'extraire de sa vision égocentrique, à se décentrer et à s'approprier des repères temporels cycliques et communs à tous. À l'occasion de chaque activité scolaire, il est important de bien marquer les scansions séparant deux moments identifiés, en les reliant aux systèmes d'organisation du temps propres à la communauté scolaire (par exemple les temps et les moments de la matinée de classe) et à ceux qui sont en usage dans notre société (par exemple l'heure des mamans).
Il ne faut pas pour autant négliger la structuration progressive de la temporalité par le récit d'événements et la découverte de réalités du passé en nette rupture avec le milieu des élèves (par exemple l'évocation du château fort, des rois et des reines). Bien que les tout-petits et petits de l'école maternelle aient des difficultés à appréhender la profondeur du passé, à distinguer passé proche et passé lointain, l'essentiel reste de leur offrir la possibilité d'aborder « ce qui n'est plus » et de s'en construire de premières représentations.

Séquence : Se situer dans le temps proche

Séance n°1 Activités de la matinée et de l'après-midi de classe

Section du cycle : Tout-petits/petits

- **Objectifs** : Percevoir les activités de la matinée de classe (tout-petits) ou de la journée de classe (petits). S'approprier la notion de maintenant.
- **Compétence** : Se référer au tableau p. 15.
- **Capacité** : Se situer dans le temps proche.
- **Conditions préalables** : Procéder à une petite évaluation diagnostique afin d'identifier les difficultés des élèves et constituer éventuellement les ateliers. La compétence préalable porte sur la capacité à associer une activité de classe avec un document iconographique. Pour les tout-petits, il s'agira soit d'une photographie, soit d'une image ; pour les petits, d'un dessin ou d'un symbole. On demandera aux élèves de désigner parmi un ensemble de photographies ou d'images (tout-petits), de dessins ou de symboles (petits) le document représentant l'activité du moment.

Préparation de la classe

- **Matériel**
  Pour la section de tout-petits prévoir un ensemble de photographies ou d'images représentant des activités de la matinée. Pour la section de petits, à des fins de complexification, le maître peut étendre le matériel aux activités de la journée complète sous la forme de dessins ou de symboles.

Déroulement de l'activité

- **Durée** : 10 à 15 minutes.
- **Modalités de travail** : il ne s'agit pas véritablement d'une séance mais plus d'un ensemble d'activités orales intervenant à tout moment de la matinée de classe pour les tout-petits et de la journée de classe pour les petits. Ces activités sont à répéter autant de fois que nécessaire durant l'année. On perçoit ici la nécessité, lors de l'évaluation diagnostique, de repérer les élèves ayant des difficultés de désignation de l'activité du moment, de manière à les solliciter le plus souvent possible, soit de manière individuelle, soit dans le cadre des ateliers.

→ Description de l'activité

Comme nous l'avons précédemment indiqué, pour chaque activité de classe, le maître invite les élèves à montrer, à nommer la photographie, l'image, le dessin ou le symbole de l'activité en cours. En section de petits on pourra même se fixer comme objectif une justification du type : « Je sais que c'est la collation parce que... ». En parallèle sont menés des exercices de reconnaissance privilégiant la verbalisation. À cette fin, l'enseignant peut demander aux élèves d'indiquer ce qu'ils sont en train de faire (maintenant) ou ce qu'ils viennent juste de faire. Là encore, l'enseignant veillera à l'énonciation d'une phrase correcte qu'il reformulera, le cas échéant, lui-même et fera répéter par plusieurs élèves. Il faut insister ici sur l'importance de l'oralisation. En section de tout-petits, ces exercices oraux de reconnaissance seront effectués sur un nombre limité d'activités, à savoir celles du matin que tous les élèves sont censés vivre à l'école. En section de petits on veillera à passer en revue les activités structurant la journée complète de classe.

Résultats attendus

L'élève est capable de repérer dans un ensemble d'activités constituant une demi-journée l'image représentant l'activité du moment en la montrant ou en la nommant.

Évaluation

Tout-petits et petits : dans un ensemble désorganisé d'images, demander à l'élève de reconnaître l'activité du moment soit en la montrant, soit en la nommant ou alors en justifiant son choix (critère d'évaluation exclusivement réservé aux petits, pour les tout-petits on se contentera des deux premiers) en faisant une phrase du type : « Je sais que c'est maintenant la récréation parce que... »

Petits : pour les élèves de cette section on peut envisager une évaluation portant sur leur capacité à mettre en relation, dans un ensemble de photographies mêlées représentant les activités de la matinée, l'étiquette « maintenant » à la place qui convient et dire oralement : « Maintenant, nous... »

:: Conseils

Pour lever les difficultés liées à la reconnaissance de l'activité du moment, l'enseignant pourra égrener la suite chronologique des activités en les montrant avec le doigt ; l'élève devra l'arrêter sur la photographie, l'image, le dessin ou le symbole relatif à l'activité du moment.

:: Ouverture transdisciplinaire

Langage au cœur des apprentissages (appropriation active du langage oral) : participer aux échanges verbaux de la classe et inscrire les activités de langage dans de véritables situations de communication ; langage en situation (verbaliser les actions).

Séances n°s 2 et 3 Antériorité et postériorité des activités de classe

Section du cycle : Tout-petits/petits

:: **Objectifs** : Prendre des repères d'antériorité et de postériorité et construire la succession des activités.

:: **Concepts** : Antériorité, postériorité (avant, après).

:: **Compétence** : Se référer au tableau p. 15.

:: **Capacité** : Se situer dans le temps proche.

:: **Conditions préalables** : Ces deux séances d'apprentissage doivent être obligatoirement précédées d'exercices de reconnaissance des activités de la matinée de classe chez les tout-petits et de la journée de classe chez les petits. Le maître s'assurera par ailleurs que la notion de moment présent (maintenant) est acquise par la plupart des élèves.

:: Préparation de la classe

- **Matériel**
Bande de papier, tableau dans la zone de regroupement, aimants ou pâte adhésive. Photographies agrandies des différents moments de la matinée de classe (accueil, motricité, collation, récréation, ateliers) ; jeu individuel de photocopies des photographies ; étiquettes « maintenant », « avant », « après ».

:: Déroulement de l'activité

- **Durée** : 30 minutes (15 minutes de recherche collective, 15 minutes en atelier dirigé).
- **Modalités de travail** : alternance groupe classe et ateliers.

→ Description de l'activité

- **Recherche collective**

Énonciation des activités de la matinée : le maître demande aux élèves d'indiquer les différentes activités de la matinée et de montrer, puis nommer la photographie correspondante. Il veille à l'énonciation d'une phrase correcte qu'il reformule, le cas échéant, lui-même et fait répéter par plusieurs élèves. Cette phrase pourra constituer la légende de la photographie.

Rangement chronologique des activités de la matinée : par le biais de questions et d'échanges oraux, on ordonne les photographies que l'on colle sur une bande de papier horizontale qui constituera la frise de classe légendée. Dans le cadre de la troisième séance (pour les petits), on procède de la même manière pour les activités de l'après-midi.

- **Travail en atelier dirigé**

On veille à placer cet atelier à proximité de la frise de classe de la matinée (pour les tout-petits) et de la journée (pour les petits). Le maître invite les élèves à répondre à la question suivante : « Que faisons-nous maintenant ? » et à positionner l'étiquette « maintenant » sur la frise en regard de l'activité du moment. Des repères d'antériorité et de postériorité sont alors introduits par le biais des étiquettes « avant » et « après » que l'on positionne par rapport à quelques activités significatives (par exemple avant la collation, c'est la motricité ; après la collation, c'est la récréation). Pour mieux identifier les étiquettes « avant » et « après », on peut avoir recours soit à une couleur, soit à un symbole.

Résultats attendus

L'élève de la section de tout-petits est capable de se repérer dans la suite des activités de la matinée de classe. Il maîtrise la notion « maintenant ». L'élève de la section de petits est capable de se repérer dans la suite des activités de la journée de classe. Il maîtrise les notions « avant » et « après ».

Évaluation

Énonciation et rangement chronologique des activités de classe : vérifier que l'élève est capable en se référant à la frise de classe d'ordonner un jeu individuel de photographies.

Positionnement des repères d'antériorité et de postériorité : vérifier que l'élève est capable de situer les activités de la classe, d'y associer les étiquettes correspondantes sur la frise et qu'il sait dire : « Maintenant, nous... », « Avant, nous... », « Après, nous... ».

Évaluation de fin d'apprentissage : les élèves ont chacun en leur possession un repère (maintenant, avant, après) qu'ils doivent, en fonction de l'activité du moment, tout au long de la matinée de classe (pour les tout-petits) ou de la journée de classe (pour les petits), placer à l'endroit adéquat sur la frise. Le maître pourra établir une grille d'observation de ce type :

Activités	Élève devant placer l'étiquette « maintenant »	Élève devant placer l'étiquette « avant »	Élève devant placer l'étiquette « après »
Accueil	Jean	XXXXXXXXXX	Léa
Motricité	Charles	Colin	Laura
Et ainsi de suite...			

Conseils

Énonciation et rangement chronologique des activités de classe : limiter le corpus de photographies ou guider l'élève dans l'identification des activités et le rangement des photographies.

Positionnement des repères d'antériorité et de postériorité : se contenter d'utiliser la frise de la matinée des tout-petits dont les activités sont mieux marquées. Recourir à des aides supplémentaires : images ou photographies de différents moments de chaque temps. Ne pas négliger les repères affectifs.

Ouverture transdisciplinaire

Langage en situation (verbaliser les actions : « Maintenant, je... ; Avant, je... ; Après, je... »).

Séquence : Reconnaître le caractère cyclique de certains phénomènes de la journée

Séance n° 4 Du lever au coucher

Section du cycle : Tout-petits/petits

:: **Objectif** : Découvrir les événements rythmant la journée.

:: **Concepts** : Différence jour, nuit ; les événements rythmant la journée : par exemple le lever, le déjeuner, la sieste, le dîner, le coucher ; caractère cyclique de la journée.

:: **Compétence** : Se référer au tableau p. 15.

:: **Capacité** : Percevoir le caractère cyclique de la journée.

:: Préparation de la classe

- **Organisation matérielle**
  Élèves dans le coin regroupement.
- **Matériel**
  Poupée médiatrice (Petit Ours) ; valise contenant différents habits : pyjama, pantalon, pull ; chaise ; lit ; dînette : assiette, verre, couteau, fourchette ; baignoire, éponge, serviette de bain.

:: Déroulement de l'activité

- **Durée** : 10 à 15 minutes maximum.
- **Modalités de travail** : activité collective avec manipulations individuelles.

→ Description de l'activité

- **Phase 1. Le lever de Petit Ours.**

Les élèves constatent que Petit Ours est absent. Ils sont invités à formuler des hypothèses. On se met à la recherche de Petit Ours dans la classe et on le trouve, en pyjama, couché dans son lit. Par le biais de questions induisant une comparaison vestimentaire, le maître fait prendre conscience de l'inadéquation de la tenue de Petit Ours. L'enseignant ouvre alors la valise contenant différents habits que les élèves doivent reconnaître et nommer : le pyjama, le pantalon, le pull. Quelques élèves procèdent alors au changement vestimentaire qui s'impose.

- **Phase 2. La journée de Petit Ours.**

Le matin, après l'accueil, les élèves procèdent au lever de Petit Ours et changent ses habits. Durant la journée, à certains moments clefs (repas de midi, sieste, départ à la maison), les élèves sont invités à calquer certaines activités de Petit Ours sur les leurs. En cas de difficultés liées au nombre d'activités l'enseignant pourra aborder chaque jour une nouvelle activité en reprenant les anciennes.

– Déjeuner de Petit Ours : en fin de matinée, à l'heure du repas, l'enseignant sollicite les élèves « petits parleurs » et leur fait répéter plusieurs fois les phrases suivantes : « Je vais aller manger. Petit Ours va aussi aller manger. » Les élèves installent alors Petit Ours dans le coin cuisine devant une table comportant une assiette, un verre, une fourchette et un couteau.

– Sieste de Petit Ours : au retour du repas à la maison ou à la cantine, les élèves découvrent Petit Ours encore attablé. L'enseignant, par le biais de questions, amène les élèves à prendre conscience que comme eux, Petit Ours doit aussi faire la sieste. L'enseignant fait répéter les phrases suivantes : « Je vais faire la sieste. Petit Ours va lui aussi faire la sieste. » Petit Ours est alors installé dans son lit.

- Lever de Petit Ours : la sieste terminée, les élèves sont regroupés devant le maître qui les questionne sur l'absence de Petit Ours. Les élèves vont le chercher et l'installent parmi eux, sur sa chaise, afin qu'il assiste par exemple à la lecture du conte ou à une autre activité.
- « Au revoir Petit Ours » : en fin de journée, à l'heure du départ, l'enseignant questionne les enfants sur les activités qu'ils vont faire à la maison. Les termes bain (se baigner), repas (dîner) et coucher sont alors introduits dans des phrases du type : « Je vais prendre mon bain. Je vais manger. Je vais me coucher. » Petit Ours qui reste à l'école doit faire la même chose. Quelques élèves sont alors chargés d'exécuter ces tâches.

- **Phase 3. Gérer la journée de classe de la poupée médiatrice.**

Une fois que toutes les étapes auront été successivement vécues et verbalisées, l'enseignant peut par exemple désigner un ou plusieurs élèves chargés d'anticiper, durant une journée de classe, les activités de la poupée médiatrice. C'est une bonne occasion de vérifier, par le biais d'une grille d'observation, la capacité de chaque élève à reconnaître le caractère cyclique de certains phénomènes de la journée.

Résultats attendus

- **Phases 1 et 2.** Quels sont les élèves qui ne se sont pas exprimés ? Quels sont ceux qui ont participé ?
- **Phase 3.** L'élève désigné sait anticiper et verbaliser les activités de la poupée médiatrice par rapport au vécu de la classe.

Évaluation

Voir phase 3. Lors de l'anticipation des activités de la poupée médiatrice, l'enseignant vérifiera la capacité des élèves à formuler une phrase du type : « Je vais coucher Petit Ours. »

Conseils

Reproduire cette activité d'imprégnation autant de fois que nécessaire.

Prolongements

Introduire d'autres événements et tenues vestimentaires (par exemple les APS, l'atelier peinture, etc.). Faire disparaître la poupée médiatrice et lui substituer une représentation iconographique que l'on retrouvera par la suite dans trois images séquentielles à remettre dans l'ordre.

Séquence : Situer les événements les uns par rapport aux autres : la matinée à l'école

Séance n° 5 La matinée à la maison et à l'école

Section du cycle : Petits

:: **Objectif** : Percevoir le temps de la matinée à l'école et à la maison.

:: **Concepts** : Temps et moments de la matinée.

:: **Compétence** : Se référer au tableau p. 15.

:: **Capacité** : Situer des moments de son temps personnel les uns par rapport aux autres.

:: **Condition préalable** : S'assurer que les élèves sont capables de trier un ensemble de photos ou d'images.

:: Préparation de la classe

- **Matériel**
  Deux boîtes (boîte maison, boîte école).
- **Documents**
  Un jeu de photographies (ou d'images) par élève.
  Chaque élève a été photographié (seul ou avec des élèves de son groupe) à différents moments de la matinée. Les moments retenus sont les suivants : lever, petit déjeuner, départ à l'école, activité avant la récréation, récréation, activité après la récréation. En cas de difficulté de prise de vues, on pourra substituer des dessins mettant en scène la poupée médiatrice de la classe. Dans ce cas, on prendra soin, durant les séances de langage préalables, de faire le lien entre les activités de l'élève et celles de la poupée. (Ce matin avant d'arriver à l'école qu'ai-je fait ? Je me suis levé. Qu'a fait la poupée ? Elle s'est levée aussi. Que fait-on en ce moment ? On écoute une histoire. Que fait la poupée ? Elle écoute aussi une histoire. Et ainsi de suite).

Ateliers après la récréation

Départ à l'école

Lever

Petit déjeuner

Récréation

Rituels avant la récréation

:: Déroulement de l'activité

- **Durée** : une vingtaine de minutes.
- **Modalités de travail** : 1 atelier dirigé de 4 à 6 élèves maximum, les autres ateliers étant en autonomie. Prévoir une rotation dans la semaine.

→ Description de l'activité

L'enseignant, par le biais de questions, invite les élèves à raconter ce qu'ils voient sur les images. Les questions sont de plusieurs types :

- Elles peuvent par exemple induire une description : « Que fais-tu sur cette photo ou alors que fait la poupée ? »
- Elles peuvent induire une désignation ou une identification : « Montre-moi la photographie sur laquelle tu prends ton petit déjeuner (ou la poupée prend son petit déjeuner) ».

Systématiquement l'enseignant fait reformuler correctement la réponse par l'élève sollicité. Exemple : si à la question « Que fait la poupée sur cette photographie ? », un élève répond : « petit déjeuner », l'enseignant exige une réponse du type : « La poupée prend son petit déjeuner » (phrase comportant un sujet, un verbe et un complément). À chaque réponse, l'enseignant fait indiquer le lieu de l'action : « La poupée prend son petit déjeuner à la maison ».

On veillera à ce que tous les élèves, par le biais d'une rotation des ateliers, passent dans cet atelier dirigé.

Résultats attendus

Il s'agit ici d'un temps de langage indispensable qui doit permettre l'appropriation des temps constituant à part égale la matinée à l'école et à la maison.

Évaluation

On attend ici que chaque élève identifie les images soit en les désignant du doigt, soit en les prenant, soit en les nommant et qu'il trie les documents en deux catégories : temps de la maison, temps de l'école.

:: Conseils

Pour lever les obstacles ou difficultés que certains élèves sont susceptibles de rencontrer, l'enseignant veillera à varier les types de consignes.

- **Niveau de difficulté 1 :** « Montre les images (ou les photographies) sur lesquelles tu es à la maison, à l'école. » « Montre-moi les images sur lesquelles Petit Ours (ou la poupée) est à l'école, à la maison. »
- **Niveau de difficulté 2 :** « Donne les images (ou les photographies) sur lesquelles tu es à l'école, à la maison. » « Donne-moi les images sur lesquelles la poupée est à la maison, à l'école. »
- **Niveau de difficulté 3 :** « Si je te montre cette image, est-ce que je la mets dans la boîte de l'école ou dans la boîte de la maison ? » (On aura pensé au préalable à identifier les boîtes avec la photographie de l'école et la photographie d'une maison.)
- **Niveau de difficulté 4 :** « Mets ensemble dans la boîte maison toutes les photographies prises à la maison. » « Mets ensemble dans la boîte école toutes les photographies prises à l'école. »
- **Niveau de difficulté 5 :** l'enseignant pourra aussi montrer une image et demander à l'élève de la placer dans la boîte correspondante sans logo d'identification, de manière à inciter l'élève à consulter le contenu et à le nommer.

:: Ouverture transdisciplinaire

Reprendre systématiquement ces activités de description, d'identification et de désignation dans le cadre d'un atelier dirigé de langage.

:: Définition

Voir séance n° 7.

Séance n° 6 Les temps de la matinée

Section du cycle : Petits

:: **Objectif** : Désigner les différents temps constitutifs de la matinée.

:: **Concepts** : Temps et moments de la matinée.

:: **Compétence** : Se référer au tableau p. 15.

:: **Capacité** : Situer des moments de son temps personnel les uns par rapport aux autres.

:: **Condition préalable** : Avoir mis en œuvre la séance n° 5.

:: Préparation de la classe

- **Matériel**
  Tableau devant la zone de regroupement, aimants, pâte adhésive.
- **Documents**
  Mettre à la disposition des élèves une batterie de quatre photographies les représentant dans différentes activités à la maison (lever, petit déjeuner), à l'école (récréation, ateliers). Prévoir un jeu de photocopies par élève.

:: Déroulement de l'activité

- **Durée** : une vingtaine de minutes.
- **Modalités de travail** : alternance des activités en groupe classe et en ateliers.

→ Description de l'activité

- **Activités orales avec le groupe classe**

– Il s'agit avant tout ici de faire parler les élèves sur les différents temps constitutifs de la matinée. L'enseignant accroche dans le désordre au tableau les quatre photographies (lever, petit déjeuner, récréation, ateliers) extraites de la séance précédente. Il montre une photographie ou une image à la fois et questionne les élèves : « Que fait Pierre sur cette photographie ? » L'enseignant invite les élèves à formuler une phrase courte mais correcte. Le cas échéant il reformule et fait répéter.

– Ensuite, de manière à faire le lien avec le vécu des élèves, mais aussi et surtout pour introduire des repères temporels, l'enseignant met en œuvre des jeux de parole du type :

1. « Sur cette photographie, Pierre se lève comme toi. »

2. « Sur cette photographie, Pierre prend son petit déjeuner comme toi. »

3. « Que fais-tu le matin avant de venir à l'école ? » Réponse attendue : « Je me lève comme Pierre. Après je prends mon petit déjeuner comme Pierre. »

4. Le maître invite alors l'élève questionné à montrer les photographies sur lesquelles, comme Pierre, il se lève et prend ensuite son petit déjeuner. L'objectif est ici d'amener l'élève à progressivement se décentrer et à s'approprier les repères temporels d'autrui, communs à toute la classe.

– L'enseignant procède de la même manière avec les deux autres photographies (récréation et ateliers).

• **Ateliers**
Ateliers autonomes : trier les photographies des quatre temps retenus et les coller sur un support du type :

Photographie d'une maison	Photographie de l'école

Atelier dirigé : parmi le lot de quatre photographies, désigner celle qui correspond à la description de l'action. Formuler une phrase correcte pour indiquer ce que l'on a fait, ce que l'on fait.

Résultats attendus

Dans un lot de quatre images représentant des activités de la maison et de l'école, l'élève doit être capable d'identifier celle qui correspond à l'action décrite par l'enseignant. Il peut s'agir d'une action effectuée par un camarade de classe, la poupée médiatrice ou l'élève sollicité.

Évaluation

Voir atelier dirigé. Pour la désignation de la photographie (exemple de consigne : « Montre-moi la photo sur laquelle Pierre prend son petit déjeuner »), trois critères d'évaluation peuvent être retenus :
- montrer la photographie correspondante avec le doigt ;
- prendre la photographie correspondante ;
- nommer la photographie correspondante.

:: Conseils

Pour lever les obstacles inhérents à l'identification et à la désignation des photographies, le maître peut :
- Élèves éprouvant des difficultés à montrer : décrire l'action. Présenter un double de la photographie et inviter l'élève interrogé à retrouver dans le lot de photographies celle sur laquelle Pierre (ou la poupée médiatrice) fait la même chose.
- Élèves éprouvant des difficultés à prendre : instaurer un jeu consistant à donner à un camarade la photographie représentant ce qu'il est en train de faire. La consigne peut alors être la suivante : « Donne à Paul la photographie où on le voit prendre son petit déjeuner comme toi. »
- Élèves éprouvant des difficultés à nommer : les élèves ont devant eux une des quatre images. Ils doivent la décrire du mieux possible afin que le maître leur donne le double correspondant.

:: Ouverture transdisciplinaire

Régulièrement, dans le cadre des activités rituelles de langage, faire décrire les photographies représentant les quatre temps de la matinée et formuler une phrase simple (sujet, verbe, complément : Je prends mon petit déjeuner).

:: Définitions

Voir séance n° 7.

Séance n° 7 Temps et moments de la matinée

Section du cycle : Petits

:: **Objectif** : Structurer la matinée à l'école en ne gardant que les temps et les moments significatifs.

:: **Concepts** : Temps et moments de la matinée.

:: **Compétence** : Se référer au tableau p. 15.

:: **Capacité** : Situer des moments de son temps personnel les uns par rapport aux autres.

:: **Conditions préalables** : Avoir mis en œuvre les séances n° 5 et n° 6.

:: Préparation de la classe

• Matériel
Pour l'activité collective, prévoir un jeu de sept photographies représentant les élèves durant des moments appartenant aux trois temps retenus (accueil, regroupement, récréation).
Prévoir par ailleurs pour chaque élève la photocopie de trois moments caractéristiques (un par temps).
Tableau dans la zone de regroupement, aimants, pâte adhésive.

:: Déroulement de l'activité

• **Durée** : 25 à 30 minutes (15 minutes de travail collectif, puis 15 minutes en atelier dirigé chaque jour de la semaine).

• **Modalités de travail** : alternance des activités en groupe classe et en ateliers.

→ Description de l'activité

• **Activité collective**

– Description : tous les moments appartenant aux trois temps retenus (accueil, regroupement et récréation) sont affichés. Par le biais de questions l'enseignant invite les élèves à décrire chaque moment et à le situer dans le temps correspondant.
– Identification : chaque temps est identifié par une succession ou non de moments significatifs.
– Classement : l'enseignant invite alors les élèves à « mettre en paquets » (classement) les photographies.
Temps de l'accueil : déshabillage, accrochage au portemanteau, atelier jeu.
Temps du regroupement : comptage des absents, ateliers, comptines.
Temps de la récréation : jeux avec engins.

• **Ateliers**

Il s'agit d'un atelier dirigé de 4 à 6 élèves maximum, les autres ateliers étant en autonomie. Il y a donc lieu de prévoir une rotation dans la semaine. Chaque élève dispose de trois photographies le représentant dans des moments différents de la matinée de classe.
Exemple : déshabillage (temps de l'accueil), ateliers (temps de regroupement), jeux avec engins (récréation).
L'enseignant invite chaque élève à indiquer ce qu'il fait sur chaque photographie. Il insiste sur l'énonciation d'une phrase correcte (sujet, verbe, complément), par exemple : « J'accroche mon manteau. » Éventuellement, si la nécessité s'en fait sentir, le maître reformule la phrase et demande à l'élève de répéter. On demande à chaque élève, successivement, d'aller placer les photographies dans les paquets correspondants effectués durant le classement collectif. Afin de mieux

visualiser la succession et la caractérisation des temps de la matinée on peut opter pour une présentation de ce type :

Temps de l'accueil	Temps du regroupement	Temps de la récréation
Photographies des moments classés durant la phase collective.	Photographies des moments classés durant la phase collective.	Photographies des moments classés durant la phase collective.
Photographies représentant les élèves lors du moment « déshabillage ».	Photographies représentant les élèves lors du moment « ateliers ».	Photographies représentant les élèves lors du moment « jeux avec des engins ».

Cette présentation présente un double intérêt : visualiser la caractérisation de chaque temps par un moment significatif mais aussi et surtout faire prendre conscience aux élèves que tous exécutent les mêmes tâches en même temps. On a ici l'occasion de faire dire des phrases du type : « Comme Paul, je me déshabille. » Des repères sociaux communs à tous sont ainsi progressivement installés.

Résultats attendus

Phase collective : l'élève est capable de mettre ensemble des photographies de moments appartenant à un même temps.
Phase individuelle : l'élève reconnaît et associe au moins un moment avec son temps.

Évaluation

À l'issue de cette séquence d'apprentissage, on pourra proposer une évaluation portant sur des moments n'appartenant pas au vécu de l'élève (dessins de composition ou extraits d'albums).

:: Conseils

Activité collective de classement des moments :
- ne donner que des photographies représentant l'élève ;
- limiter le nombre de photographies dans chaque temps ;
- comparer avec ce que fait un camarade ou la poupée médiatrice.

Activité individuelle de mise en relation moment-temps :
- recourir à la poupée médiatrice, donner une photo d'une action de la poupée à placer dans un temps ;
- donner ensuite à l'élève la photo le représentant en train de faire la même action ;
- faire de même avec la photo d'un autre élève et ainsi de suite avec deux puis trois temps.

:: Prolongement

Activités de classement.

:: Définitions

Il est important, pour les activités futures de mesure de durée qui interviendront dès la grande section, de faire prendre conscience très vite aux élèves que le **temps** (plus long) est constitué de **moments** (plus courts).

Séquence : Situer les événements les uns par rapport aux autres

Séance n° 8 La bande dessinée

Section du cycle : Petits

:: **Objectif** : Percevoir trois étapes d'une bande dessinée.

:: **Concepts** : Antériorité, postériorité.

:: **Compétence** : Se référer au tableau p. 15.

:: Préparation de la classe

- **Matériel**
  Photocopies des moments significatifs de l'histoire, trois grands dessins (format A4) représentant symboliquement trois moments importants de l'histoire : sapin décoré, sapin dans la poubelle, sapin dans le camion poubelle ; un jeu de photocopies des trois moments (petit format) pour chaque élève.
  De grandes bandes de papier pour reconstituer l'histoire, colle, tableau dans la zone de regroupement, aimants, pâte adhésive.
- **Document**
  Michel GAY, *Noël de sapin*, L'École des loisirs, 1989.

:: Déroulement de l'activité

- **Durée** : 20 à 30 minutes.
- **Modalités de travail** : alternance phase collective et atelier dirigé.

→ Description de l'activité

- **Phase collective**

– Raconter les événements de Noël : dans un premier temps, au retour des vacances de Noël, l'enseignant fait raconter par les élèves les événements vécus à la maison. Il retient alors ceux vécus par le sapin de Noël. Par le biais de questions il fait découvrir au moins trois étapes : l'arrivée du sapin, la décoration du sapin, les cadeaux au pied du sapin, puis éventuellement le rangement et la disparition du sapin.

– Découverte de l'histoire *Noël de sapin* : dans un second temps l'enseignant lit l'histoire sans montrer les images du livre : « Un petit sapin vit dans la forêt. Un jour, il est emmené dans une famille où il va connaître les joies de Noël avec les décorations et les cadeaux. Malheureusement, la fête de Noël finie, il se retrouve à la poubelle. Heureusement, avec la complicité du camion poubelle, il retourne dans la forêt retrouver ses congénères. »

– Reconstitution chronologique de l'histoire : dans un troisième temps, l'enseignant raconte l'histoire avec les élèves puis montre les photocopies du livre dans l'ordre chronologique. Il aide les élèves à prendre des indices qui permettent de raconter l'histoire.

– Symbolisation de l'histoire : dans un dernier temps, l'enseignant présente des dessins symbolisant trois grandes étapes de l'histoire.

L'enseignant aide les élèves à analyser les images et à y puiser des indices (décorations, poubelle, camion poubelle et forêt). Après avoir indiqué le début et le sens de rangement (de la gauche vers la droite), le maître invite les élèves à retrouver la succession des trois images. Plusieurs élèves, à tour de rôle, effectuent la manipulation et se corrigent mutuellement. Pour chaque élève sollicité, le maître s'attachera à faire employer les connecteurs temporels *avant* et *après* (éventuellement *ensuite*).

- **Atelier dirigé**

Cet atelier fonctionne simultanément avec des ateliers satellites (par exemple en mathématiques ranger dans l'ordre croissant ou décroissant trois petits sapins ; en arts visuels, décorer des sapins avec des gommettes de couleurs, etc.).
Dans l'atelier dirigé - dont l'objectif sera de vérifier la capacité de chaque élève à respecter le code (début et sens) et l'ordre de l'histoire mais aussi d'employer à bon escient quelques connecteurs temporels -, les élèves ont à leur disposition les photocopies en petit format des dessins symbolisant les trois grandes étapes de l'histoire. Ils ont également à leur disposition une bande de papier sur laquelle le code de lecture est indiqué : un point pour le début et une flèche pour le sens. Les élèves manipulent librement les cartes puis les positionnent sans les coller sur la bande de papier. Avant de procéder à cette ultime étape, ils sont invités par l'enseignant à justifier l'ordre en utilisant les connecteurs *avant* et *après*.

Résultats attendus

L'élève est capable de ranger les images en respectant l'ordre et le code. Il est capable d'utiliser les connecteurs temporels *avant*, *après*.

Évaluation

Voir atelier dirigé. Les critères d'évaluation sont le respect du code (début et sens) et de l'ordre de l'histoire.

:: Conseils

Plusieurs possibilités s'offrent au maître.
- Limiter le nombre d'images (2 au lieu de 3) : on travaille la notion de début et de fin, d'avant et d'après.
- Positionner une image : soit au début, au milieu ou à la fin, l'élève plaçant les deux autres.
- Aider l'élève à prendre des indices sur les images (poubelle, camion, décorations).

:: Prolongement

Effectuer le même travail avec d'autres contes, par exemple l'album de Nathan Capurto, *Roule galette*, Père Castor, Flammarion, 2000. Les différentes rencontres peuvent être facilement mémorisées, repérées et ordonnées.

Séance n° 9 Les anniversaires

Section du cycle : Petits

:: Objectifs : Saisir une chronologie, prendre des repères.

:: Concepts : Antériorité, postériorité.

:: Compétence : Se référer au tableau p. 15.

:: Préparation de la classe

- **Matériel**

Tableau dans la zone de regroupement, aimants, pâte adhésive.
Magnétophone et cassette enregistrée ; bougies ; photographies de l'enfant dont c'est l'anniversaire. Prévoir si possible les photographies suivantes : enfant à la naissance, fêtant son anniversaire à 1 an et à 2 ans (si possible devant le gâteau d'anniversaire comportant 1 ou 2 bougies), à l'âge de 3 ans ; photocopies des photographies précitées.
Pour les autres séances l'enseignant se contentera de récupérer auprès de la famille de l'élève fêtant son anniversaire les photographies précitées. Pour le premier anniversaire fêté on peut très bien imaginer de demander à la maman de l'enfant concerné d'enregistrer un petit texte relatant le jour de sa naissance. En fonction du contexte et de l'intérêt des élèves, cette stratégie pourra être mise en œuvre autant de fois que nécessaire.

Exemple de texte :

« C'était il y a trois ans. C'était un dimanche, le 21 septembre. Nous allions nous mettre à table et soudain j'ai senti que tu allais naître. Papa a sorti la voiture et m'a conduite à la maternité. Il faisait très beau. Il y avait du soleil et un beau ciel bleu. Les arbres du jardin avaient déjà des feuilles jaunes et rouges. Tu es né pratiquement tout de suite. Tu étais tout petit avec beaucoup de cheveux blonds. Tout de suite tu as crié et sucé le drap. Tu avais faim. Alors je t'ai mis un pyjama vert et je t'ai donné la tétée. Tu t'es alors endormi. Bon anniversaire Olivier. »

:: Déroulement de l'activité

- **Durée** : 20 minutes.
- **Modalités de travail** : alternance activité collective et ateliers.

→ Description de l'activité

- **Découverte collective**

– Présentation du jour de naissance : les élèves sont regroupés devant le tableau. L'enseignant précise : « Aujourd'hui c'est l'anniversaire d'Olivier qui a 3 ans et l'on va faire la fête. » Par le biais de questions du type : « Olivier a-t-il toujours été comme on le connaît aujourd'hui ? Avant était-il grand ou petit ? », l'enseignant amène les élèves à verbaliser et à prendre progressivement conscience qu'Olivier a grandi, qu'au tout début il était bébé et que l'on fête aujourd'hui l'anniversaire de sa naissance.
L'enseignant précise que sa maman a raconté le jour de sa naissance. Les élèves écoutent alors l'enregistrement. L'effet de surprise passé, on écoute la bande une deuxième fois et on procède à la reconstruction orale de la bande : départ à la maternité, naissance d'Olivier, tétée, sieste.
On s'intéresse ensuite aux circonstances de la naissance d'Olivier. À cette fin l'enseignant pose les questions suivantes : « Quel temps faisait-il le jour de la naissance d'Olivier ? Était-ce le même temps qu'aujourd'hui ? »

– Prise d'indices sur les photographies : les différentes photographies sont alors présentées et les élèves sont invités à y prélever des indices pour les caractériser : la couleur du pyjama et les cheveux blonds (photographie de la naissance), le nombre de bougies (photographies des anniversaires), quelques éléments caractérisant Olivier aujourd'hui (à adapter en fonction des élèves : lunettes, couleur et coupe de cheveux, tenue vestimentaire, etc.).
– Prise de conscience du temps qui passe : on peut alors procéder au rangement chronologique des photographies : l'enfant a grandi, il a changé, le nombre de bougies augmente (0, puis 1, puis 2). En relation avec des activités de numération, on fait alors découvrir le nombre de bougies à mettre sur le gâteau d'anniversaire.

- **Ateliers**

Ateliers autonomes : à titre d'exemple citons, en vue de la fête d'anniversaire intervenant dans la journée, l'empaquetage des cadeaux, la préparation de sets de table, etc.
Atelier dirigé : ranger les photographies dans l'ordre chronologique en partant d'un point donné de la gauche vers la droite.

Résultats attendus

L'élève est capable de prélever des indices sur les photographies pour les ranger dans l'ordre chronologique.

Évaluation

Voir atelier dirigé.

:: Conseils

Séance filée à reproduire autant de fois que nécessaire dans l'année. Nous estimons que chaque enfant doit fêter son anniversaire. L'objectif est de lui faire prendre conscience, par référence au nombre de bougies sur le gâteau, qu'il vieillit.
Pour lever les difficultés liées au rangement des quatre photographies, prendre essentiellement appui sur le nombre de bougies : le nombre de bougies augmente, donc telle photographie est avant telle autre.

:: Ouverture transdisciplinaire

Activités de numération et de correspondance terme à terme.

Séquence : Maîtriser les marques temporelles et chronologiques

Séances nos 10, 11, 12 et 13 Le temps social

Section du cycle : Tout-petits

:: **Objectif** : S'imprégner des marques temporelles (maintenant, avant, après).

:: **Concepts** : Antériorité, postériorité.

:: **Compétence** : Se référer au tableau p. 15.

:: **Capacité** : Utiliser correctement les marques temporelles et chronologiques (temps social).

:: Préparation de la classe

- **Documents**
  Pour les séances 12 et 13 prévoir des séries photographiques de deux, puis trois temps ou moments se succédant.

:: Déroulement de l'activité

- **Durée** : 10 à 15 minutes.
- **Modalités de travail** : activité individuelle ou collective (l'enseignant profitera de toutes les opportunités pour solliciter les élèves).

→ Description de l'activité

- **Séance n° 10.** Au cours de la journée, l'enseignant profite des opportunités (rituels, élève dans le coin jeu, atelier autonome, atelier dirigé, etc.) pour interroger les élèves sur le temps présent. Exemples : « Que fait-on maintenant ? », « Que fais-tu maintenant ? » Dans le cadre d'une activité collective, l'enseignant sollicite les élèves dont le langage est déjà bien structuré pour obtenir une réponse qu'il reformule et fait répéter par les élèves « petits parleurs ». Dans le cadre d'une action individuelle, si l'élève ne parvient pas à verbaliser, le maître donne la réponse et fait répéter.
- **Séance n° 11.** Avant d'aborder cette deuxième séance consacrée à la perception de la postériorité (notion « après »), il est conseillé au maître de s'assurer que la majorité des tout-petits est en mesure de répondre aux questions portant sur le temps présent et l'emploi du mot « maintenant ». L'enseignant choisit alors les moments charnières de la journée ou d'une activité pour interroger les élèves. Les questions peuvent être les suivantes : « Que fait-on maintenant ? Que va-t-on faire après ? » Que l'activité soit collective ou individuelle, l'enseignant reformule la phrase en veillant à y introduire le mot *après* puis invite les élèves à répéter.
- **Séance n° 12.** Celle-ci se déroule de préférence en atelier de 3 ou 4 élèves. Ces derniers ont à leur disposition des séries photographiques présentant des successions de deux temps ou moments de la journée de classe.

Exemple de succession de deux temps de la matinée

Photo A

Photo B

Le maître laisse les élèves s'exprimer librement puis reprend et fait situer dans le temps les éléments énoncés par les élèves : « Que se passe-t-il avant ? » Il instaure un jeu : il retourne la photographie B, montre la photographie A et demande ce qui se passe après. Il retourne la photographie A, montre la photographie B et demande ce qui se passe avant. Ce jeu est répété autant de fois que nécessaire avec d'autres séries photographiques de deux temps ou moments.

- **Séance n° 13.** Le maître s'inspirera de la séance n° 12 mais proposera trois images séquentielles d'activités de la journée. Exemple : je me déshabille (photo A), j'accroche mon manteau (photo B), je prends un jeu (photo C). Le maître commence par montrer les photographies en récitant la comptine constituée de phrases courtes, puis il instaure un jeu : il retourne la photo B, montre la photo A et demande ce qui se passe après ; il retourne la photo B, montre la photo C et demande ce qui se passe avant. Si l'élève interrogé n'introduit pas la phrase par le mot *après* ou *avant*, le maître la reformule correctement.

Résultats attendus

- **Séance n° 10.** L'élève est capable de comprendre et de mémoriser le mot *maintenant* utilisé lors d'actions diverses simples.
- **Séance n° 11.** L'élève est capable de comprendre et de mémoriser le mot *après* utilisé lors de l'anticipation d'actions ou d'activités.
- **Séances n°s 12 et 13.** L'élève est capable de répondre au questionnement à propos des activités ou actions se déroulant avant ou après.

Évaluation

Voir le contenu des activités individuelles des séances n°s 10, 11, 12 et 13. À l'issue de ces quatre séances, on attend des élèves qu'ils sachent dire ce qui a été fait dans le passé, le présent et le futur, et surtout employer à bon escient les mots-outils *maintenant*, *avant*, *après*. Comme il s'agit de tout-petits on peut se fixer comme critère d'évaluation uniquement l'utilisation de ces trois mots, le maître les insérant alors dans une phrase construite qu'il fera répéter.

:: Conseils

Ces quatre séances peuvent être mises en œuvre à tout moment de la journée de classe.
Parallèlement à la découverte de la notion d'après ou d'avant, continuer les activités portant sur la notion de maintenant.

:: Prolongement

Sur un jeu de deux ou trois images séquentielles, réciter une comptine composée de phrases courtes utilisant les mots *avant*, *maintenant*, *après*.

Séance n° 14 Les images séquentielles

Section du cycle : Petits

:: Objectif : Utiliser des images séquentielles pour saisir les notions de début, de déroulement et de fin (avant, pendant, après).

:: Concepts : Antériorité, postériorité.

:: Compétence : Se référer au tableau p. 15.

:: Capacité : Utiliser correctement les marques temporelles et chronologiques.

:: Conditions préalables : Comme certains jeux de mémoire raconteront des histoires, il serait judicieux que le maître les ait préalablement lues aux élèves.

:: Préparation de la classe

- **Matériel**
Fiches bristol, images extraites d'albums, photographies de moments ou de temps de la journée de classe pour la fabrication de quelques jeux de cartes ; magnétophone.

:: Déroulement de l'activité

- **Durée** : 10 à 15 minutes (par jeu mis en œuvre).

→ Description de l'activité

- **Jeux de mémoire simples**

Il s'agit de fabriquer des séries de deux cartes. Chaque série comporte un début et une fin : fleur épanouie, fleur fanée par exemple. Les cartes sont retournées sur la table. Il s'agit de reconstituer les paires. Durant cette activité le maître incitera les élèves à s'exprimer et à justifier la constitution des paires proposées. Ce sera l'occasion de leur faire employer le vocabulaire approprié situant les deux actions dans le temps (avant, après). Systématiquement, le maître reformulera et fera répéter des phrases simples du type : « Avant, le sapin n'a pas de boules » ; « Après, le sapin a des boules ».

- **Jeux de mémoire plus difficiles**

Cette activité est à proposer aux élèves maîtrisant un peu mieux la succession d'images séquentielles. Si le maître ne dispose pas d'images séquentielles toutes prêtes, il en fabriquera deux séries de trois abordant toutefois des thèmes très différents de manière à favoriser la mise en ordre : par exemple les étapes de la décoration du sapin de Noël ; la croissance d'un animal ; les activités d'une matinée de classe. Toutes les images sont retournées sur la table. Le but est de reconstituer les deux histoires dans l'ordre chronologique. Le maître, là aussi, invitera les élèves à utiliser, dans des phrases plus ou moins construites, les connecteurs *avant* et *après*.

- **Histoires à raconter**

Le maître met à disposition des élèves deux paquets de cartes proposant soit des « débuts », soit des « fins » d'histoire. Les cartes étant rangées dans le même ordre sur les deux piles (par exemple le début de *Roule galette* et la fin de *Roule galette* en première position dans chaque pile), les élèves tirent au sort une carte de « début » et une carte de « fin ». Ils doivent alors ranger les deux images dans l'ordre chronologique et construire une phrase simple employant soit le connecteur temporel *avant*, soit le connecteur temporel *après*. Éventuellement en fin d'année on pourra envisager de faire inventer une étape intermédiaire et utiliser là aussi à bon escient les connecteurs temporels *avant* et *après*.

• **Histoires à écouter**

Lors de la lecture d'un conte, le maître prendra la précaution de procéder à son enregistrement. Lorsque les élèves connaissent bien l'histoire, le maître déclenche l'écoute à un moment donné. Les élèves doivent indiquer s'il s'agit du début, du milieu ou de la fin en justifiant leur réponse et en employant dans une phrase construite les connecteurs temporels *avant* et *après*. Le maître, en cas de difficultés, reformulera là encore et fera répéter la phrase.

• **Moments vécus**

Le maître photographiera différents temps ou moments de la journée de classe (accueil, rituels, etc.) mais aussi des moments forts (la galette des rois entière, la galette des rois entamée, un élève avec une couronne sur la tête). Les photographies sont dans le désordre. Les élèves doivent les remettre dans l'ordre chronologique en utilisant à bon escient les connecteurs temporels.

Résultats attendus

L'élève est capable d'employer à bon escient dans une phrase construite les connecteurs temporels *avant* et *après*.

Évaluation

Pour la mise en œuvre de cette dernière, on pourra s'inspirer de la dernière activité relative aux moments vécus. Cette évaluation privilégie le côté affectif et permettra donc d'identifier les élèves ayant encore réellement des difficultés.

:: Conseils

Le maître profitera de toutes les opportunités pour mettre en place ces jeux de paroles. Réciter sous forme de comptine le déroulement de l'histoire en veillant à bien insister sur les connecteurs temporels *(avant, ensuite, après)*. Puis, montrer, une à une, dans l'ordre, les différentes images, et inviter l'élève à réciter la comptine.

:: Prolongements

Rappeler verbalement les activités qui viennent de se dérouler dans la classe (livre de vie, correspondance scolaire). Rappel des événements passés au récit : histoires et contes.

Séquence : Découvrir des objets et des réalités du passé dans le cadre d'un projet de classe

Séance n° 15 Après la visite d'un site historique, créer un album de classe

Section du cycle : Petits

:: **Objectifs** : Découvrir puis reconnaître quelques éléments patrimoniaux significatifs dans un album de classe.

:: **Concepts** : Évocation, énonciation ; premier capital historique.

:: **Compétence** : Se référer au tableau p. 15.

:: **Capacité** : Disposer d'un premier capital historique constitué à partir du patrimoine.

:: **Conditions préalables** : Il s'agit d'une séance filée à reproduire plusieurs fois dans l'année en fonction des projets de classe mis en œuvre. Nous avons choisi l'exemple de la visite du château fort articulée avec un projet de classe portant sur le temps des rois et des reines. L'intérêt de celui-ci est de plonger les élèves de la petite section de maternelle dans un univers en « nette rupture » avec celui dans lequel ils vivent et évoluent. L'objectif est ici de réaliser, après la visite du château fort ou de tout autre site (cathédrale, musée, etc.), un album en vue de garder un souvenir mais aussi et surtout de mémoriser des images et des mots du répertoire historique, de percevoir et d'utiliser des structures répétitives de forme interrogative.

:: Préparation de la classe

- **Matériel**
  Appareil photographique, album.
  Photographier toutes les étapes de la visite (montée dans l'autobus, découverte des différents éléments patrimoniaux, etc.).

:: Déroulement de l'activité

- **Durée** : 10 minutes.
- **Modalités de travail** : après l'exploitation de la visite du château fort, activité individuelle ou en petit groupe de reconnaissance d'éléments patrimoniaux, dans le cadre du coin lecture.

→ Description de l'activité

- **Étapes préalables**

– Lors de la visite du château fort, l'enseignant a fait part aux élèves d'un événement perturbateur : quand il est venu repérer les lieux quelques jours avant la visite, il a perdu un objet, dans le cas présent un gant noir. Les élèves sont donc invités à le chercher dans les différents endroits du château. Ce faisant ils en découvrent l'architecture. L'enseignant veille à introduire à chaque fois le terme exact : *pont-levis, basse-cour, four à pain, escalier en colimaçon, grande cheminée*, etc.

– Après la visite du château fort, lors d'une séance de langage collective ou en atelier dirigé, les différentes photographies ont été présentées aux élèves. Cette séance a permis de reconnaître à nouveau quelques éléments paysagers et architecturaux du site visité : la rivière, la basse-cour, le pont-levis, la cour du château, le four à pain, l'escalier en colimaçon, la grande cheminée, l'eau des douves.

– L'événement perturbateur est rappelé : la perte du gant noir du maître. Pour répondre à la question de l'endroit du château où il pourrait être, les élèves, avec l'aide de l'enseignant, sont invités à formuler des structures répétitives de forme interrogative : « Est-il tombé dans la basse-cour du château ? Est-il sur le pont-levis ? Est-il dans l'escalier en colimaçon ? Est-il dans le four à pain ? Est-il dans la grande cheminée ? » et ainsi de suite.
– Le maître fabrique ensuite un album reprenant tous ces éléments : phrases interrogatives et photographies.

- **Activité de lecture individuelle ou en petit groupe**

Chaque fois que possible (coin lecture, sieste), l'enseignant utilise le support album pour faire parler les élèves. C'est l'occasion de vérifier s'ils ont mémorisé les termes de vocabulaire et s'ils sont capables d'utiliser une structure interrogative.

Photographies de l'auteur.

Résultats attendus

L'élève reconnaît sur les photographies les réalités du passé (pont-levis, basse-cour, etc.).

Évaluation

Voir activité individuelle ou en petit groupe précédente.

:: Conseils

En cas de difficulté de formulation, l'enseignant s'attachera à vérifier que l'élève a bien reconnu l'élément photographié (par exemple le pont-levis), puis formulera la phrase correcte (« Est-il sur le pont-levis ? ») et invitera l'élève à répéter.

:: Prolongement

À partir d'un autre site (par exemple lors d'un déplacement dans la ville ou le village où l'on habite), fabriquer, suivant la même procédure, un album avec des phrases négatives.

Partie 3

Percevoir, sentir, imaginer, créer

Chapitre 9

Le **dessin** et les **compositions plastiques**

:: **Continuité des apprentissages en maternelle**

:: **Repères pratiques**

:: **Séances 1 à 12**

Marie-Lise Daubelcour
Bernadette Sauvage

Continuité des apprentissages en maternelle

	1re année	2e année	3e année	Grande section
Le dessin				
Adapter son geste aux contraintes matérielles	à travailler prioritairement	à travailler prioritairement	à travailler prioritairement	à consolider
Utiliser le dessin comme moyen d'expression	à travailler prioritairement	à travailler prioritairement	à travailler prioritairement	à consolider
Les compositions plastiques				
Tirer parti des ressources expressives d'un procédé et d'un matériau donnés	peut être travaillé	peut être travaillé	à travailler prioritairement	à consolider
Exercer des choix parmi des procédés et des matériaux déjà expérimentés	peut être travaillé	à travailler prioritairement	à travailler prioritairement	à consolider
Réaliser une composition en plan ou en volume selon un désir d'expression	peut être travaillé	peut être travaillé	à travailler prioritairement	à travailler prioritairement
Surmonter une difficulté rencontrée			peut être travaillé	à travailler prioritairement
Observation et description d'œuvres du patrimoine				
Reconnaître des images d'origines et de natures différentes	peut être travaillé	peut être travaillé	à travailler prioritairement	à consolider
Établir des rapprochements entre deux objets plastiques (une production d'élève et une reproduction d'œuvre d'art par exemple) sur le plan de la forme, du sens ou du procédé de réalisation	peut être travaillé	à travailler prioritairement	à travailler prioritairement	à consolider
Collections et musées				
Identifier les principaux constituants d'un objet plastique (image, œuvre d'art, production d'élève, etc.)	à travailler prioritairement	à travailler prioritairement	à consolider	à consolider

- à travailler prioritairement
- à consolider
- peut être travaillé

Repères pratiques

« Avant, je dessinais comme Raphaël, mais il m'a fallu toute une existence pour apprendre à dessiner comme les enfants. »
Picasso, *in* Florence de Mèredieu, *Le Dessin d'enfant*, éditions Blusson, p. 13.

1. Les axes forts du domaine d'activités

Les textes officiels concernant l'enseignement artistique à l'école maternelle sont regroupés dans le domaine : « Percevoir, sentir, imaginer, créer ». Ce domaine renvoie aux deux ensembles de pratiques artistiques mettant en jeu des sollicitations sensorielles complémentaires : visuelles et tactiles pour le dessin et les compositions plastiques, auditives et vocales pour la voix et l'écoute.
Il s'agira donc pour l'enseignant de maternelle de mettre en place des situations permettant de familiariser les enfants, par l'écoute et l'observation, avec les formes d'expression artistique les plus variées... de leur faire éprouver des émotions et acquérir des premiers repères dans l'univers de la création. Ces activités permettront de tisser de nombreux liens avec les autres domaines d'apprentissage : elles nourrissent la curiosité dans la découverte du monde, permettent à l'enfant d'exercer sa motricité et l'encouragent à exprimer des réactions, des goûts et des choix dans l'échange avec les autres.

2. Les spécificités de la section

Comment répondre à la spécificité de l'enseignement des arts visuels en section de petits et de tout-petits ?

Ce domaine d'activités relève du jeu d'exploration. En effet, les tout-petits ne maîtrisent pas suffisamment les instruments qu'ils utilisent pour être engagés dans une véritable création artistique.
Il conviendra plutôt de privilégier toutes les explorations des matériaux les plus divers, d'instruments inattendus, de supports variés. Il s'agira d'encourager la découverte du plaisir moteur et visuel lors de la transformation de la matière et de la perception des formes et des couleurs.

3. Éléments didactiques et pédagogiques

A Comment construire une démarche en arts visuels ?

Le professeur des écoles est un enseignant polyvalent. Il lui incombe de programmer l'enseignement des arts visuels au même titre que les autres disciplines.
Quelques rappels concernant les différentes étapes d'une séquence en arts visuels :
- **entrée dans l'activité :** c'est la manière dont l'enseignant entraînera les élèves dans une démarche de création ;
- **sollicitation plastique :** un problème à résoudre est posé ;
- **mise en œuvre :** les élèves se mettent en recherche. Cette phase s'apparente à une démarche de type expérimental au cours de laquelle les élèves vont tenter de répondre au problème posé ;
- **confrontation avec les pairs :** les élèves sont invités au cours de cette phase à confronter les résultats obtenus. Ils mettent en commun leurs découvertes : c'est l'occasion de formaliser les savoirs. Les élèves reprennent leurs productions et poursuivent leur travail ;
- **confrontation avec les œuvres d'artistes :** toutes les productions sont affichées, on constate les effets produits. Un vocabulaire spécifique pour désigner les découvertes est mis en place. Les enfants établissent des relations entre les œuvres d'artistes et leurs productions.

B Quelques points de repère

Lors de sa préparation l'enseignant réfléchit à la mise en place d'un **SMOG** cohérent (interactions : **S**upport, **M**édium, **O**util, **G**este). L'objectif d'une séance n'est parfois pas atteint en raison d'une inadéquation des éléments entre eux : par exemple projections, coulures sur un petit format (amplitude gestuelle restreinte) ou travail avec un outil inadapté au format proposé (encre appliquée au Coton-Tige sur un très grand format).

C Références culturelles

Les enseignants se posent souvent la question du moment pertinent pour présenter une œuvre d'art aux élèves. Il n'existe pas de règle stricte. Selon le projet :

- L'œuvre d'art peut servir de point de départ à une séance en arts visuels (sollicitation plastique). L'enseignant en dégagera ou la thématique, ou une notion, ou un procédé plastique. Dans tous les cas, il faudra veiller à éviter le plagiat.
- Elle peut également être présentée au cours de la phase de confrontation avec les œuvres d'artistes pour aider à formaliser des découvertes plastiques.
- Enfin, elle peut être présentée en fin de séance ou de séquence pour valider les expérimentations ou pour relancer les recherches en proposant aux élèves des représentations très différentes des résultats obtenus.

D Les séances en arts visuels

Avant d'entrer dans la lecture des séances, il nous semble important de préciser quelques points incontournables pour une réelle démarche de création dans le domaine des arts visuels.

- Les séquences d'apprentissages se déclinent en séances pour montrer la progression des apprentissages pour une notion donnée.
- Cependant, chaque séance s'inscrit dans un projet. Il s'agit d'éviter l'écueil de la séance d'arts visuels « décontextualisée ». C'est pourquoi vous trouverez à la fin de chaque séance un renvoi vers les différentes séances du projet.
- Pour mieux percevoir la cohérence des séances à l'intérieur du projet, vous trouverez un tableau de correspondance compétences/projets.
- Les séquences doivent se concevoir à partir du **vécu** des élèves... **Le projet de classe est donc essentiel** à ce niveau. Il serait tout à fait arbitraire de proposer des séances en arts visuels sans se poser la question du **sens**.
- Il est important d'associer l'enfant très jeune à ce type de démarche pour favoriser notamment l'anticipation.
- Il ne s'agit bien sûr que de propositions liées aux possibilités des élèves de cet âge. Chacun est libre de les adapter en fonction de l'école, du projet de classe, de la spécificité des élèves.

Nous tenons à remercier les enseignants du Pas-de-Calais qui s'impliquent chaque année dans les projets en arts visuels. Que les photographies des productions d'enfants (prises par les auteurs) de cet ouvrage soient un hommage à la qualité de leur travail !

Tableau décrivant la progression de l'acquisition de compétences dans le sens vertical et la succession des projets dans le sens horizontal

Projets / Compétences	Jouer avec ma main	Créer des atmosphères urbaines	Élaborer un musée de la couleur	Représenter l'Afrique	Créer sa maison tactile
Utiliser le dessin comme moyen d'expression					
1. Se constituer un réservoir de traces et de formes obtenues par l'utilisation de sa main en tant qu'outil.	TPS				
2. Se constituer un réservoir de traces et de formes obtenues par l'utilisation d'un objet du quotidien : la petite voiture.		TPS			
3. Se constituer un réservoir de dessins de voiture obtenus par la technique du tampon.		PS			
4. Se constituer une réserve de traces en utilisant des outils manufacturés (pinceau, brosse, etc.) pour réaliser un monochrome.			TPS		
8. Se constituer une réserve de traces en utilisant le procédé d'impression pour réaliser le pelage d'un animal d'Afrique.				PS	
9. Se constituer un réservoir de motifs africains obtenus par une technique de réserve : le ruban adhésif.				PS	
Adapter son geste aux contraintes matérielles					
5. Adapter le geste à la tenue de l'outil.	TPS				
6. Varier la consistance d'un médium.	TPS				
Observer et décrire des œuvres du patrimoine. Construire des collections.					
7. Classer des reproductions d'œuvres d'art selon le critère couleur.			TPS		
10. Isoler et nommer les caractéristiques kinesthésiques d'un héros d'album.					PS
11. Trier et nommer des matériaux.					PS
12. Associer une reproduction d'œuvre à sa palette couleurs et formes.					PS

Séquence : Utiliser le dessin comme moyen d'expression

Séance n°1 Mains et gestes

Section du cycle : Tout-petits

:: **Projet** : Jouer avec ma main.

:: **Objectif** : Se constituer un réservoir de traces et de formes obtenues par l'utilisation de sa main en tant qu'outil.

:: **Concepts** : La forme, opération plastique : reproduire.

:: **Compétence** : Se référer au tableau p. 15.

:: **Conditions préalables** : Avoir mis les enfants en situation de mémoriser des comptines pour développer de manière ludique la précision gestuelle (dissociation ou coordination des gestes des mains).

:: Préparation de la classe

- **Organisation matérielle**
  Plan horizontal (table) ou plan vertical (piste graphique).
- **Matériel**
  Feuille Canson 120 g format raisin (65 × 50 cm), gouache épaisse d'une couleur primaire (jaune, rouge, bleu), assiettes en carton, tabliers.
- **Document**
  Le cahier référent où figure la comptine à apprendre.

:: Déroulement de l'activité

- **Durée** : 20 minutes.
- **Modalités de travail** : groupe de 4, une production pour 2 enfants.

→ Description de l'activité

- **Phase 1 : entrée dans l'activité.** Apprendre une comptine décrivant les actions possibles de la main :

Que fait ma main ?
Elle caresse doux doux doux
Elle gratte grr, grr, grr
Elle tape pan, pan, pan
Elle chatouille guili, guili, guili

- **Phase 2 : sollicitation plastique.** Chercher à utiliser sa main de différentes façons afin de créer empreintes et traces différentes. Pour cela, poser la main dans un récipient assez large contenant peu de gouache épaisse.

Traduire les actions de la comptine avec sa main sur le support. Chercher d'autres actions.

Résultats attendus

Les enfants obtiennent des traces différentes. L'enseignant les invite à verbaliser les onomatopées (grr, grr, pan, pan, etc.) puis les verbes d'actions (je tape, je caresse, je gratte, etc.). Il les note au fur et à mesure. Ces traces écrites peuvent être associées et devenir une composante de la production.

Évaluation

Les enfants seront capables de nommer l'outil utilisé, la forme obtenue et les actions plastiques mises en place.

:: Conseils

Certains enfants de 2 ans ont une appréhension à mettre de la peinture sur leurs mains. L'enseignant les rassurera et insistera sur le plaisir qu'éprouvent les autres à vivre cette expérience.

Les premières traces ne tiendront pas compte de la comptine. C'est la phase de découverte incontournable. C'est dans un deuxième temps qu'il y aura véritablement une intention liée aux verbes d'action de la comptine.

Par ailleurs, il ne faut pas s'attendre à une organisation dans l'espace très structurée ; souvent, les traces obtenues s'accumulent au centre du support. De nouveau, l'enseignant encouragera et invitera l'enfant à élargir l'espace de composition.

:: Ouverture transdisciplinaire

Maîtrise du langage : dire des comptines ou jeux de doigts et associer le verbe d'action au geste adéquat.

:: Remarques

De multiples jeux impliquant la préhension concourent à assouplir la main : jeux d'eau, de construction, de doigts accompagnant les comptines. La mobilité et l'agilité de la main relèvent également du domaine d'activités « Agir et s'exprimer avec son corps » dans l'exercice d'une motricité globale.

→ Intégrer au projet

Jouer avec ma main : séances n° 5 et n° 6.

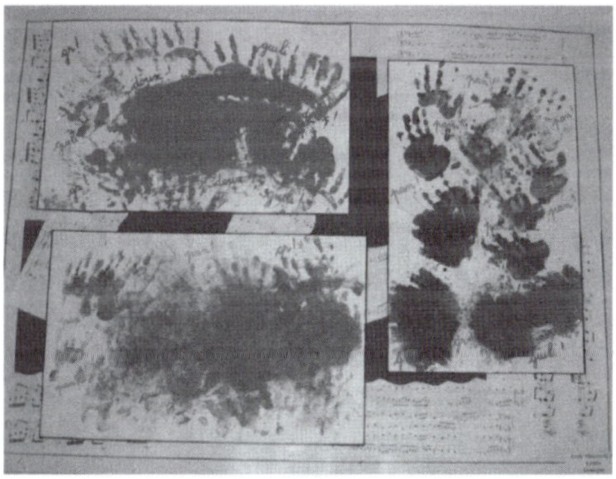

Séance n° 2 Tourbillon de routes

Section du cycle : Tout-petits

:: **Projet** : Créer des atmosphères urbaines.

:: **Objectif** : Se constituer un réservoir de traces et de formes obtenues par l'utilisation d'une petite voiture.

:: **Concept** : La forme (la trace et la ligne).

:: **Compétence** : Se référer au tableau p. 15.

:: **Conditions préalables** : Avoir mis les enfants en situation d'utiliser des petites voitures dans le coin garage. (*Cf.* chapitre 7, Maîtriser l'environnement proche, séance n° 7.)

:: Préparation de la classe

- **Organisation matérielle**
  Plan horizontal (table ou piste de garage recouverte de papier).
- **Matériel**
  Petites voitures, gouache épaisse dans un récipient assez large, support papier grand format (minimum format raisin 65 × 50 cm).

:: Déroulement de l'activité

- **Durée** : 20 minutes.
- **Modalités de travail** : groupe de 4 à 5 enfants, essai individuel.

→ Description de l'activité

- **Phase 1 : entrée dans l'activité.** Jouer avec des petites voitures et les faire rouler sur un plan horizontal.
- **Phase 2 : sollicitation plastique.** Chercher à produire différentes traces : lignes, arabesques, zigzags, etc., en enduisant de peinture les roues des voitures.

Pour cela, faire rouler la petite voiture dans le récipient contenant un fond de peinture.

Dans un second temps, pour varier et enrichir les traces, l'enseignant pourra coller sur le support des formes/obstacles.

Résultats attendus

Dans un premier temps, les enfants découvrent l'outil et son utilisation. Les premiers tracés sont timides. L'appropriation du procédé donnera des tracés plus francs. À ce stade, l'enseignant pourra introduire des formes/obstacles. Ces formes/obstacles créent la surprise et incitent à adapter le tracé.

Les productions sont toujours motivées par le plaisir et le jeu ; la part de hasard cède peu à peu le pas à la précision du geste et à l'intentionnalité.

Évaluation

Les enfants seront capables de créer des tracés différents en évitant des formes/obstacles.

:: Conseils

Les formes/obstacles peuvent prendre la forme d'images dont le sujet crée une situation problème à l'enfant (exemple : image d'animal ou de personnage). Elles peuvent être partie intégrante du support (bosse ou fente).

Les recherches seront plus riches si les enfants se sont approprié l'espace en utilisant les petites voitures dans le coin garage.

Ouverture transdisciplinaire

Structuration de l'espace dans le coin garage où on proposera aux enfants des plans différents : plans horizontaux, plans inclinés, des obstacles, etc.

→ Intégrer au projet

Créer des atmosphères urbaines : séance n° 3.

Séance n° 3 La rue aux heures de pointe

Section du cycle : Petits

:: **Projet** : Créer des atmosphères urbaines.

:: **Objectif** : Se constituer un réservoir de formes obtenues par l'utilisation d'un tampon.

:: **Concepts** : La forme, opération plastique : reproduire.

:: **Compétence** : Se référer au tableau p. 15.

:: **Conditions préalables** : Avoir réalisé les séances n° 1 et n° 2 de cette séquence.

:: Préparation de la classe

- **Organisation matérielle**
  Plan horizontal au sol.
- **Matériel**
  Polystyrène extrudé, feuilles de papier Canson grand format, gouache rouge, bleue, jaune.
- **Documents**
  Enregistrements des bruits de la ville à différents moments de la journée.

:: Déroulement de l'activité

- **Durée** : 20 minutes.
- **Modalités de travail** : groupe de 4, essai individuel.

→ Description de l'activité

- **Phase 1 : entrée dans l'activité.** Collecter des bruits de la rue enregistrés à différents moments de la journée. De retour en classe, écouter les enregistrements. Les élèves mettront en relation l'intensité des bruits enregistrés avec la densité de la circulation.
- **Phase 2 : sollicitation plastique.** Chercher à représenter le moment où l'on entend beaucoup de bruits.

Pour cela, collecter des images de voitures.

Faire un choix de forme de voiture. La reproduire sur le polystyrène extrudé en piquetant le contour avec la pointe d'un crayon de bois ou d'un stylo.

L'enseignant affinera au besoin la gravure.

Enduire le tampon de peinture à l'aide d'un gros pinceau.

Tester le tampon et découvrir la trace.

Faire des essais d'impressions en variant les supports (nature du papier), les médiums (gouache plus ou moins diluée). Constater les effets produits.

Multiplier les impressions en fonction de l'intensité des bruits enregistrés.

Résultats attendus

Les enfants seront d'abord étonnés par la trace du tampon réalisée dans le polystyrène extrudé. Une phase de découverte des traces est nécessaire avant de réaliser une production traduisant la densité de la circulation. Il faudra prévoir une séance de découverte au cours de laquelle les élèves expérimenteront outils, médiums et traces obtenues.

Évaluation

Les enfants seront capables de mettre en relation le codage de l'intensité du bruit avec la représentation de la densité de la circulation.

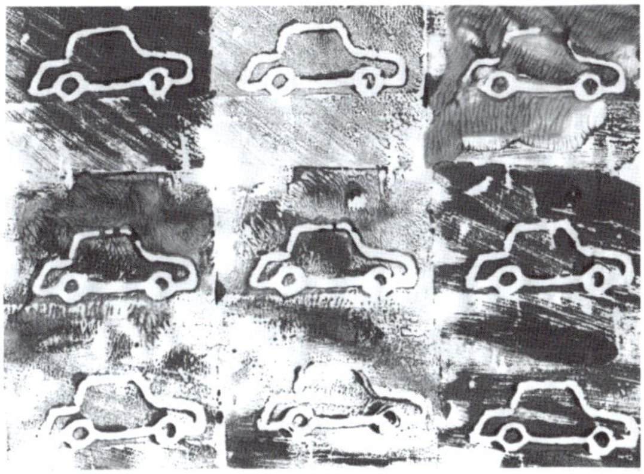

Variable

Proposer la même démarche. Réaliser dans du carton des gabarits des voitures à partir des images ou dessins d'enfants.

Réaliser un fond gouaché avec des outils larges (pinceaux du bâtiment, rouleaux, etc.).

Poser les gabarits sur le fond, dessiner le contour à l'aide de craie grasse.

:: Conseil

Les images représentant les voitures seront choisies en fonction de la stylisation de la forme (exemple : formes proposées dans le clip'art).

:: Prolongements

Représenter l'ambiance de la rue. Mettre en relation avec des reproductions d'œuvres de Dubuffet *(Rue Turlupet*, *Automobile à la route noire)*.

:: Ouverture transdisciplinaire

Représenter l'intensité d'un son en éducation musicale.

:: Définitions

Les enfants seront amenés à réfléchir à la manière de traduire plastiquement l'**intensité** des bruits. La **densité des formes** de voitures représentées sera proportionnelle à l'**intensité** du bruit enregistré.

→ Intégrer au projet

Créer des atmosphères urbaines : séance n° 2.

Séance n° 4 Musée du bleu

Section du cycle : Tout-petits

:: **Projet** : Élaborer un musée de la couleur.

:: **Objectif** : Se constituer un réservoir de traces en utilisant des outils manufacturés.

:: **Concept** : La forme (la trace).

:: **Compétence** : Se référer au tableau p. 15.

:: **Conditions préalables** : Avoir vécu une séance de découverte des outils : tenue, utilisations variées.

:: Préparation de la classe

- **Organisation matérielle**
  Plan horizontal.
- **Matériel**
  Pinceaux, brosses, plumes, rouleaux, etc., gouache bleue, colle blanche liquide, pinceaux à colle, papiers plus ou moins épais, de grand format (1 m sur 65 cm).
- **Documents**
  Reproductions de monochromes bleus : Yves Klein, *Monochrome bleu sans titre* ; Paul Klee, *La légende du Nil* ; René Magritte, *L'Entrée en scène* ; Miro, *Bleu*.

:: Déroulement de l'activité

- **Durée** : 20 minutes.
- **Modalités de travail** : groupe de 4 enfants sur la même production.

→ Description de l'activité

- **Phase 1 : entrée dans l'activité.** Collecter des reproductions d'œuvres d'art monochromes bleues. Choisir de produire dans cette couleur.
- **Phase 2 : sollicitation plastique 1.** Chercher à décliner cette couleur de différentes façons.

Proposer une série d'outils aux enfants. Chercher à obtenir des traces variées.

Faire varier le SMOG (Support, Médium, Outils, Gestes) (*cf.* préambule) pour déposer la couleur.

Supports : papiers plus ou moins épais, crépon, kraft, papiers de soie, cartons, papiers essuie-tout, etc.

Outils : doigt, pinceaux, brosses, plumes, rouleaux, etc.

Gestes : frotter, gratter, projeter, tracer, couler, étaler, griffer, tapoter, etc.

- **Phase 3 : sollicitation plastique 2.** Déchirer ces fonds pour recomposer par collage.

Résultats attendus

Les enfants différencieront les traces en variant les gestes. Un référent associant traces et verbes d'action sera réalisé au cours des recherches.

Lors de la sollicitation plastique 2, ils colleront leurs papiers déchirés de façon aléatoire. L'enseignant relancera l'activité en invitant les enfants à utiliser tout l'espace et à superposer les bandes pour combler les vides.

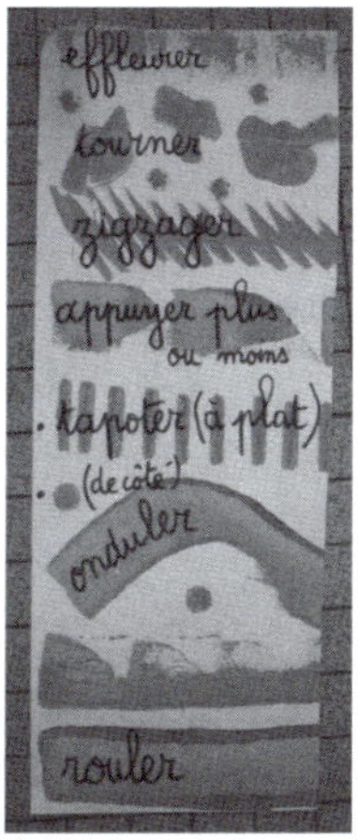

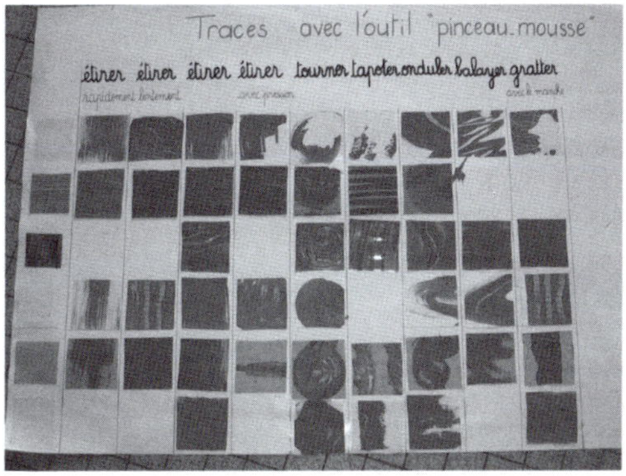

Évaluation

Les enfants seront capables de verbaliser les actions mises en place pour réaliser le monochrome.

:: Conseils

L'enseignant enrichira les recherches en rappelant les gestes travaillés lors de la séance sur l'utilisation de la main (taper, caresser, etc.).

Il est important ici de faire prendre conscience aux enfants de la variété d'utilisation d'un même outil : on peut faire rouler le rouleau mais aussi tapoter, glisser ou encore utiliser la face ronde du cylindre en mousse pour créer la trace.

L'enseignant proposera de varier les supports et les outils pour enrichir les recherches : supports plus ou moins grands, de formes rondes ou carrées, outils existants ou insolites.

:: Prolongement

Les productions enrichiront le musée de classe sur la couleur.

:: Remarques

La trace produite est une marque dont le sens peut varier selon l'orientation, le mouvement, la densité du trait. Chez les jeunes enfants, la recherche est fortuite et la finalité essentielle est l'activité. Cependant, au fur et à mesure des découvertes, il va devenir acteur en dirigeant ses tracés, en répétant une trouvaille, en imitant ses camarades.

→ Intégrer au projet

Élaborer un musée de la couleur : séance n° 7.

Séance n° 5 Ribambelle de motifs

Section du cycle : Tout-petits

:: **Projet** : Jouer avec ma main.

:: **Objectif** : Adapter le geste à la tenue de l'outil.

:: **Concepts** : La forme, opération plastique : reproduire.

:: **Compétence** : Se référer au tableau p. 15.

:: **Conditions préalables** : Avoir utilisé la main et le doigt en tant qu'outils.

:: Préparation de la classe

- **Organisation matérielle**
  Plan horizontal (table).
- **Matériel**
  Feuille de papier kraft format raisin (65 X 50 cm), gouache épaisse d'une couleur primaire (jaune ou rouge), Cotons-Tiges, bouchons de diamètres différents, récipient pour la peinture, tabliers.
- **Documents**
  Empreinte de main sur paroi de grotte/art de la préhistoire, paléolithique supérieur.
  Bijou en forme de main/Tunisie, XVIIIe-XIXe siècles. Or, musée des Arts d'Afrique et d'Océanie, Paris.
  Main, Farid Balkania, 1980, Maroc, henné sur peau.
  Silaya ou ornement féminin en forme de palmier sur main de femme berbère.

:: Déroulement de l'activité

- **Durée** : 20 minutes.
- **Modalités de travail** : par groupe de 4, une production par enfant.

→ Description de l'activité

- **Phase 1 : entrée dans l'activité.** Observer les reproductions d'œuvres traitant du motif sur les mains.
Dessiner le contour des mains des enfants sur un papier kraft à l'aide d'un marqueur.
- **Phase 2 : sollicitation plastique.** Chercher à utiliser le Coton-Tige et le bouchon pour organiser des motifs dans la main dessinée.
Pour cela, tremper l'outil dans la gouache.

Résultats attendus

Les enfants obtiennent des tailles d'empreintes différentes en fonction des outils utilisés. Cependant, il n'est pas exclu que par maladresse l'enfant fasse glisser l'outil sur le support. Il sera encouragé à tenir son outil de façon mieux adaptée.
Néanmoins, cette trace obtenue « par erreur » sera conservée et restera intéressante.

Évaluation

Les enfants seront capables de nommer les outils utilisés, le graphisme obtenu. Ils seront capables d'adapter la préhension aux contraintes entraînées par l'outil.

:: Conseils

Les enfants seront plus adroits avec le bouchon qui est un outil dont le volume est mieux adapté à la taille de leur main.

Le Coton-Tige les obligera à affiner la tenue de l'outil par l'intermédiaire d'une pince plus précise. Par ailleurs, le médium semi-épais facilitera l'empreinte.

En termes d'occupation de l'espace, les empreintes obtenues sont réparties de façon aléatoire.

:: Ouverture transdisciplinaire

Activités graphiques et écriture : réalisation d'un motif graphique simple, mise au point de gestes élémentaires efficaces.

:: Remarques

L'école maternelle encourage les manifestations graphiques naturelles. Traces, empreintes, tracés et dessins spontanés témoignent de l'émergence de la fonction symbolique. Le dessin, pour le très jeune enfant, est une expression essentiellement gestuelle et un jeu moteur. Il acquiert, petit à petit, une fonction de langage.

→ Intégrer au projet

Jouer avec ma main : séances n° 1 et n° 6.

Séance n° 6 Signes de la main

Section du cycle : Tout-petits

:: **Projet** : Jouer avec ma main.

:: **Objectif** : Adapter son geste à la variation de la consistance d'un médium.

:: **Concepts** : La forme, opération plastique : reproduire.

:: **Compétence** : Se référer au tableau p. 15.

:: **Conditions préalables** : Avoir réalisé une séance sur l'adaptation du geste à la tenue de l'outil et maîtriser la tenue du coton-tige (séance n° 5).

:: Préparation de la classe

- **Organisation matérielle**
  Plan horizontal (table).
- **Matériel**
  Feuille Canson 120 g format A3 ; médium : henné ; Cotons-Tiges ; récipient ; tabliers.
- **Documents**
  Empreintes de main sur paroi de grotte/art de la préhistoire, paléolithique supérieur.
  Bijou en forme de main /Tunisie, XVIIIe-XIXe siècles.
  Or, musée des Arts d'Afrique et d'Océanie, Paris.
  Main, Farid Balkania, 1980, Maroc, henné sur peau.
  Silaya ou ornement féminin en forme de palmier sur main de femme berbère.

:: Déroulement de l'activité

- **Durée** : 20 minutes.
- **Modalités de travail** : production par groupe de 4, essai individuel.

→ Description de l'activité

- **Phase 1 : entrée dans l'activité.** Observer le musée de classe réunissant des empreintes de mains et des mains décorées.
  Réaliser un répertoire de graphismes en reproduisant les motifs perçus sur les œuvres. Pour cela, l'enseignant guidera le regard des enfants en isolant les graphismes des reproductions d'œuvres par un système de fenêtre.
  Agrandir le contour d'une main d'enfant dessinée sur un support papier par la photocopie pour obtenir un format proche du format A3. Cloisonner cet espace en zones.
- **Phase 2 : sollicitation plastique.** Organiser les graphismes sur la main en utilisant le Coton-Tige et le henné.

Résultats attendus

Les enfants reproduisent points, traits, croix dans l'espace main. Ils affinent leur geste pour obtenir une précision dans le tracé.

Évaluation

Les enfants seront capables de nommer les formes obtenues : point, trait, croix, et de les reproduire le plus précisément possible à l'aide du Coton-Tige.

:: Conseils

Les enfants doivent gérer la fluidité de ce nouveau médium : le henné. Ils doivent régulièrement reprendre du médium pour dessiner.

Par ailleurs, sans le cloisonnement, les enfants ont des difficultés à organiser l'espace. Ici, chaque zone est destinée à être remplie par une multitude d'un même graphisme prélevé dans le référentiel d'œuvres.

:: Ouverture transdiciplinaire

Activités graphiques et écriture : reproduire un motif graphique simple.

:: Remarques

Chez les plus petits, l'enseignant encouragera les premiers gribouillages pour faire évoluer l'activité visuo-motrice. Il traduira ces tracés par des mots en vue de montrer le pouvoir de communication et d'enrichir le premier répertoire graphique.

→ Intégrer au projet

Jouer avec ma main : séances n° 1 et n° 5.

Séquence : Observer et décrire des œuvres du patrimoine. Construire des collections

Séance n°7 Musée d'images monochromes

Section du cycle : Tout-petits

:: **Projet** : Élaborer un musée de la couleur.

:: **Objectif** : Classer des reproductions d'œuvres d'art selon le critère couleur.

:: **Concept** : Les couleurs primaires.

:: **Compétence** : Se référer au tableau p. 15.

:: **Capacité** : Identifier les principaux constituants d'un objet plastique.

:: **Conditions préalables** : Avoir déjà observé, manipulé des images. Savoir reconnaître une reproduction d'œuvre d'art.

:: Préparation de la classe

- **Organisation matérielle**
  Autour d'une table.
- **Documents**
  Œuvres monochromes en format cartes postales ou A4.
  Bleu : Yves Klein, *Monochrome bleu sans titre* ; Paul Klee, *La Légende du Nil* ; René Magritte, *L'Entrée en scène* ; Miro, *Bleu*.
  Rouge : Georges Matthieu, *Flamenco rouge* ; Paul Klee, *Jardin de roses* ; Pierres Soulages, *Peinture 8 juin 1961*.
  Jaune : Pierre Soulages, *Peinture 6 janvier 1957* ; Paul Klee, *Jaune* ; Malevitch, *Quadrilatère jaune sur fond blanc*.

:: Déroulement de l'activité

- **Durée** : 15 minutes.
- **Modalités de travail** : par groupe de 4.

→ Description de l'activité

- **Phase 1 : entrée dans l'activité.** Distribuer aux enfants une série de reproductions d'œuvres monochromes et de couleurs dominantes différentes de formats A4 ou A5.
- **Phase 2 : sollicitation plastique.** Classer les reproductions selon le critère « couleur ».

Résultats attendus

Les enfants réalisent des paquets par couleurs dominantes (bleu, jaune, rouge) sans savoir nommer la couleur. À la fin de la séance, on élaborera un référent couleur associant nom de la couleur et quelques reproductions. L'enseignant y fera référence tout au long de l'année pour construire l'identification et la nomination de la couleur.
On pourra garder des traces de ce classement dans le cahier personnel d'histoire des arts.

Évaluation

Les enfants seront capables d'isoler la couleur dominante d'une œuvre en réalisant des appariements gommettes de couleurs/reproduction d'œuvre d'art.

Conseils

Les enfants aidés de l'enseignant observeront les reproductions ; certains verbaliseront ce qu'ils voient, exprimeront ce que les images évoquent.

Les enfants sont invités à repérer des éléments plastiques, ici la couleur, mais aussi à décrire les éléments narratifs.

Pour aider à l'élaboration des paquets, l'enseignant encouragera les enfants à prendre le rôle d'un marchand de couleurs (revêtir celui-ci d'un tablier ou d'un foulard de la couleur). Les enfants pourront ainsi associer visuellement les reproductions monochromes à leur marchand.

Nommer la couleur dominante ne sera pas systématique chez tous les enfants ; il faudra régulièrement encourager le recours au référent.

Prolongement

Des référents de couleurs avec des objets de la classe pourront consolider cette première formalisation.

Définitions

Toute analyse d'œuvres suppose de détailler les quatre paramètres plastiques : **couleur, lumière, matière, espace/forme**.

Ici, c'est celui de la couleur qui est développé.

La couleur

Couleurs primaires : rouge, jaune, bleu.

Couleurs secondaires : orange, violet, vert.

Palette large, palette restreinte, monochromes, polychromes.

Contrastes : de quantité, de qualité (vif/terne), de chaleur, de complémentaires (bleu/orange, rouge/vert, jaune/violet).

→ Intégrer au projet

Élaborer un musée de la couleur : séance n° 4.

Séquence : Utiliser le dessin comme moyen d'expression

Séance n° 8 Impression aux couleurs du pelage

Section du cycle : Petits

:: **Projet** : Représenter l'Afrique.

:: **Objectif** : Se constituer un réservoir de traces en utilisant le procédé d'impression pour réaliser le pelage d'un animal.

:: **Concept** : La forme.

:: **Compétence** : Se référer au tableau p. 15.

:: **Conditions préalables** : Avoir déjà utilisé le rouleau et le pochon dans des situations de recherches sur l'outil.

:: **Préparation de la classe**

- **Organisation matérielle**
  Plan horizontal.
- **Matériel**
  Rouleau, brosse, pochon, verre, carton ondulé, polystyrène, papiers, kraft, journaux, calques, papiers de soie, gouaches, colle, pinceaux à colle, etc.
- **Documents**
  Album : *Des rayures ou des pois ?*, Les albums Duculot.

:: **Déroulement de l'activité**

- **Durée** : 20 minutes.
- **Modalités de travail** : groupe de 4 à 5 enfants, chaque enfant utilisant sa matrice.

→ **Description de l'activité**

- **Phase 1 : entrée dans l'activité.** Collecter des images sur les animaux d'Afrique. Isoler la couleur dominante de ces animaux : jaune, marron, noir, etc.
Découvrir le pelage de ces animaux dans l'album cité ci-dessus.
- **Phase 2 : sollicitation plastique 1.** Dans l'intention de représenter le pelage des animaux, chercher à décliner les couleurs des pelages de différentes façons.
Pour cela, proposer des plaques de différents matériaux qui deviendront des matrices à monotype : verre, carton ondulé, polystyrène, papier de verre, etc.
Enduire ces plaques de gouaches de la couleur choisie puis imprimer sur différents supports : papiers, kraft, journaux, calques, papiers de soie, etc.
- **Phase 3 : sollicitation plastique 2.** Déchirer ces fonds pour recomposer par collage.

Résultats attendus

Les enfants différencieront les impressions en verbalisant le type de matrices et le support d'impression.

Évaluation

Les enfants seront capables de mettre en œuvre une nouvelle impression en associant matrices et supports encore inconnus (exemple : papier de verre/papier essuie-tout) pour réaliser un autre pelage.

:: Conseils

Il s'agit ici de l'apprentissage d'une technique au service d'un projet. La phase d'appropriation est largement guidée par l'enseignant. Afin de faciliter la manipulation des enfants, les matrices carton ou papier de verre seront fixées sur la table à l'aide de ruban adhésif d'emballage. Ainsi, la répartition de la peinture et l'impression seront rendues plus aisées.

Le travail de composition de la sollicitation 2 sera guidé par l'enseignant. Les recherches pourront consister à organiser carrés et rectangles ou à remplir des formes prédessinées.

:: Ouverture transdisciplinaire

Lecture d'images dans les albums de littérature enfantine sur les animaux d'Afrique.

→ Intégrer au projet

Représenter l'Afrique : séance n° 9.

Séance n° 9 Étalage de rideaux

Section du cycle : Petits

Projet : Représenter l'Afrique.

Objectif : Se constituer un réservoir de motifs africains obtenus par une technique de réserve : le ruban adhésif.

Concept : La forme : le motif.

Compétence : Se référer au tableau p. 15.

Conditions préalables : Avoir manipulé différents objets pour affiner la dextérité.

Préparation de la classe

- **Organisation matérielle**
  Sur plan horizontal ou vertical.
- **Matériel**
  Drap, ruban adhésif, support papier grand format, gouaches aux couleurs de l'Afrique (jaune, marron, rouge, etc.).
- **Documents**
  Référentiel de motifs : images d'objets d'Afrique, tissus d'Afrique.

Déroulement de l'activité

- **Durée** : 20 minutes.
- **Modalités de travail** : groupe de 4, alternance individuel et collectif.

→ Description de l'activité

- **Phase 1 : entrée dans l'activité.** Observer des référentiels de motifs africains prélevés sur des objets de ce continent : tissus, céramiques, etc.
- **Phase 2 : sollicitation plastique.** Dans l'intention de réaliser des rideaux africains, réaliser des motifs avec des bandes de ruban adhésif en se référant aux motifs des objets africains.

Les bandes de ruban adhésif sont collées sur le tissu blanc. Le tissu est enduit de gouaches aux couleurs de l'Afrique : jaune, marron, rouge, etc.

Après séchage, le ruban adhésif est enlevé. Les enfants découvrent le motif resté « non peint » sur le tissu.

Résultats attendus

Dans un premier temps, les enfants découvrent le matériau ruban adhésif : sa forme, sa qualité autocollante, etc., et se l'approprient. Ils reproduisent des formes simples : croix, triangle, signe =.

Le référentiel de motifs vient enrichir les recherches.

Évaluation

Les enfants seront capables de reproduire des motifs nouveaux à l'aide du ruban adhésif. Ils anticiperont les effets produits en annonçant le motif résultant de la réserve.

Conseils

Les bandes de ruban adhésif seront préalablement découpées par l'enseignant. Il est préférable de prévoir des bandes courtes pour éviter les risques d'encollage.

La technique de réserve avec un matériau comprend trois temps :

- isoler temporairement une zone du fond avec le matériau (ruban adhésif, etc.) ;
- enduire le support de gouaches. Laisser sécher ;

- décoller les bandes de ruban adhésif. Les zones ainsi dévoilées font réapparaître le support resté neutre et contrastent avec le fond. On obtient un motif.

:: Prolongement

Variable : le drap, support de production, pourra être préalablement coloré aux couleurs de l'Afrique.

:: Ouverture transdisciplinaire

Lien avec la reproduction de formes géométriques en mathématiques et la reproduction de graphismes en écriture.

Rideau réalisé avec une technique de réserve au ruban adhésif

→ Intégrer au projet

Représenter l'Afrique : séance n° 8.

Séquence : Observer et décrire des œuvres du patrimoine. Construire des collections

Séance n° 10 C'est doux, ça pique, ça brille

Section du cycle : Petits

:: **Projet** : Créer sa maison tactile.

:: **Objectifs** : Isoler et nommer les caractéristiques kinesthésiques d'un héros d'album.

:: **Concept** : La matière : le doux, le piquant, le brillant.

:: **Compétence** : Se référer au tableau p. 15.

:: Préparation de la classe

- **Organisation matérielle**
  Coin regroupement.
- **Documents**
  Des livres de littérature enfantine :
  Arc-en-Ciel, le plus beau poisson des océans, Marcus Pfister, éditions Nord-Sud.
  Mic le porc-épic, Stéphanie Blake, L'École des loisirs.
  Coucou ! fait Olivier Ours, Tony Kenyon, L'École des loisirs.

:: Déroulement de l'activité

- **Durée** : 20 minutes.
- **Modalités de travail** : groupes de 4 à 5 enfants.

→ Description de l'activité

Cette séance permettra de déclencher l'ensemble des séances ultérieures. C'est une façon d'entrer dans l'activité. Il s'agit de la « sollicitation plastique ».

Il ne s'agira pas d'une séance unique. Chaque livre de littérature fera l'objet d'une lecture et d'une présentation.

Après lecture du livre avec les élèves, dégager et noter les caractéristiques physiques du héros étudié : douceur du pelage de l'ours, les écailles brillantes du poisson Arc-en-Ciel, les piques du porc-épic. La découverte de chaque album fera l'objet de retours réguliers à l'image. Les enfants seront amenés à représenter les différents personnages par le dessin.

Établir une fiche récapitulative pour chaque héros en lui associant les mots utilisés par les enfants pour le décrire, leurs dessins, des matériaux apportés par les enfants pour caractériser le doux, le piquant, le brillant.

Afficher ces référents dans la classe. Les enrichir progressivement en fonction de la collecte des matériaux.

:: Conseils

Cette phase permettra aux élèves d'entrer dans le projet. La mise en relation des images et du texte facilitera la mise en évidence des caractéristiques physiques, voire kinesthésiques de chacun des héros. établir à chaque fois une fiche référent.

C'est l'occasion d'associer les parents au projet de la classe : communiquer avec eux par le biais du cahier de vie, annoncer le projet, donner le titre du livre présenté, formuler les besoins en matériel. Afficher sur la vitre de la classe et des autres classes de l'école afin d'optimiser la collecte.

:: Ouverture transdisciplinaire

Mettre en relation avec le chapitre 1 : « Langage de communication d'action et d'évocation ».
Élaborer le champ sémantique lié à chaque héros.
Créer des rimes, des comptines en associant les prénoms des élèves de la classe à un mot comme dans le livre : *Mic le porc-épic*.

:: Définition

Matière : rugueux/doux, brillant/mat, illusion des matières réelles, etc.

→ Intégrer au projet

Créer sa maison tactile : séances n° 11, n° 12.

Séance n° 11 À chacun sa maison

Section du cycle : Petits

:: **Projet** : Créer sa maison tactile.

:: **Objectifs** : Trier et nommer les matériaux selon des critères sensoriels : doux, piquant, brillant.

:: **Concept** : La matière : découverte sensorielle des tissus, papiers, matériaux.

:: **Compétence** : Se référer au tableau p. 15.

:: **Conditions préalables** : Au cours d'une première séance les élèves ont été sensibilisés au projet : réaliser la maison des héros des livres de la classe. Il s'agit maintenant de passer à la réalisation concrète de la maison d'un personnage rencontré au travers des livres de littérature enfantine.
Les élèves ont collecté différents matériaux pouvant entrer dans la composition de la maison des personnages (ours, porc-épic, poisson).

:: Préparation de la classe

- **Organisation matérielle**
  Tables.
- **Matériel**
  Matériaux de récupération (fourrure, tissus doux, ouate, laine, tissus argentés ou dorés, paillasson, etc.), des bacs en plastique ou des boîtes en carton (type boîtes à chaussures), colle, pinceaux à colle.
- **Documents**
  Les livres de littérature enfantine étudiés, les référents réalisés par les enfants pour chaque héros (voir séance n° 10).

:: Déroulement de l'activité

- **Durée** : 30 minutes.
- **Modalités de travail** : groupe de 5.

→ Description de l'activité

- **Phase 1 : entrée dans l'activité 1.** Collecter différents matériaux : fourrure, tissus doux, ouate, laine, tissus argentés ou dorés, paillasson, etc. Répartir sur les tables de la classe (tables collectives).
- **Phase 2 : sollicitation plastique.** Consigne : « Comment faire pour ranger le magasin ? ». Classer les différents matériaux selon les critères liés aux héros : doux, piquant, brillant. Stocker au fur et à mesure dans les boîtes. Coder le contenu des boîtes : doux, piquant, brillant, etc. Réaliser une étiquette permettant de connaître le contenu de la boîte sans l'ouvrir. Coller différents échantillons pour chaque propriété (musée du doux, du brillant, du piquant).
- **Phase 3 : entrée dans l'activité 2.** Chaque élève choisit le personnage qu'il veut installer dans une maison.
- **Phase 4 : sollicitation plastique.** « Tapisser » la maison du personnage qu'il a choisi.

Consigne : « Tu vas choisir dans le magasin les papiers et les tissus de la maison de ton personnage ».

Résultats attendus

Activité n° 1. Les élèves effectuent un premier classement en fonction des trois maisons à réaliser : celle de l'ours, du porc-épic, du poisson. La classification fera l'objet d'un échange oral permettant de justifier le choix de la boîte.
Activité n° 2. Chaque élève choisit les matériaux en fonction de son personnage. Pour cela, il se rend au magasin et collecte les matériaux nécessaires au décor de la maison.

Il tapisse l'intérieur de la boîte en collant les différents éléments choisis.
Il installe le personnage à l'intérieur de la boîte.

Évaluation

Activité n° 1. Les enfants seront capables de classer un nouveau lot de matières répondant aux critères retenus : associer la matière au codage (doux, piquant, brillant).
Activité n° 2. Les enfants seront capables d'associer les matériaux en adéquation avec le personnage.

Variable

Activité n° 2. 1. On peut procéder de la même façon en s'interrogeant sur ce que fait la marotte de la classe pendant les vacances. On lui inventera des voyages : au pays du froid, au pays du chaud, au pays des couleurs, on constituera de la même manière un référentiel pour le froid, le chaud, les couleurs.
2. Mettre en scène un personnage dans différents lieux. On peut garder l'idée de mettre en scène un personnage dans des lieux différents, exemples : une forêt, un magasin de jouets, un pays froid, un pays chaud, etc.
3. Mettre en relation avec la présentation d'une œuvre d'art (ex. : *Le Berceau* de Berthe Morisot).

:: Conseils

Activité n° 1. Dans un premier temps, l'enfant ne classera pas les matières. Il passera par une appropriation tactile liée au plaisir de la découverte des matières. Dans un second temps, il explicitera les choix effectués. À la fin de la séance, un référent est réalisé pour chacune des propriétés pour garder la mémoire des recherches.
Activité n° 2. Au-delà du prétexte de « tapisser » la maison d'un personnage, on aborde de façon implicite la notion d'intérieur qu'on pourra opposer à celle d'extérieur.

:: Prolongement

Activité n° 1. La classification pourra se faire à partir d'un autre critère notionnel, par exemple la couleur, la nature des matériaux (papier, carton, tissu, etc.).

:: Définition

Pour aider le tout-petit à découvrir le monde qui l'entoure, l'enseignant le mettra en situation de développer ses aptitudes sensorielles. Il apprendra par l'usage de ses sens à reconnaître des objets mais aussi des qualités (couleurs, formes, matières, etc.).

:: Ouverture transdisciplinaire

Activité n° 2. Mettre en relation avec un livre de la littérature enfantine (ex. : *Boucle d'or et les trois ours*).

→ Intégrer au projet

Créer sa maison tactile : séances n° 10, n° 12.

Séance n° 12 Formes et couleurs de maisons d'artistes

Section du cycle : Petits

:: **Projet** : Créer sa maison tactile.

:: **Objectifs** : Associer une reproduction d'œuvres à sa palette couleurs et formes. Enrichir les représentations des élèves.

:: **Concepts** : La forme et la couleur.

:: **Compétence** : Se référer au tableau p. 15.

:: **Conditions préalables** : Avoir vécu les séances n° 10 et n° 11.

:: Préparation de la classe

- **Organisation matérielle**
  Table.
- **Matériel**
  Pastilles réalisées par l'enseignant reprenant les couleurs dominantes et les formes des reproductions. Par exemple : Paul Klee, pastilles de couleurs : rouge, jaune, bleu et blanc, pastilles de formes : carré, rond, triangle.
- **Documents**
  Les reproductions des œuvres présentées aux élèves.
  Paul Klee, *Villa R*, 1919, huile sur carton, 26,5 cm × 22 cm.
  Pablo Picasso, *Maisonnette dans un jardin, la rue des bois*, 1908.
  Vincent Van Gogh, *Chaumes de Cordeville*.

:: Déroulement de l'activité

- **Durée** : 25 minutes.
- **Modalités de travail** : groupe classe dans le coin regroupement puis par groupes de 5.

→ Description de l'activité

- **Phase 1 : entrée dans l'activité.** Découvrir les trois reproductions d'œuvres affichées au tableau. Constater qu'elles traitent toutes de la thématique de la maison.
  Observer et décrire les pastilles de couleurs et les pastilles de formes.
- **Phase 2 : sollicitation plastique.** Associer les couleurs puis les formes à chaque maison représentée par les artistes.

Résultats attendus

Les enfants décrivent les reproductions. Ils associent les pastilles de couleurs à chacune des reproductions. Même chose pour les formes. Chaque série est collée sur des supports différents : on élabore ainsi un référent couleurs/formes/reproductions.

Évaluation

Les enfants seront capables de faire ces associations à partir d'une nouvelle reproduction.

:: Conseils

L'enseignant facilitera ce travail en guidant le regard des enfants à l'aide de petites fenêtres permettant d'isoler formes et/ou couleurs.
Il enrichira les perceptions en les invitant à affiner leurs descriptions : endroit où est située la maison, etc.

Ouverture transdisciplinaire

Maîtrise du langage : cette activité est à mettre en relation avec les activités langagières : enrichissement du lexique, identification des composantes plastiques d'une image, etc.

Remarques

L'enfant découvre très tôt les images avec beaucoup d'intérêt. Elles font partie de son univers de vie. Il les contemple, les collectionne, etc.

L'école a un rôle d'apprentissage vis-à-vis de cet objet de connaissance particulier. Il est déclencheur d'émotions et de pensées et porteur de messages. Cet apprentissage relève d'une éducation du regard (voir et comprendre) qui incite l'enfant à passer progressivement d'une perception uniquement sensible à une perception guidée par la connaissance.

Par son questionnement, l'enseignant provoque les mises en relation, il aide à mettre en doute certains sens « premiers ». Les verbalisations qui accompagnent toutes ces activités aident au « recodage » et à leur mise en mémoire.

→ Intégrer au projet

Créer sa maison tactile : séances n° 10, n° 11.

Chapitre 10

La **voix** et l'**écoute**

:: **Continuité des apprentissages en maternelle**

:: **Repères pratiques**

:: **Séances 1 à 10**

Gaëtan Lorek
Jacqueline Lorek

Continuité des apprentissages en maternelle

	1re année	2e année	3e année	Grande section
ITEM 1 : Avoir mémorisé et savoir interpréter des chants, des comptines.				
Activités vocales				
Mémoriser un répertoire varié de comptines et de chansons	peut être travaillé	à travailler prioritairement	à travailler prioritairement	à consolider
Interpréter avec des variantes expressives un chant, une comptine		peut être travaillé	à travailler prioritairement	à travailler prioritairement
Jouer de sa voix pour explorer des variantes de timbre, d'intensité, de hauteur, de durée	peut être travaillé	à travailler prioritairement	à travailler prioritairement	à travailler prioritairement
Tenir sa place dans des activités collectives et intervenir brièvement en soliste			peut être travaillé	à travailler prioritairement
ITEM 2 : Écouter un extrait musical ou une production, puis s'exprimer avec les autres pour donner ses impressions.				
Activités d'écoute				
Repérer et reproduire des formules rythmiques simples		peut être travaillé	à travailler prioritairement	à consolider
Utiliser quelques moyens graphiques simples pour représenter le déroulement d'une phrase musicale		peut être travaillé	peut être travaillé	à travailler prioritairement
Utiliser le corps et l'espace en fonction des caractéristiques temporelles et musicales des supports utilisés	peut être travaillé	peut être travaillé	à travailler prioritairement	à travailler prioritairement
ITEM 3 : Adapter son geste aux contraintes matérielles (instruments, supports, matériels).				
Activités instrumentales				
Coordonner un texte parlé ou chanté et un accompagnement corporel ou instrumental		peut être travaillé	à travailler prioritairement	à travailler prioritairement
Marquer la pulsation corporellement ou à l'aide d'un objet sonore		peut être travaillé	à travailler prioritairement	à travailler prioritairement
Reproduire des formules rythmiques simples corporellement ou avec des instruments		peut être travaillé	à travailler prioritairement	à travailler prioritairement
Faire des propositions lors de phases de création et d'invention			à travailler prioritairement	à travailler prioritairement

- à travailler prioritairement
- à consolider
- peut être travaillé

Repères pratiques

« L'aspiration profonde de l'enfant tend vers un monde plein d'enchantement. Dès le début de son initiation musicale, l'élève doit se sentir transporté dans ce monde où il s'épanouit. »

Maurice Martenot,
Principes fondamentaux d'éducation musicale et leur application,
Magnard, 1970.

1. Les axes forts du domaine d'activités

L'éducation musicale est une activité formatrice. Elle contribue au développement artistique et à l'épanouissement global de l'individu, intellectuel, affectif et psychomoteur.
Très tôt, la voix et l'écoute apportent à l'enfant des moyens de communication et d'expression de soi et contribuent très fortement aux apprentissages transversaux : les caractéristiques sonores du langage par l'intermédiaire des jeux vocaux, travail sur le rythme, etc. et le développement de la mémoire auditive par exemple.
Les compétences à acquérir seront mises en œuvre également grâce à des activités ludiques telles que la pratique du chant et du jeu instrumental : relations visuo-auditives, affinement de la précision du geste, choix du geste instrumental, connaissance du schéma corporel, développement de la coordination motrice.

2. Les spécificités de la petite section

Le tout-petit découvre son corps et développe ses productions sonores : jeux de doigts et de mains, découverte du schéma corporel, mise en place des structures langagières, prise de conscience du fonctionnement de son corps, etc. Il découvre également l'univers sonore environnant (bruits de la maison et de la rue, médias, magasins, etc.). Ainsi l'enfant agit-il sur cet univers sonore qu'il subit, en jouant avec les bruits et le silence. Il vit les expériences en termes de sensation et de motricité. Deux capacités essentielles sont à développer : l'expression et l'écoute.
Un éveil musical précoce permet à l'enfant de découvrir ses propres possibilités d'expression sonore, d'explorer l'espace et l'environnement sonore, d'apprendre à vivre en groupe et à s'écouter, à développer sa perception auditive et à accéder à toutes les formes de musique.
Remarque importante : Même si les progrès musicaux de l'enfant ne fournissent pas de résultats tangibles et immédiats, il faut oser proposer des activités structurantes. Par exemple, l'acquisition d'une phrase musicale correcte ne se réalisera que par l'imprégnation quotidienne.
La grille de compétences peut sembler limitée pour les tout-petits : certaines compétences peuvent être mises en place en cours d'année, en fonction des réponses des enfants aux diverses sollicitations. Le fait qu'un enfant de 2 ans ne parvienne pas à suivre une pulsation donnée n'interdit pas de lui proposer de s'exprimer corporellement sur une musique rythmée. De même fera-t-on écouter des comptines simples à un enfant «non parleur», afin de l'inciter à chanter.

3. Éléments didactiques et pédagogiques

L'éducation musicale répond aux objectifs de l'enseignement préélémentaire :
- développer les activités langagières ;
- agir et s'exprimer avec son corps ;
- découvrir les notions d'espace et de temps ;
- vivre ensemble ;
- développer l'attention et la mémoire, la sensibilité, l'imagination et la création, les facultés d'observation, de jugement et d'appréciation.

A L'attitude du maître

Être un musicien averti n'est pas nécessaire pour éveiller les petits à la musique, à l'art des sons et des rythmes. Il s'agit simplement d'être curieux et réactif face à ces activités sonores et de guider l'exploration et l'expérimentation des élèves. Le maître doit se montrer sensible à la beauté des rythmes et des sons et faire partager cette sensibilité.
Pour cela, des qualités purement pédagogiques sont requises :
- faire vivre des situations concrètes ;
- observer les réactions des élèves et les solliciter individuellement ;
- utiliser leurs découvertes pour les aider à progresser ;
- créer un climat de confiance, encourager, valoriser ;
- faire prendre conscience à l'enfant de ce qu'il fait (verbalisation).

B Programmation des activités musicales

- Multiplier et varier les jeux de doigts et de mains, les jeux chantés.
- Écouter et identifier les bruits familiers, les faire imiter : événements sonores environnants (classe, salle de jeux, cour de récréation, campagne, montagne, forêt, etc.), afin de permettre aux enfants de catégoriser ces sons.
- Faire manipuler de nombreux objets ou corps sonores, afin de travailler l'habileté du geste.
- Apprendre et exploiter les comptines, chansons, contes et poésies.
- Apprendre aux enfants à parler, placer la voix, faire résonner les voyelles et les diphtongues, articuler les consonnes (caractère transversal de ces exercices que l'on retrouve dans le domaine de la conscience phonologique incontournable pour accéder à la lecture), varier l'intensité et la hauteur de la voix (voix parlée et voix chantée).

C Déroulement du travail au quotidien

Il est souhaitable de répartir les activités sur la journée (10 à 15 minutes plusieurs fois par jour) :
- Le **travail vocal** peut se faire le matin dès l'arrivée des élèves, afin de « réveiller les voix » ou entre deux activités de la journée. Lors des regroupements, quelques comptines et jeux vocaux permettront de recadrer l'attention des élèves.
- Les **chants** seront parfois l'occasion de s'exprimer corporellement (doigts, mains, bras, corps entier). Reprendre plusieurs fois les exercices.
- Les **jeux d'audition** peuvent se dérouler à n'importe quel moment de la journée, collectivement ou en atelier au sein d'activités de perception sensorielle.
- Les **exercices de rythme** peuvent être réalisés lors des activités motrices de préférence ou/et en prolongement des moments de comptines.
- Les **activités de codage** trouvent leur place un peu plus tard, lorsque les enfants commencent à maîtriser le geste moteur.
- Un **coin musique** sera progressivement constitué d'instruments divers, d'objets sonores, d'un magnétophone ou d'un autre appareil lecteur enregistreur.

4. Percevoir, sentir, imaginer, créer

Ce sont les mots clés d'une **première sensibilisation artisitique** proposée aux élèves de l'école maternelle afin de les préparer à la découverte des arts dans leur globalité, à travers les formes d'expression artistique les plus variées. Ce n'est pas encore une étude de l'histoire des arts mais elle en pose les premiers jalons, par le biais de l'appropriation de chants du patrimoine et du monde environnant, d'œuvres musicales éclectiques et la mise en contact avec des artistes et des lieux de spectacle.
Ainsi, à partir de la petite section, « pour les **activités vocales**, le répertoire de comptines et de chansons est issu de la tradition orale enfantine et comporte des auteurs contemporains » ; « pour les **activités structurées d'écoute**, les enfants découvrent des œuvres musicales variées et sont mis au contact, autant que faire se peut, d'artistes musiciens locaux et régionaux, de musiciens du monde avec leurs instruments caractéristiques, d'orchestres symphoniques ou d'harmonie, de chanteurs pour enfants, etc. Le conte musical trouve sa place auprès des tout-petits.

Séquence : Pratiquer des activités vocales

Séance n°1 Acquisition d'un répertoire de comptines et de chansons

Section du cycle : Tout-petits/petits

:: **Objectifs** : Faire découvrir et apprendre à mémoriser des comptines variées.

:: **Concept** : Notion de chanson dans son entité rythmique, mélodique et textuelle.

:: **Compétence** : Se référer au tableau p. 15.

:: **Capacité** : Mémoriser un répertoire varié de comptines et de chansons.

:: **Sous-compétences à développer** : Utiliser et explorer la voix chantée et la voix parlée. Apprendre à maîtriser le langage oral. être capable d'une écoute attentive.

:: Préparation de la classe

- **Organisation matérielle**
  Seule condition exigée : regrouper la classe ou une partie de la classe et créer une ambiance propice à l'écoute et à l'expression orale.
- **Matériel**
  La voix et le corps.

:: Déroulement de l'activité

- **Durée** : variable, de 10 à 20 minutes.
- **Modalités de travail** : un groupe d'enfants est réuni autour de l'enseignant, possible avec le groupe classe, l'activité collective favorisant une certaine dynamique.

→ Description de l'activité

- **Phase 1 : imprégnation.** Le maître chante une comptine simple, choisie en fonction d'un moment privilégié de la classe ou d'une thématique éventuelle, et la fredonne plusieurs fois de suite, jusqu'à ce qu'un ou plusieurs enfants la reprennent à leur tour.
- **Phase 2 : comptine choisie :** « Le chat et la souris », comptine sur trois notes (mi, ré, do).

Le chat et la souris

Gaëtan Lorek

• **Phase 3 : démarche d'apprentissage.** Répéter la chanson plusieurs fois, les enfants mémorisant très vite *répéteront au mieux les phrases entendues*, de manière imparfaite d'abord, et surtout de manière incomplète. Chemin faisant, attirés par la mélodie, le rythme et le côté affectif du texte, ils éprouveront un grand plaisir à s'approprier la chanson.

Par la suite, et en fonction du degré de progression du langage oral des élèves, on pourra essayer d'**utiliser la technique d'apprentissage par imitation**, phrase par phrase, afin d'affiner les **éléments constitutifs de la comptine** :

- répéter les mots justes ;
- imiter la bonne accentuation ;
- préciser la rythmique ;
- ajuster la ligne mélodique, essayer de chanter juste.

• **Phase 4 : technique par imitation**

- Chaque phrase sera chantée plusieurs fois par le maître, puis par les élèves.
- Reprendre systématiquement les erreurs et incorrections de langage, ainsi que les restitutions erronées des notes et du rythme.
- Mimer les attitudes des personnages aidera les enfants à s'approprier affectivement le texte.
- Répéter chaque cellule rythmique sous forme ludique, à la bonne hauteur de notes et en respectant le bon rythme.

Exemple : ♪ ♪ ♪ ♪ 𝅗𝅥 ♪ ♪ ♪ ♪ 𝅗𝅥
Regarde le chat qui suit la souris.

Résultats attendus

La bonne mémorisation de la comptine.

Évaluation

Compétence de fin de cycle, en cours d'acquisition.

:: Conseils

Au cours de l'exercice, il est souhaitable de veiller à la correction du langage et de l'expression des élèves. Éviter d'utiliser le « langage bébé », l'école étant avant tout un lieu d'apprentissage.

Séance n° 2 Une comptine expressive

Section du cycle : Petits

:: **Objectif** : Apprendre des comptines avec expression.

:: **Concept** : Notion de phrase musicale.

:: **Compétence** : Se référer au tableau p. 15.

:: **Capacité** : Savoir interpréter avec des variantes expressives un chant, une comptine.

:: **Conditions préalables** : Acquisition et mémorisation du chant choisi.

:: Préparation de la classe

- **Organisation matérielle**
  Les enfants sont regroupés autour du maître.
- **Document**
  Répertoire de comptines pour le maître.

:: Déroulement de l'activité

- **Durée** : 15 minutes.
- **Modalités de travail** : groupe classe avec le maître.

→ Description de l'activité

Le maître chante plusieurs fois la comptine. Comptine choisie : « Riquiqui ».

- **Phase 1 : langagière.** Décrire le personnage aux enfants : Riquiqui est un bébé qui rit et qui pleure. Questionnement : « Que fait-il quand il est content ? » Il frappe dans les mains. « Que fait-il quand il est méchant ? » Il tape des pieds.
- **Phase 2 : apprentissage.** Les enfants chantent avec le maître et répètent les mots ou les phrases comme ils peuvent. En fonction de leur âge et de leurs acquis, certains restituent la comptine entière, d'autres des bribes de phrases. Alterner le chant collectif (groupe classe) et le chant individuel, sans oublier de solliciter les élèves les plus timides. Cette comptine se prête admirablement aux jeux d'expression.
- **Phase 3 : variantes ludiques.** Alterner le maître et les élèves en s'aidant du geste de la main : « à moi », « à vous ». Par imitation du maître, faire répéter la première phrase en mimant le visage du bébé content (bouche qui rit) ; puis la seconde phrase avec le visage du bébé en colère (rictus méchant).
Même chose en tapant des mains ou des pieds sur les paroles correspondantes (pan pan pan).
- **Phase 4 : en parler rythmé**, sans la mélodie, en chuchotant, en criant, en parler muet, etc.
- **Phase 5 : transformer la couleur ou la texture de la voix** (le timbre), pour imiter des personnages aux expressions diverses, craintifs/effrayants ou gentils/méchants, au débit lent/rapide, des personnages à grosse voix, à voix détimbrée (voix de fausset), nasillarde ou voix de sorcière, etc. Le maître montre l'exemple et les enfants l'imitent.
- **Phase 6 : changement de hauteur de sons.** Reprendre la comptine à des hauteurs différentes (plus ou moins aiguës), tout en se limitant aux possibilités des enfants.

Résultats attendus

Les enfants parviennent à restituer les interprétations vocales du maître.

Évaluation

Elle est avant tout immédiate, en tenant compte des réponses des élèves, de manière collective et individuelle. Respecter le principe de ne pas exiger plus que les enfants ne peuvent donner. En faisant répéter à tel ou tel enfant une phrase précise, le maître doit être capable de mesurer l'étendue des acquis et de comparer les réponses entre elles.

L'évaluation ne se limite pas à l'oral, elle sera l'objet de mentions dans un cahier spécifique où apparaissent clairement les acquis des élèves de la classe, dans les domaines étudiés, sous forme simple et lisible : des symboles +, ++, −, −−, par exemple. Ou encore : 2 = acquis ; 1 = en cours d'acquisition ; 0 = non acquis. Les critères d'évaluation seront les compétences exigées en fin d'année, avec un aménagement possible des progrès effectués chaque trimestre :

- Sait reproduire une cellule rythmique simple.
- Sait scander une comptine rythmique.
- Sait répéter la fin d'une phrase musicale.
- Sait chanter une phrase mélodique de plusieurs notes.
- Sait répéter une phrase musicale entière.
- Sait chanter avec expression.

:: Ouverture transdisciplinaire

Expression corporelle sur les gestes mimés, sans chanter la comptine :

- le maître fait un rictus méchant, en fronçant les sourcils : les enfants doivent taper des pieds ;
- le maître esquisse un sourire : les enfants doivent taper des mains. Alterner les mimiques.

Substituer des instruments de percussion aux onomatopées « pan pan pan ».

:: Définition

Le **parler rythmé** est un procédé musical qui consiste à rythmer un texte sans la mélodie.

Séance n° 3 Jeux vocaux autour des paramètres du son

Section du cycle : Tout-petits/petits

:: **Objectif** : Découvrir les paramètres du son par le biais d'activités vocales.

:: **Concepts** : Le son et ses variations (de timbre, d'intensité, de hauteur, de durée).

:: **Compétence** : Se référer au tableau p. 15.

:: **Capacité** : Savoir jouer de sa voix pour explorer des variantes de timbre, d'intensité, de hauteur, de durée.

:: Préparation de la classe

- **Organisation matérielle**
  Organisation en cercle dans l'espace de motricité si possible.

:: Déroulement de l'activité

- **Durée** : 15 minutes.
- **Modalités de travail** : séance collective.

→ Description de l'activité

- **Phase 1 : appels.** Improvisation avec les enfants à partir de prénoms, d'onomatopées.

Après avoir établi le silence, le maître crée une situation particulière : la classe se promène en montagne et chacun s'aperçoit que les voix résonnent lorsqu'on appelle un prénom.
« Dominique ! », « Jonathan ! », « Où êtes-vous ? » On les appelle tous ensemble, très fort.
On écoute les réponses : Dominiiiiique, Jonathaaaaaan !
Chuchoter les prénoms, écouter les réactions.
On joue ici sur l'**intensité** (alternance fort/faible), mais aussi sur la **durée des sons**.
Répéter l'exercice avec d'autres prénoms ; avec d'autres mots ; avec des onomatopées :
- hou hou... (le vent souffle dans la montagne) ;
- bang ! bang ! ccrrrraaaccc ! l'orage éclate ;
- olé ! holà ! hélà ! allo ! (voix parlée) ;
- pan ! pan ! paf ! pif ! (imitation des chasseurs).

On peut produire beaucoup de sons différents avec la bouche :

- Hop ! hop là !	
- Cric ! crac !	Onomatopées
- Plouf ! Boum ! Tic tac, toc toc toc, bip bip, etc. ;	
- sss, xxx, fff, rrr, zzz, kch, tch, kss, pff, pss, tss, etc ;	Consonnes
- aaahhh !, ooohhh ! eehhh ! (interjections d'étonnement ou de surprise) ;	
- i – i – i – i ! hi ! hi ! hi ! (rire) ;	Voyelles
- uuuhhh ! (en avant !) ;	
- han ! (effort), hein ? ooouuu ! (moquerie)	Diphtongues

- **Phase 2 : audition.** Écoutons un extrait de *Stripsody* de Cathy Berberian (durée : 1'45).

La voix de soprano interprète des séries d'onomatopées extraites de bandes dessinées.

Laisser les enfants réagir aux sonorités entendues (rires, interjections, imitations, etc.).

- **Phase 3 : imitations.** Dans cet extrait, on reconnaît aisément des sons connus (le cri de Tarzan, atchoum ! boum ! blam ! brrrr !).

En s'aidant d'un geste significatif des mains, le maître lance quelques sons choisis de cet extrait et les fait répéter par toute la classe, puis par quelques élèves à qui il adresse ces onomatopées. L'**intensité des sons** (fort/faible) sera renforcée par le geste.

Jeu de hauteur de son. Faire remarquer les variations de hauteur de la voix de Cathy Berberian, puis faire imiter des extraits graves et des extraits aigus.

Exemple : les enfants s'entraîneront à reproduire le cri de Tarzan et ses modulations.

« Aaaaaaaaaahhhhhhhhhhhh !!!!! »

Jeu de timbres. Par le biais d'onomatopées diverses, la connaissance de timbres particuliers est intuitive. Discrimination entre « Booiiinnnngggggg ! » et « zziiiiiippp ! » par exemple.

Résultats attendus

C'est une séance de découverte de sons, ne pas attendre de résultats mesurables avec les plus petits. Tout est fonction du langage oral et des capacités phonatoires de chaque enfant.

:: Conseils

Les tout-petits ne vont pas forcément s'exprimer verbalement sur ce qu'ils ont entendu, mais ils prennent plaisir à imiter les sons bizarres.

Les onomatopées sont un excellent support musical, puisqu'elles contiennent tous les éléments les plus abordables des paramètres du son.

La discrimination auditive est très progressive.

:: Ouverture transdisciplinaire

Relation directe avec la conscience phonologique.

:: Définitions

Les paramètres du son déterminent ses qualités.

- Le **timbre** est ici représenté par la couleur de chaque son, la distinction que l'on peut faire entre un « pam » et un « clic », tout comme la différence entre le son d'un tambourin et celui d'un wood-block.
- L'**intensité** est le volume sonore entendu : elle est fonction de la force de l'émission vocale ou du geste instrumental.
- La **hauteur** correspond à une fréquence donnée qui va du grave à l'aigu, en passant par le médium.
- La **durée** est la longueur du son dans le temps : bref ou long, mais aussi continu et discontinu.

Séquence : Pratiquer des activités d'écoute

Séance n° 4 Des rythmes en imitation

Section du cycle : Petits

:: **Objectifs** : Faire découvrir et ressentir le rythme des comptines.

:: **Concept** : La notion de cellule rythmique.

:: **Compétence** : Se référer au tableau p. 15.

:: **Capacités** : Savoir repérer et reproduire des formules rythmiques simples.

:: **Conditions préalables** : Les élèves doivent déjà connaître la comptine chantée qui va servir de support.

:: Préparation de la classe

- **Organisation matérielle**
  Les enfants sont répartis en ronde puis regroupés sur le tapis autour du maître.
- **Matériel**
  La voix, le corps et quelques objets sonores.
  Des instruments de percussion.

:: Déroulement de l'activité

À partir de quelques comptines connues, on habitue les élèves à découvrir quelques cellules rythmiques simples, à les différencier et les reproduire.
Cette activité peut être éventuellement menée en fin de 2e année de petite section (à partir de janvier).

- **Durée :** des étapes de 15 minutes, suivies de séances filées de 15 minutes également.
- **Modalités de travail :** travail collectif avec toute la classe.

→ Description de l'activité

- **Phase 1 : des rondes à chanter et à rythmer.** Proposer aux enfants de tourner en rondes, en se donnant la main, dans la salle de motricité, en chantant les comptines suivantes :
  - Rondin, picotin
  - Jacobé
  - Une poule sur un mur
  - Sur le pont d'Avignon
  - Minnie la souris
  - Hep taxi !

Chacune de ces comptines contient des cellules rythmiques intéressantes, que l'on peut ressentir sur quatre pulsations :

| \| \| \| \|
Ron- din Pi-co-tin
Un, deux, trois et quatre,
→ ♩ ♩ ♪ ♪ ♩

Sur le pont d'A-vi-gnon…
C'est Min-nie la sou-ris
→ ♪ ♪ ♩ ♪ ♪ ♩

Elle va voir le chat
→ ♩ ♩ ♪ ♪ ♩

| | | |
La Marie a fait son pain…
Ja-co-bé m'a voulu battre…
♪ ♪ ♪ ♪ ♪ ♪ ♩

on y dan-se, on y danse…
qui se glis-se dans la nuit…
♪ ♪ ♪ ♪ ♪ ♪ ♩

qui l'em-mène au bal des rats.
♪ ♪ ♪ ♪ ♪ ♪ ♩

• **Phase 2 : reconnaître des formules rythmiques identiques** dans d'autres comptines :

Hep ta-xi ! Par i-ci ! Je veux al-ler à Passy.
Hep camion, attention ! Tu gênes la cir-cu-la-tion.

Hep métro ! au galop ! Je vais au Tro-ca-dé-ro.
Au-to-bus, om-ni-bus, mè-ne moi au ter-mi-nus.
→ ♪ ♪ ♩ ♪ ♪ ♩ ♪ ♪ ♪ ♪ ♪ ♪ ♩

U-ne pou-le sur un mur, qui pi- co- re du pain dur,
→ ♪ ♪ ♪ ♪ ♪ ♪ ♩ ♪ ♪ ♪ ♪ ♪ ♪ ♩

Pi-co-ti pi- co- ta, lève la queue et puis s'en va !
→ ♪ ♪ ♩ ♪ ♪ ♩ ♪ ♪ ♪ ♪ ♪ ♪ ♩

Les trois cellules en rouge sont des formules de base sur quatre pulsations, que l'on retrouve dans les autres comptines, et dont on a imprégné les enfants depuis que l'on chante et frappe dans les mains.
Les enfants étant regroupés autour du maître, on les fait chanter ces comptines les unes après les autres (rappel), puis on leur demande de chanter en frappant dans les mains.
Consigne : « On chante avec les mains. » Bien entendu, le maître commence lui-même, rapidement suivi par les élèves.
On peut alors passer en revue toutes les comptines déjà apprises depuis le début de l'année et dans lesquelles on entend ces mêmes formules rythmiques. On peut aussi faire remarquer aux enfants que ce sont les « formules magiques » des chansons.

• **Phase 3 : répétition de formules par imitation.**
Les enfants toujours regroupés, reprendre avec eux une comptine particulière en frappant le rythme de la première phrase dans les mains.
Par exemple, « Sur le pont d'Avignon ».

♪ ♪ ♩ ♪ ♪ ♩...

Consigne : « Vous frappez dans les mains chaque fois que vous entendez "Sur le pont d'Avignon". »
Puis la chanson devient muette et l'on se contente de répéter la cellule rythmique, par imitation.

Maître → ♪ ♪ ♩ ♪ ♪ ♩ Élèves → ♪ ♪ ♩ ♪ ♪ ♩

On peut alors commencer à reproduire ces rythmes simples sous forme de jeu de dialogue avec les élèves.

Variantes de jeu :
- changer de niveau corporel (pieds, genoux, langue, etc.) ;
- varier le tempo de la cellule (lent, plus rapide) ;
- faire répéter la « formule magique » en relais, en petit groupe.

Résultats attendus

Les enfants parviennent très progressivement à reproduire ces formules simples, et ces exercices servent avant tout à l'imprégnation et à la discrimination auditive, tout en tenant compte des capacités motrices de chacun pour l'évaluation, qui consistera à écrire les noms des enfants qui réussissent à reproduire correctement ces quelques cellules rythmiques.

:: Conseils

Si ces exercices peuvent éventuellement être commencés en fin de petite section, le jeu rythmique prendra toute sa valeur à partir de la moyenne section, où les enfants commenceront aussi à installer une pulsation sur une chanson.

:: Définition

La **formule rythmique** traduit la succession des syllabes d'une comptine.

Annexe.

1. Hep taxi ! par ici, je veux aller à Passy.

2. Hep camion ! attention, tu gênes la circulation.

3. Hep métro ! au galop, je vais au Trocadéro.

4. Autobus, omnibus, mène-moi au Terminus.

Séance n° 5 Comptines à rythmer, comptines à mimer

Section du cycle : Petits

:: **Objectif** : Accompagner corporellement des parties de comptines.

:: **Concept** : Approche de la notion de cellule rythmique.

:: **Compétence** : Se référer au tableau p. 15.

:: **Capacité** : Savoir coordonner un texte parlé ou chanté et un accompagnement corporel ou instrumental.

:: Préparation de la classe

- **Organisation matérielle**
  Les enfants sont regroupés, assis sur le tapis autour du maître.
- **Document**
  Un répertoire de comptines.

:: Déroulement de l'activité

Accompagnement de comptines avec des gestes mimés ou frappés.

- **Durée** : 15 minutes.
- **Modalité de travail :** toute la classe.

→ Description de l'activité

- **Phase 1 : apprentissage de la comptine « Frère Jacques ».**

Le maître chante plusieurs fois de suite la comptine aux enfants. Phrase après phrase, ceux-ci la répètent comme ils peuvent. C'est la fin de l'année scolaire, l'exercice langagier est relativement facile.

Frère Jacques, frère Jacques, dormez-vous ? Dormez-vous ?
Sonnez les mâtines, sonnez les mâtines,
Ding ding dong, ding ding dong.

Apprentissage de gestes : les enfants regardent et essaient d'imiter les gestes du maître.
« Dormez-vous ? » → poser la joue sur les deux mains jointes.
« Sonnez les mâtines » → tirer vers le bas la corde qui sonne les cloches.
« Ding ding dong » → balancer les deux mains réunies de gauche à droite.

Accompagnement instrumental : avec des crotales ou des cymbales, faire jouer les enfants sur « ding ding dong ».

Ding ding dong, ding ding dong

♩ ♩ 𝅗𝅥 ♩ ♩ 𝅗𝅥

∅ ∅ ∅ ∅ ∅ ∅ (crotales ou petites cymbalettes de cuivre)

- **Phase 2 : apprentissage de la comptine « Tape, tape, petites mains ».**

Démarche identique.

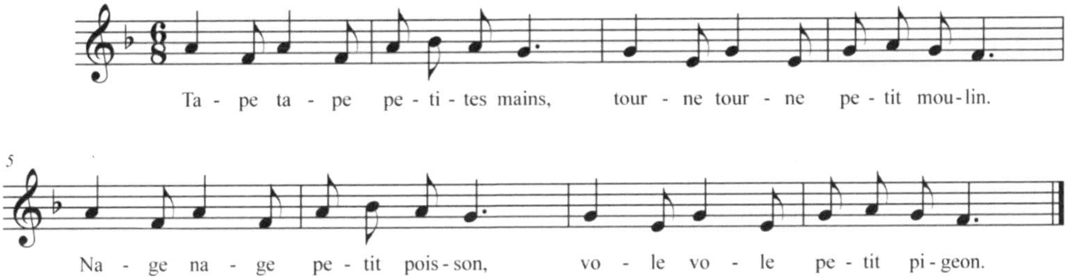

Apprentissage des gestes par imitation :

- Taper dans les paumes des mains sur la cellule rythmique de la première phrase.
- Tourner les deux mains l'une autour de l'autre sur la deuxième phrase.
- Faire des vagues avec la main sur la troisième phrase.
- Imiter le vol de l'oiseau, bras tendus latéralement sur la quatrième phrase.

Résultats attendus

Ce sont ici les bases de l'apprentissage rythmique qui permettront aux enfants de s'accompagner en chantant, corporellement puis avec des instruments de percussion simples, et par la suite de constituer un petit orchestre rythmique (en moyenne section).

Évaluation

Elle consiste à dire ou chanter la comptine en s'accompagnant des bons gestes.

:: Prolongement

Un accompagnement instrumental pourra être proposé aux enfants sur la fin de chaque phrase de la comptine « Tape tape ».

Exemple : ... petites mains → // // // // (claves)
... petit moulin → □ □ □ □ (wood-blocks)
... petit poisson → < < < < (castagnettes)
... petit pigeon → T T T T (tubes résonnants)

:: Définitions

Concept de rythme, notions de cellule rythmique et de pulsation. Le **rythme** est la base de la musique. Il constitue le support sur lequel se placent la mélodie et l'harmonie. Les enfants acquièrent le sens rythmique lorsqu'ils maîtrisent les formules rythmiques et la pulsation.

La **formule (ou cellule) rythmique** est en fait la « chanson rythmique », constituée de notes de diverses durées correspondant aux syllabes entendues.

La **pulsation** est le battement régulier (Maurice Martenot parlait de « petit cœur de la musique ») sur lequel viennent se placer les cellules rythmiques.

Exemples : | | | | (pulsation)

 (dessin rythmique)

Ta-pe ta-pe, petites mains... (syllabes séparées)

En pratique, ces formules rythmiques se trouvent dans les comptines et chansons traditionnelles, permettant ainsi aux enseignants non musiciens de se repérer et d'en constituer un petit « dictionnaire ».

Séance n° 6 Imprégnation musicale

Section du cycle : Petits

Objectifs : Faire écouter et reconnaître des bruits de l'environnement sonore.

Concepts : Les notions de bruit et de son.

Compétence : Se référer au tableau p. 15.

Capacités : Écouter un extrait musical ou une production, puis s'exprimer et dialoguer avec les autres pour donner ses impressions.

Préparation de la classe

- **Organisation matérielle**
  Les enfants sont regroupés autour du maître sur le tapis ou dans un endroit calme.
- **Matériel**
  Une source sonore naturelle directe ou diffusée par un appareil lecteur de cassettes ou CD.
- **Documents**
  Une liste d'événements sonores ou d'œuvres musicales.

Déroulement de l'activité

- **Durée** : 10 minutes.
- **Modalité de travail :** groupe classe.

→ Description de l'activité

• **Phase 1 : les bruits de la rue.** À l'occasion d'une sortie dans le quartier proche de l'école, on fait remarquer et écouter attentivement aux enfants les bruits de l'environnement immédiat, causés par des personnes, des animaux, des véhicules et objets divers : demander le silence et faire décrire des bruits entendus (des pas sur le trottoir, des gens qui parlent, des ouvriers qui travaillent avec une pelle, un marteau piqueur, une tondeuse à gazon, un chien qui aboie, un bus qui arrive et freine, des voitures qui roulent et s'éloignent, un train, etc.).
L'enseignant enregistre ces bruits sur une cassette ou un minidisque, afin de les faire réécouter et reconnaître en différé dans la classe. Faire parler les enfants sur ce qu'ils ont entendu, reconnu, les lieux, l'intensité des bruits, par exemple.

• **Phase 2 : constitution d'une « sonothèque » de classe.** Procéder à des écoutes répétées de bruits reconnus. Faire nommer ces bruits.

• **Phase 3 : imprégnation sonore.** En classe toujours, faire écouter divers bruits de l'environnement sur des CD préparés et faire reconnaître et nommer. Ces écoutes peuvent être thématiques (animaux, bruits domestiques, bruits de la rue, etc.) ou mélangées pour donner lieu à des jeux de discrimination auditive.

• **Phase 4 : démarche.** Dans le plus grand calme, les enfants sont assis et écoutent une série de bruits : pluie et orage ; la mer ; le blizzard ; une abeille ; le brossage de dents ; une rue de ville, extraits n°s 4, 5, 6, 9, 10, 11 du document « Paysages – l'œil écoute ». Après chaque extrait, un enfant nomme le bruit.

• **Phase 5 : variantes.** Faire entendre ces extraits dans un ordre différent. Montrer un dessin représentant le bruit reconnu (choix d'un enfant).

Résultats attendus

Simplement reconnaître et nommer les bruits entendus.

Évaluation

Elle peut être collective ou individuelle avec une écoute au casque.

:: Conseils

Il s'agit ici d'imprégnations successives par répétition, qui peuvent se dérouler tout au long de la semaine scolaire.

Pendant le temps de repos, des extraits d'œuvres peuvent être écoutés régulièrement, sous forme d'imprégnation : des musiques de tous genres.

:: Prolongement

Accès à des cultures diversifiées : discrimination auditive.

:: Définitions

Un **bruit** est un événement sonore produit dans la nature ou l'environnement auditif. Un **son** est un bruit organisé, caractérisé par des paramètres particuliers.

Séance n° 7 Des rythmes à suivre

Section du cycle : Tout-petits/petits

:: **Objectif** : Vivre avec le corps des rythmes perçus.

:: **Concept** : La notion de formule rythmique.

:: **Compétence** : Se référer au tableau p. 15.

:: **Capacité** : Savoir utiliser le corps et l'espace en fonction des caractéristiques temporelles et musicales des supports utilisés.

:: Préparation de la classe

- **Organisation matérielle**
  Les enfants occupent l'espace de la salle de motricité.
- **Matériel**
  Quelques instruments de percussion (1 tambourin, 1 tube résonant à 2 tons et 1 clochette ou 1 bâton sonore).

:: Déroulement de l'activité

- **Durée** : 4 ou 5 séances consécutives de 20 minutes.
- **Modalité de travail** : travail individuel.

→ Description de l'activité

- **Phase 1 : récit d'un conte**, inspiré du *Petit chaperon rouge*, transformé et simplifié. Il y a très longtemps, dans un petit village d'Auvergne, une petite fille que l'on surnommait le Petit Chaperon rouge, parce qu'elle était habillée... fut envoyée par sa maman porter de la nourriture à sa grand-mère, qui était bien malade... Mais la grand-mère habitait une vieille chaumière, en bordure de forêt. Au lieu de suivre la route indiquée par sa maman, le Petit Chaperon rouge décida par curiosité de traverser le bois, ignorant les recommandations de sa mère : « Surtout ne t'aventure pas dans la forêt, le loup te mangerait ! » ...
- **Phase 2 : mise en œuvre rythmique puis corporelle de l'histoire.** L'enseignant raconte une seconde fois le conte en se déplaçant dans la salle et en s'accompagnant avec les instruments choisis, chaque déplacement étant accompagné par une formule rythmique différente.
  - ♩ ♩ ♩ ♩ « Le Petit Chaperon se promène dans la forêt. »
  -  « Chut !» Arrêt, la fillette a entendu du bruit...
  - ♪ ♪ ♪ ♪ ♪ ♪ ♪ ♪ « Vite, j'ai peur, pressons le pas ! »
  - 𝄽 « C'est la pause, cueillons des champignons... »
  - 𝅘𝅥𝅯𝅘𝅥𝅯𝅘𝅥𝅯𝅘𝅥𝅯𝅘𝅥𝅯𝅘𝅥𝅯𝅘𝅥𝅯𝅘𝅥𝅯 « J'aperçois le loup, sauvons-nous ! »
- **Phase 3 : exploratoire.** Mise en situation : l'enseignant raconte à nouveau l'histoire et demande aux élèves de jouer le rôle du Petit Chaperon rouge. Les enfants évoluent librement dans la salle, au rythme d'une formule rythmique frappée par l'instrument (tube résonant à 2 tons de préférence) :

  ♩ ♩ ♩ ♩ ♩ ♩ ♩ ♩

- **Phase 4 : regroupement.** On présente l'instrument (tube), puis on questionne les élèves sur ce qu'ils ont entendu et sur ce qu'ils ont fait (réponses motrices).

Consigne : « Vous marchez comme le Petit Chaperon rouge lorsque vous entendez le tube résonner. Quand le rythme s'arrête, vous vous arrêtez et ne bougez plus (comme une statue).
Ajouter progressivement les autres formules rythmiques lorsque les élèves réagissent bien aux rythmes de base.

- **Phase 5 : construction.** On demande aux enfants de se déplacer dans la salle, en écoutant les rythmes frappés par le tambourin ou le wood-block. Alterner deux rythmes et le silence :

♩ ♩ ♩ ♩ ♩ ♩ ♩ ♩ 𝄽

♪ ♪ ♪ ♪ ♪ ♪ ♪ ♪ 𝄽

Consigne : « attention, quand l'instrument joue plus vite, vous pouvez courir »
Variantes (en fonction de l'avancement des enfants). Changer d'instrument pour chaque rythme ; ou utiliser deux instruments différents (tube et tambourin).

- **Phase 6 : séances ultérieures. Relances.** Reprendre le récit en le compliquant : un chasseur arrive, qui tire un coup de fusil et fait fuir le loup. Le loup revient et le chasseur le tue. La fillette est sauve. À chaque nouvelle situation, un déplacement différent.

Introduire une nouvelle cellule rythmique : le chasseur est grand, il marche à pas de géant !
« Et hop ! » → 𝄾 ♩
« Vite, on se sauve ! » → 𝅘𝅥𝅯𝅘𝅥𝅯𝅘𝅥𝅯𝅘𝅥𝅯𝅘𝅥𝅯𝅘𝅥𝅯𝅘𝅥𝅯𝅘𝅥𝅯𝅘𝅥𝅯
Lors des dernières séances, l'enseignant occulte le récit pour diriger directement les enfants au changement de formule rythmique.

Résultats attendus

Aucun résultat tangible au départ, c'est du vécu très progressif.

Évaluation

Elle se déroule à travers l'observation de chaque enfant, de ses réponses motrices.

:: Conseils

Dans un premier temps, se limiter à une alternance marche lente/arrêt. Au tout début, c'est l'enseignant qui adapte son « frappé d'instrument » à la démarche des élèves, les réponses motrices étant très variables. Spontanément les petits ont tendance à s'éparpiller et courir dans tous les sens, et il est utile de les laisser explorer les lieux et prendre des repères auditifs. Plusieurs séances seront nécessaires pour explorer les différents déplacements possibles.

:: Prolongement

Un essai de mise en place de conte musical peut se faire au dernier trimestre, lorsque les enfants. différencient tous les rythmes et les déplacements correspondants.

:: Ouverture transdisciplinaire

Langage oral et jeu de rôle. Les enfants essaient d'interpréter des personnages, sinon de les imiter. Expression corporelle possible à partir de quelques situations de jeu : la fillette et le loup, la fillette et sa mère, la fillette et sa grand-mère.

Séance n° 8 Écoute et production : un paysage sonore

Section du cycle : Tout-petits/petits

:: **Objectifs** : Apprendre à faire des choix et des propositions de jeu par le biais des modes de jeu. Créer un paysage sonore.

:: **Concept** : Les modes de jeu instrumental.

:: **Compétence** : Se référer au tableau p. 15.

:: **Capacité** : Savoir faire des propositions lors de phases de création et d'invention.

:: Préparation de la classe

- **Organisation de la classe**
  Les enfants sont assis autour du maître.
- **Matériel**
  Des feuilles de papier, de plastique, des journaux.

:: Déroulement de l'activité

- **Durée** : 15 à 20 minutes.
- **Modalités de travail** : groupe classe puis petits groupes et individuel.

→ Description de l'activité

- **Phase 1 (5 minutes) : situation de départ. Écoute d'un extrait musical.** *Bocalises* de Denis Dufour, 5e bocalise (bruits de bocaux).
Expression orale : questionnement.
Qu'entend-t-on ? Des éclats de verre, des bruits métalliques.
Qu'y a t-il d'autre ? On dirait un marteau qui frappe ; des choses qu'on secoue, etc.
- **Phase 2 : jeu d'écoute. Jouer avec des feuilles de papier.**
Mettre à disposition des élèves des feuilles de papier et plastique diverses, des journaux. Manipulation libre pendant 5 minutes. Enregistrer un court moment du bruitage obtenu et le faire écouter aux enfants.
Questionnement : qu'entendez-vous ? Reconnaissez-vous le son du papier ?
Le maître fait un essai de jeu avec une feuille de journal posée sur les genoux : il frappe le papier avec les mains, les doigts, etc. Les élèves écoutent et s'expriment.
- **Phase 3 (5 à 10 minutes) : relance du jeu avec des propositions faites par les élèves.**
Questionnement : quels gestes peut-on faire ? L'enseignant montre l'exemple pour obtenir des réponses plus précises des élèves.
– « On frotte le papier, on déchire, on frappe, on tapote », etc.
Enregistrer quelques actions des élèves. Faire écouter.
Relance : Demander à un élève d'agir sur le papier ; le faire imiter par les autres.
Faire enchaîner différentes actions sur le papier : frapper, frotter, froisser.
L'enseignant dirige alors les actions, intégré au groupe et lance un dialogue sonore avec la classe.
Variantes : pour obtenir d'autres propositions des élèves. Désigner un chef d'orchestre qui va diriger son orchestre en lui indiquant différents gestes à faire.
- **Phase 4.** Création d'un paysage sonore à partir des matériaux mis à disposition (ne laisser que des feuilles de papier A4 et des feuilles de plastiques, pour obtenir 2 timbres différents).
Un autre enfant chef d'orchestre dirige la classe uniquement par gestes, ses camarades l'imitent. Le chef change de geste à souhait.

Variantes : on nuance les gestes (frapper fort ø ; frapper faible π).
Enregistrer le paysage sonore obtenu et le faire écouter aux élèves.

Résultats attendus

Savoir proposer différentes réponses motrices dans la recherche de sonorités (au moins une succession de sons frappés et frottés).

Évaluation

Elle peut se faire au niveau des chefs d'orchestres désignés.

:: Conseils

Rechercher la simplicité des premières actions proposées et relancer en compliquant progressivement. Ne pas hésiter à modéliser.

:: Prolongements

Écoute d'un autre extrait musical : « Musiques pygmées - Le tambour d'eau », « Paysages - l'œil écoute » n° 21. Expression orale des élèves au sujet de l'extrait.
Questionnement :
- Qu'entend-on ? Des bruits de frottement ; des frappés graves.
- Qu'y a-t-il d'autre ? Des voix, etc.
- Quelles sortes de voix ? De femmes, d'enfants ? Des cris ?
- On dirait de l'eau qui bouge !

Présentation de tambours d'eau : écoute et manipulation.

:: Définitions

Les modes de jeu. Ils peuvent se résumer par un ensemble de gestes que le musicien utilise pour tirer des sons de son instrument. Le trompettiste souffle dans une embouchure ; le violoniste frotte son archet sur les cordes, le guitariste pince les cordes avec les doigts. Le pianiste tape les doigts sur les touches du clavier, tandis que les marteaux de feutres du piano frappent les cordes, etc.
Les enfants vont retrouver naturellement **ces gestes instrumentaux** en manipulant des corps sonores et des instruments de percussion simples. Les différents modes de jeu utilisés sont :
- **frapper** (claves, wood-blocks, tambours et tambourins) ;
- **frotter** (guirros, peaux, tubes cannelés, bouteilles en plastique) ;
- **pincer** (cordes tendues, élastiques) ;
- **secouer** (maracas, sistres, tambours de basque, grelots, cloches et clochettes) ;
- **souffler** (bouteilles, tubes en plastique, flûtes diverses).

Séquence : Utiliser des instruments de musique

Séance n° 9 Comptines à rythmer

Section du cycle : Petits

:: **Objectif** : Découvrir le rythme d'une comptine.

:: **Concept** : Approche de la notion de cellule rythmique.

:: **Compétence** : Se référer au tableau p. 15.

:: **Capacité** : Savoir reproduire des formules rythmiques simples corporellement ou avec des instruments.

:: **Conditions préalables** : Ces séances constituent des phases d'essais pour la petite section, si les enfants répondent aux conditions suivantes :
- avoir acquis une certaine maîtrise du schéma corporel ;
- avoir suffisamment manipulé les instruments utilisés pour parvenir à les utiliser de façon rythmique.

:: Préparation de la classe

- **Organisation matérielle**
Les enfants sont regroupés, assis sur le tapis autour du maître, puis debout pour utiliser les différents segments du corps.

- **Documents**
Quelques supports audio et écrits de comptines.

:: Déroulement de l'activité

- **Durée** : 15 minutes.
- **Modalités de travail** : d'abord toute la classe, puis 2 groupes.

→ Description de l'activité

- **Phase 1.** Le maître chante la comptine connue des enfants, ceux-ci la reprennent en chœur avec lui.
Comptine « Pomme, poire ».

- **Phase 2.** Faire répéter les onomatopées « pim pam pom, pim pam pom » par tous les élèves sur les deux notes sol sol mi, sol sol mi (intervalle de tierce mineure). Répétition individuelle en désignant quelques enfants.

• **Phase 3.** Le maître chante une nouvelle fois la comptine, et cette fois frappe le rythme « pim pam pom » avec les mains.
La consigne donnée sera : « On chante la chanson avec les mains. » Les élèves répètent la comptine en frappant des mains sur les syllabes « pim pam pom » après les avoir dites.
Si la reproduction n'est pas satisfaisante, on focalise le travail sur la cellule rythmique seule, sous forme de « questions-réponses » :

Maître → ♪ ♪ ♩ ♪ ♪ ♩ **Enfants →** ♪ ♪ ♩ ♪ ♪ ♩

Pim pam pom, pim pam pom pim pam pom, pim pam pom

Variantes : Frapper les cellules rythmiques sur les genoux, en alternant le gauche et le droit, puis en claquant la langue sur le palais. Ces variantes permettront d'apporter aux enfants une panoplie d'actes moteurs autour du schéma corporel.

Résultats attendus

Ce sont ici les bases de l'apprentissage rythmique qui permettront aux enfants de s'accompagner en chantant, corporellement puis avec des instruments de percussion simples, et par la suite de constituer un petit orchestre rythmique (en fin d'année).

Évaluation

Elle consiste à restituer corporellement une cellule rythmique simple avec le plus de précision possible et surtout au moment juste, sur les bonnes syllabes.

:: Conseils

Faire répéter plusieurs fois les formules rythmiques verbalement puis avec les mains sous forme de questions-réponses. En petite section et à fortiori avec les tout-petits, le jeu de questions-réponses ne peut s'instaurer qu'en fin d'année, lorsque les enfants maîtrisent assez le langage oral et savent répéter à leur tour. Sinon, ils chantent en même temps que le maître, sans résultats probants.

:: Définitions

Concept de rythme, notions de cellule rythmique et de pulsation.
Le **rythme** est la base de la musique. Il constitue le support sur lequel se placent la mélodie et l'harmonie. Les enfants acquièrent le sens rythmique lorsqu'ils maîtrisent les formules rythmiques et la pulsation.
La **formule (ou cellule) rythmique** est en fait la « chanson rythmique», constituée de notes de diverses durées correspondant aux syllabes entendues.
La **pulsation** est le battement régulier (Maurice Martenot parlait de « petit cœur de la musique ») sur lequel viennent se placer les cellules rythmiques.
Exemple :

I I I I
♩ ♩ ♪ ♪ ♩

Ron-din Pi-co-tin

En pratique, ces formules rythmiques se trouvent dans les comptines et chansons traditionnelles, permettant ainsi aux enseignants non musiciens de se repérer et d'en constituer un petit « dictionnaire ».

Séance n° 10 Comptines à rythmer (suite)

Section du cycle : Petits

:: **Objectif** : Découvrir le rythme d'une comptine.

:: **Concept** : Approche de la notion de cellule rythmique.

:: **Compétence** : Se référer au tableau p. 15.

:: **Capacité** : Savoir reproduire des formules rythmiques simples corporellement ou avec des instruments.

:: **Conditions préalables** : Ces séances constituent des phases d'essais pour la petite section, si les enfants répondent aux conditions suivantes :
- avoir acquis une certaine maîtrise du schéma corporel ;
- avoir suffisamment manipulé les instruments utilisés pour parvenir à les utiliser de façon rythmique.

:: Préparation de la classe

- **Organisation matérielle**
  Les enfants sont regroupés assis, sur le tapis autour du maître, puis debout pour utiliser les différents segments du corps.
- **Matériel**
  Quelques instruments de percussion simples de type bois. L'occasion est fournie d'apprendre la bonne utilisation des claves.
- **Documents**
  Quelques supports audio et écrits de comptines.

:: Déroulement de l'activité

- **Durée** : 15 minutes.
- **Modalités de travail** : d'abord toute la classe, puis 2 groupes.

→ Description de l'activité

- **Phase 1 : rappel de la comptine « Pomme, poire ».**

Le maître chante la comptine connue des enfants, ceux-ci la reprennent en chœur avec lui.
Pomme, poire, pomme en l'air, pomme en terre,
Pomme, poire, pim pam pom, pim pam pom. Cf. séance précédente.

- **Phase 2 : la consigne donnée sera :** « On chante la chanson avec les mains ».Les élèves répètent la comptine en frappant des mains sur les syllabes « pim pam pom ».

Maître → ♪ ♪ ♩ ♪ ♪ ♩ **Enfants →** ♪ ♪ ♩ ♪ ♪ ♩

Pim pam pom, pim pam pom pim pam pom, pim pam pom

- **Phase 3 : accompagnement instrumental en demi-groupe.** Le maître montre l'exemple en jouant seul sur les syllabes pim pam pom puis il montre aux enfants comment tenir les claves pour qu'elles sonnent correctement. Distribution des instruments et essais de jeu avec les élèves.

Variantes : distribuer progressivement les instruments en chantant de manière à entraîner les plus dégourdis dans l'accompagnement par entrées successives. Se limiter à quelques enfants au début puis, quand tous ont manipulé individuellement, former un petit groupe de musiciens et faire chanter les autres en frappant dans les mains.

- **Phase 4 : enregistrer le résultat lorsque celui-ci devient correct.** Faire écouter.

Résultats attendus

Ce sont ici les bases de l'apprentissage rythmique qui permettront aux enfants de s'accompagner en chantant, corporellement puis avec des instruments de percussion simples, et par la suite de constituer un petit orchestre rythmique (en fin d'année).

Évaluation

Elle consiste à restituer une cellule rythmique simple avec le plus de précision possible et surtout au moment juste, sur les bonnes syllabes.

NOTES PERSONNELLES (idées de projets...)

NOTES PERSONNELLES (idées de projets...)

NOTES PERSONNELLES (idées de projets...)

NOTES PERSONNELLES (idées de projets...)

NOTES PERSONNELLES (idées de projets...)

Certifié PEFC
Ce produit est issu de
forêt gérées durablement
et de sources contrôlées
www.pefc-france.org
PEFC/10-31-2007
BV/CdC/1702681

Achevé d'imprimer en avril 2011 par EMD S.A.S. (France)
N° éditeur : 2011/576 - Dépôt légal : avril 2011
N° d'imprimeur : 24876

Mise en page : Michelle Bourgeois